독자의 1초를 아껴주는 정성!

세상이 아무리 바쁘게 돌아가더라도
책까지 아무렇게나 빨리 만들 수는 없습니다.
인스턴트 식품 같은 책보다는
오래 익힌 술이나 장맛이 밴 책을 만들고 싶습니다.

길벗이지톡은 독자여러분이
우리를 믿는다고 할 때 가장 행복합니다.
나를 아껴주는 어학도서,
길벗이지톡의 책을 만나보십시오.

독자의 1초를 아껴주는

정성을 만나보십시오.

미리 책을 읽고 따라해본 2만 베타테스터 여러분과
무따기 체험단, 길벗스쿨 엄마 2% 기획단,
시나공 평가단, 토익 배틀, 대학생 기자단까지!
믿을 수 있는 책을 함께 만들어주신 독자 여러분께 감사드립니다.

_____

홈페이지의 '독자마당'에 오시면
책을 함께 만들 수 있습니다.

(주)도서출판 길벗 www.gilbut.co.kr
길벗 이지톡 www.gilbut.co.kr
길벗 스쿨 www.gilbutschool.co.kr

mp3 파일 다운로드 무작정 따라하기

길벗이지톡 홈페이지 (gilbut.co.kr) 회원 (무료 가입) 이 되면 오디오 파일 및 관련 자료를 다양하게 이용할 수 있습니다.

1단계 　로그인 후  에 찾고자 하는 책이름을 입력하세요.

2단계 　검색한 도서로 이동하여 〈자료실〉 탭을 클릭하세요.

3단계 　mp3 및 다양한 서비스를 받으세요.

30장면으로 끝내는

스크린 영어회화

Disney
라푼젤

스크린 영어회화 – 라푼젤
Screen English - Tangled

초판 1쇄 발행 · 2018년 4월 30일
초판 7쇄 발행 · 2022년 6월 10일

해설 · 라이언 강
발행인 · 이종원
발행처 · 길벗이지톡
출판사 등록일 · 2000년 4월 14일
주소 · 서울시 마포구 월드컵로 10길 56(서교동)
대표 전화 · 02)332-0931 | **팩스** · 02)323-0586
홈페이지 · www.gilbut.co.kr | **이메일** · eztok@gilbut.co.kr

기획 및 책임 편집 · 신혜원 (madonna@gilbut.co.kr), 김지영 (jiy7409@gilbut.co.kr)
표지 디자인 · 최주연 | **본문 디자인** · 조영라 | **제작** · 이준호, 손일순, 이진혁 | **마케팅** · 이수미, 장봉석, 최소영
영업관리 · 심선숙 | **독자지원** · 윤정아

편집진행 및 교정 · 오수민 | **전산편집** · 조영라 | **오디오 녹음 및 편집** · 와이알 미디어
CTP 출력 · 예림인쇄 | **인쇄** · 예림인쇄 | **제본** · 예림바인딩

ISBN 979-11-5924-166-6 03740 (길벗 도서번호 300945)

▶ 이 도서의 국립중앙도서관 출판예정도서목록(CIP)은 서지정보유통지원시스템 홈페이지(http://seoji.nl.go.kr)와
　국가자료공동목록시스템(http://www.nl.go.kr/kolisnet)에서 이용하실 수 있습니다. (CIP제어번호: CIP2018007751)

정가 18,000원

독자의 1초를 아껴주는 정성 길벗출판사

(주)도서출판 길벗 | IT실용, IT/일반 수험서, 경제경영, 취미실용, 인문교양(더퀘스트) www.gilbut.co.kr
길벗이지톡 | 어학단행본, 어학수험서 www.eztok.co.kr
길벗스쿨 | 국어학습, 수학학습, 어린이교양, 주니어 어학학습, 교과서 www.gilbutschool.co.kr

페이스북 · www.facebook.com/gilbutzigy
트위터 · www.twitter.com/gilbutzigy

30장면으로 끝내는
스크린 영어회화

라푼젤

해설 **라이언 강**

길벗
이지:톡

재미와 효과를 동시에 잡는 최고의 영어 학습법!
30장면만 익히면 영어 왕초보도 영화 주인공처럼 말한다!

재미와 효과를 동시에 잡는 최고의 영어 학습법!

영화로 영어 공부를 하는 것은 이미 많은 영어 고수들에게 검증된 학습법이자, 많은 이들이 입을 모아 추천하는 학습법입니다. 영화가 보장하는 재미는 기본이고, 구어체의 생생한 영어 표현과 자연스러운 발음까지 익힐 수 있기 때문이죠. 잘만 활용한다면, 원어민 과외나 학원 없이도 살아있는 영어를 익힐 수 있는 최고의 학습법입니다. 영어 공부가 지루하게만 느껴진다면 비싼 학원을 끊어놓고 효과를 보지 못했다면, 재미와 실력을 동시에 잡을 수 있는 영화로 영어 공부에 도전해보세요!

영어 학습을 위한 최적의 영화 장르, 애니메이션!

영화로 영어를 공부하기로 했다면 영화 장르를 골라야 합니다. 어떤 영화로 영어 공부를 하는 것이 좋을까요? 슬랭과 욕설이 많이 나오는 영화는 영어 학습에는 별로 도움이 되지 않습니다. 실생활에서 자주 쓰지 않는 용어가 많이 나오는 의학 영화나 법정 영화, SF영화도 마찬가지죠. 영어 고수들이 추천하는 장르는 애니메이션입니다. 애니메이션에는 문장 구조가 복잡하지 않으면서 실용적인 영어 표현이 많이 나옵니다. 또한 성우들의 깨끗한 발음으로 더빙 되어있기 때문에 발음 훈련에도 도움이 되죠. 이 책은 월트 디즈니의 50번째 장편 애니메이션 〈라푼젤〉 대본을 소스로, 현지에서 사용하는 신선한 표현을 배울 수 있습니다.

전체 대본을 공부할 필요 없다! 딱 30장면만 공략한다!

영화 대본도 구해놓고 영화도 준비해놨는데 막상 시작하려니 어떻게 공부를 해야 할 지
막막하다고요? 영화를 통해 영어 공부를 시도하는 사람은 많지만 좋은 결과를 봤다는
사람을 찾기는 쉽지 않습니다. 어떻게 해야 효과적으로 영어를 공부할 수 있을까요?
무조건 많은 영화를 보면 될까요? 아니면 무조건 대본만 달달달 외우면 될까요? 이 책은
시간 대비 최대 효과를 볼 수 있는 학습법을 제시합니다. 전체 영화에서 가장 실용적인
표현이 많이 나오는 30장면을 뽑았습니다. 실용적인 표현이 많이 나오는 대표 장면
30개만 공부해도, 훨씬 적은 노력으로 전체 대본을 학습하는 것만큼의 효과를 얻을
수 있죠. 또한 이 책의 3단계 훈련은 30장면 속 표현을 효과적으로 익히고 활용하는
데 도움을 줍니다. ❶ 핵심 표현 설명을 읽으며 표현에 대한 전반적인 이해를 하고
❷ 패턴으로 표현을 확장하는 연습을 하고 ❸ 확인학습으로 익힌 표현들을 되짚으며
영화 속 표현을 확실히 익히는 것이죠. 유용한 표현이 가득한 30장면과 체계적인 3단계
훈련으로 영화 속 표현들을 내 것으로 만드세요!

이 책은 스크립트북과 워크북, 전 2권으로 구성되어 있습니다. 이 책은 스크립트북으로 전체 대본과 번역, 주요 단어와 표현 설명이 포함되어 있습니다. 각 Day마다 가장 실용적인 표현이 많이 나오는 장면이 표시되어 있습니다. 이 장면을 워크북에서 집중 훈련합니다.

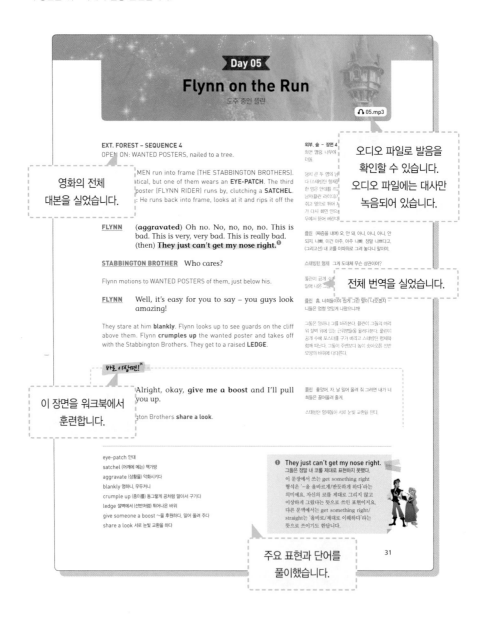

Day 05
Flynn on the Run
도주 중인 플린

🎧 05.mp3

영화의 전체 대본을 실었습니다.

EXT. FOREST – SEQUENCE 4
OPEN ON: WANTED POSTERS, nailed to a tree.

MEN run into frame (THE STABBINGTON BROTHERS).
tical, but one of them wears an EYE-PATCH. The third
poster (FLYNN RIDER) runs by, clutching a SATCHEL.
He runs back into frame, looks at it and rips it off the

FLYNN　(aggravated) Oh no. No, no, no, no. This is
bad. This is very, very bad. This is really bad.
(then) **They just can't get my nose right.**❶

STABBINGTON BROTHER　Who cares?

Flynn motions to WANTED POSTERS of them, just below his.

FLYNN　Well, it's easy for you to say – you guys look
amazing!

They stare at him **blankly**. Flynn looks up to see guards on the cliff
above them. Flynn **crumples up** the wanted poster and takes off
with the Stabbington Brothers. They get to a raised **LEDGE**.

바로 이 장면!

이 장면을 워크북에서 훈련합니다.

Alright, okay, **give me a boost** and I'll pull
you up.

ton Brothers **share a look**.

오디오 파일로 발음을 확인할 수 있습니다. 오디오 파일에는 대사만 녹음되어 있습니다.

외부. 숲 – 장면 4
화면 열림. 나무에 못으로
터들.

덩치 큰 두 명의 남
다 (스태빙턴 형제들
한 얼굴은 안대를
남자(플린 라이더)
려고 별로로 뛰어
가 다시 화면 안으로
두에서 뜯어 버린다.

플린 (짜증을 내며) 오, 안 돼. 아니, 아니, 아니 안
되지. 나빠. 이건 아주, 아주 나빠. 정말 나쁘다고.
(그리고선) 내 코를 이따위로 그려 놓다니 말이야.

스태빙턴 형제　그게 도대체 무슨 상관이야?

전체 번역을 실었습니다.

플린이 공개 수
앞에 나온 포스

플린 흠, 너희들이야 쉽게 그런 말이(나오겠지)
너들은 엄청 멋있게 나왔으니까.

그들이 멍하니 그를 바라본다. 플린이 그들의 머리
위 절벽 위에 있는 근위병들을 올려다본다. 플린이
공개 수배 포스터를 구겨 버리고 스태빙턴 형제와
함께 떠난다. 그들이 주변보다 높이 솟아오른 선반
모양의 바위에 다다른다.

플린 좋았어. 자, 날 밀어 올려 줘 그러면 내가 너
희들을 끌어올려 줄게.

스태빙턴 형제들이 서로 눈빛 교환을 한다.

eye-patch 안대
satchel (어깨에 메는) 책가방
aggravate (상황을) 악화시키다
blankly 멍하니, 우두커니
crumple up (종이를) 동그랗게 공처럼 말아서 구기다
ledge 절벽에서 (선반처럼) 튀어나온 바위
give someone a boost ~을 후원하다, 밀어 올려 주다
share a look 서로 눈빛 교환을 하다

❶ **They just can't get my nose right.**
그들은 정말 내 코를 제대로 표현하지 못했네.
이 문장에서 쓰는 get something right
형식은 '~을 올바르게/반듯하게 하다'라는
의미에요. 자신의 모습을 제대로 그리지 않고
이상하게 그렸다는 뜻으로 쓰인 표현이지요.
다른 문맥에서는 get something right/
straight는 '올바로/제대로 이해하다'라는
뜻으로 쓰이기도 한답니다.

주요 표현과 단어를 풀이했습니다.

31

6

라푼젤 Rapunzel

공주로 태어나 온 국민의 사랑을 독차지하게 될 운명이었지만, 태어나자마자 마녀 고텔에게 납치되어 탑에 갇혀 살게 됩니다. 라푼젤의 아름답고 긴 금발에는 신비한 힘이 있습니다.

플린 라이더 Flynn Rider

인물은 잘 생겼지만, 근근이 도둑질로 살아가는 이 청년은 공주의 왕관을 훔쳐 달아나다가 우연히 라푼젤과 만나게 됩니다. 라푼젤을 세상 밖으로 안내하죠.

고텔 Gothel

라푼젤의 머리카락에 영원히 젊음을 유지하게 해 주는 마법의 힘이 있다는 것을 알고 라푼젤을 납치하여 탑에 가둔 마녀입니다. 라푼젤의 엄마 행세를 하며 그녀를 세상과 차단시킵니다.

막시무스 Maximus

왕실 경비대의 경비대장을 맡은 용감무쌍한 말입니다. 공주의 왕관을 훔친 플린 라이더를 잡기 위해 동분서주하며 기지를 발휘합니다. 플린과 티격태격하다 나중에는 친해지죠.

파스칼 Pascal

라푼젤의 유일한 친구로 라푼젤과는 척하면 척, 모든 대화가 가능하죠. 조그맣고 귀여워서 개구리라고 오해받기도 하지만 사실은 천의 얼굴인 카멜레온입니다.

The Lost Princess

사라진 공주

🎧 01.mp3

PROLOGUE - SEQUENCE 1

A **wanted** poster that reads '**Dead or Alive**' is **tacked** to a tree in the middle of the forest. On it, the picture of a smiling thief.

FLYNN (V.O.)   This is the story of how I died... don't worry, this is actually a very fun story and the truth is: it isn't even mine. This is the story of a girl named, Rapunzel, and it starts, with the sun.

First image: the sun.

FLYNN (V.O.)   Now: once upon a time, a single drop of sunlight fell from the heavens.

We **track** a single drop of golden sunlight as it falls to the Earth. Where it **lands**, the ground **glows**.

FLYNN (V.O.)   And from this small drop of sun, grew a magic, golden flower. It had the ability to heal the sick and **injured**.

From the ground, a glowing golden flower grows. An old woman in a **cloak** watches it from the **shadows**.

FLYNN (V.O.)   Oh, you see that old woman over there? You might want to remember her, she's kind of important.

Across the water from the flower, we watch the **Kingdom evolve over time**.

프롤로그 - 장면 1

'죽여도 좋고 산 채로 잡아 와도 좋음'이라고 쓰여 있는 현상 수배 전단이 숲속 한가운데 붙어있다. 미소 짓고 있는 도둑의 사진이 실린 전단.

플린 (목소리) 이 이야기는 내가 어떻게 죽었는지에 대한 것이랍니다… 걱정하지 마세요. 실제로는 재미있는 이야기예요. 그리고 솔직히 말하자면 제 이야기도 아니고요. 이 이야기는 라푼젤이라는 이름을 가진 소녀의 이야기예요. 그리고, 이 이야기는 태양과 함께, 시작되죠.

첫 번째 그림: 태양

플린 (목소리) 자 그럼: 옛날에, 천국에서 태양 빛의 작은 조각이 떨어졌어요.

황금빛 태양의 조각이 지구로 떨어지는 것이 보이고, 그것이 떨어진 자리의 땅이 환하게 빛난다.

플린 (목소리) 그리고 이 태양 빛의 작은 조각으로부터 마법의 황금빛 꽃이 자라나죠. 이 꽃은 병들거나 다친 사람들을 고칠 수 있는 능력이 있답니다.

땅에서 황금빛으로 빛나는 꽃이 자라난다. 어두운 그림자가 드리운 곳으로부터 망토를 두른 고령의 여인이 그것을 바라보고 있다.

플린 (목소리) 오, 저기 늙은 여인 보이나요? 저 여자를 기억하는 것이 좋을 것 같아요. 꽤 중요한 인물이거든요.

꽃이 있는 곳으로부터 물 건너편에 왕국이 점점 모습을 드러낸다.

---

prologue 프롤로그 (연극, 책, 영화의 도입부)

sequence (일련의) 연속적인 사건, 순서, 장면

wanted 수배 중

Dead or Alive 죽이거나 살리거나

tack 압정으로 고정하다

V.O. 보이스오버 (영화, TV 프로그램 등에서 목소리만 나오는 해설; voice-over)

track (자취 등을 따라) 추적하다

land (땅, 표면에) 내려앉다, 착륙하다

glow (은은한) 불빛, 빛나다

injured 상처를 입은, 다친

cloak 망토

shadow 그림자, 어둠, 그늘

kingdom 왕국

evolve (점진적으로) 발달(진화)하다

over time 시간이 흐르면서

FLYNN (V.O.) Well, centuries passed, and **a hop-skip-and-a-boat ride away,** there grew a Kingdom.

플린 (목소리) 흠, 수백 년이 흘렀고, 배를 타고 가면 바로 다다를 수 있는 저 건너편에 왕국이 생겨났죠.

IMAGE: The King and Queen.

그림: 왕과 왕비

FLYNN (V.O.) The Kingdom **was ruled by** a beloved King and Queen. And the Queen... well, she was about to have a baby.

플린 (목소리) 그 왕국은 백성들에게 사랑받는 왕과 왕비가 다스리고 있었죠. 그리고 왕비가… 아, 왕비가 곧 출산을 앞두고 있었죠.

The pregnant Queen lies in her bed, **struggling for breath** while the King kneels by her side.

임신한 왕비가 숨쉬기도 버거워하며 침대에 누워 있고, 그 옆에서 왕이 무릎을 꿇고 지켜보고 있다.

FLYNN But she got sick. Really sick.

플린 하지만 그녀가 병에 걸렸어요. 아주 위독한 병에.

The Kingdom **springs into action. Guards** are sent out to the mainland **in search of** the flower.

왕국이 갑자기 분주해지기 시작한다. 왕실 근위대가 그 꽃을 찾기 위해 육지로 파견을 간다.

FLYNN (V.O.) She was **running out of** time and that's when people usually start to look for a miracle. Or, in this case, a magic golden flower.

플린 (목소리) 그녀에게는 시간이 얼마 남지 않았어요. 그리고 바로 이런 상황이 되면 사람들은 보통 기적을 찾기 시작하죠. 혹은, 지금 같은 경우엔, 마법의 황금 꽃을 찾는 거죠.

Mother Gothel approaches the glowing flower.

고텔이 환하게 빛나는 꽃을 향해 다가간다.

FLYNN (V.O.) Ah, I told you she'd be important. You see, instead of sharing the sun's gift, this woman, Mother Gothel, **hoarded** its healing power and used it to keep herself young for hundreds of years. And all she had to do was sing a special song.

플린 (목소리) 아, 이 여자가 중요할 거라고 내가 그랬잖아요. 아 글쎄, 이 여자, 고텔은 태양의 선물을 사람들과 나누는 대신에, 이 꽃의 치유하는 능력을 비축해 두었다가 자신이 수백 년 동안 계속 젊음을 유지하기 위해 사용했답니다. 그녀는 그저 특별한 노래 한 곡만 부르면 됐죠.

She sings to the flower and it turns her hand young.

그녀가 꽃을 향해 노래하고 그녀가 손이 젊음을 되찾는다.

MOTHER GOTHEL (singing) FLOWER **GLEAM** AND GLOW. LET YOUR POWER SHINE. MAKE THE CLOCK **REVERSE**. BRING BACK WHAT ONCE WAS MINE, WHAT ONCE WAS MINE.

고텔 (노래) 꽃이여 반짝이며 빛나라. 너의 능력이 빛을 발해 시간을 거꾸로 되돌리게 해라. 한때 내 것이었던 것을 다시 돌려주거라, 한때는 내 것이었던 것을.

---

be ruled by ~에 의해 다스려지다, 지배를 당하다
struggle for breath 숨을 헐떡이다
spring into action 갑자기 행동하다
The Guards (영국 및 일부 국가의) 왕실 근위대
in search of ~을 찾아서
hoard (몰래 돈, 음식, 귀중품 등을) 비축하다
gleam 희미하게 빛나다, 반짝이다
reverse (정반대로) 뒤바꾸다, 반전시키다

❶ **a hop-skip-and-a-boat ride away**
전혀 멀지 않아서 쉽게 금방 갈 수 있는 거리
hop, skip, and jump '근거리, 바로 그곳', 즉 '작은 배를 타고 금방 건너갈 수 있는 거리에 위치한, 멀지 않은'의 뜻입니다.

❷ **run out of** ~이 바닥난, 다 써버린, 고갈된
돈이나 기운 등을 이미 많이 써버려서 얼마 남지 않은 상황을 나타냅니다.

FLYNN (V.O.)	Alright, you **get the gist**: she sings to it, she turns young, **creepy**, right?	플린 (목소리) 자, 무슨 말인지 알겠죠? 그녀가 그 꽃에게 노래를 부르면 그녀는 젊어지는 거예요. 오싹하죠. 그죠?

Mother Gothel sees the guards approaching and disappears into the woods. A GUARD **stumbles upon** the flower!

고텔이 근위대가 다가오는 것을 보고 숲으로 숨는다. 근위대 대원 한 명이 우연히 꽃을 발견한다!

GUARD	We found it!	근위병 찾았다!

From the shadows, Gothel watches as the guards **dig up** the flower, **her eyes narrowed.**
IMAGE: The flower goes into a soup, which is **fed** to the Queen.

어두운 그늘에 있던 고텔은 근위대가 꽃을 파내는 것을 보며 그녀의 눈살을 찌푸린다.
그림: 수프에 꽃이 들어가고, 그것을 왕비가 마신다.

FLYNN (V.O.)	The magic of the golden flower healed the queen.	플린 (목소리) 황금빛 꽃의 마법이 왕비를 치유했어요.

Live action: a Baby!

생중계: 아기다!

FLYNN (V.O.)	A healthy baby girl, a Princess, was born with beautiful golden hair.	플린 (목소리) 건강한 여자 아기, 아름다운 금발을 가진 공주가 태어났어요.

The King and Queen lean in over the **crib** and gaze at their daughter. The Queen picks up the Princess from the crib. Looks at her – the same green eyes. The King looks at them, completely **content**. He **places** an **oversized** crown on her head. The baby **COOS** happily.

왕과 왕비가 아기침대 쪽으로 몸을 숙여 그들의 딸을 쳐다본다. 왕비가 침대에서 공주를 꺼내 들어 올린다. 그녀를 본다 – 엄마와 똑같은 초록색 눈. 왕이 더없이 행복한 표정으로 그들을 바라본다. 그가 아기가 쓰기에는 너무나도 큰 왕관을 아기 머리 위에 씌운다. 아기가 행복하게 옹알이한다.

FLYNN	I'll give you a hint: (whisper) That's Rapunzel.	플린 힌트를 하나 드릴게요: (속삭이며) 그녀가 바로 라푼젤이에요.

The King and Queen (baby in arms), stand on the royal balcony. The plaza is filled with cheering **subjects, anxious for** their first look at the princess.

왕과 왕비가 (아기를 안고) 왕궁의 발코니에 서 있다. 공주를 처음으로 보게 된다는 기대감에 열광하는 국민들로 광장이 가득 차 있다.

FLYNN (V.O.)	To celebrate her birth, the King and Queen **launched** a flying **lantern** into the sky.	플린 (목소리) 그녀의 탄생을 축하하기 위해, 왕과 왕비는 하늘 위로 날아오르는 등불을 쏘아 올렸어요.

They launch the lantern.

그들은 등불을 쏘아 올린다.

FLYNN (V.O.)	For that one moment, everything was perfect. And then that moment ended.	플린 (목소리) 그 한순간만큼은 모든 것이 완벽했죠. 그리고는 바로 그 순간이 끝나버렸답니다.

---

get the gist 핵심을 파악하다, 종잡다

creepy 오싹한, 으스스한

stumble upon ~을 우연히 만나다

dig up 땅을 파 뒤집다, 캐내다

narrow one's eyes 눈을 가늘게 뜨다, 찌푸리다

fed 밥(우유, 먹이)을 먹이다 (feed의 과거, 과거분사)

Live action 생중계의, 실황의

crib 아기침대, 구유

content 만족하는

place 놓다, 배치하다

oversized 너무 큰

coo 아기가 옹알옹알하다, 비둘기의 구구 소리

subject (특히 군주국의) 국민, 신하

anxious for ~을 열망하는, 몹시 ~하고 싶어 하는

launch 착수하다, (상품을) 출시하다

lantern 손전등, 등불

LATER THAT NIGHT...
Gothel sneaks toward the crib. She touches the baby's GOLDEN HAIR with her AGED HAND, begins to SING THE SONG.

MOTHER GOTHEL FLOWER GLEAM AND GLOW. LET YOUR POWER SHINE. MAKE THE CLOCK REVERSE.

Suddenly, her hand turns young! Gothel reacts, shocked. Then she slowly smiles, takes out a scissors, and cuts a **TUFT** OF THE BABY'S HAIR! But the hair turns instantly BROWN! And her hand TURNS OLD AGAIN. Gothel thinks...

CUT TO: LATER – THE KING AND QUEEN'S BEDROOM
A baby CRIES. The King and Queen both **sit up** in bed, **only to** see Mother Gothel escaping out the window, their **precious** baby **clutched** in her arms.

FLYNN (V.O.) Gothel **broke into** the castle, stole the child, and **just like that**[●] ... gone.

EXT. TOWER
A glow **emanates from** behind the closed shutters of a tower, hidden deep in the woods. A young girl and mother SING THE SONG as duet as if the mother teaching the child.

바로 이장면!*

FLYNN (V.O.) The Kingdom searched and searched but they could not find the Princess.

CUT TO: A YOUNG GIRL (4) sits at the feet of Mother Gothel (who is now young) as Gothel brushes her hair. The hair glows.

FLYNN (V.O.) For deep within the forest, in a hidden tower, Gothel raised the child as her own.

그날 밤 이후…
고텔이 몰래 아기침대로 다가간다. 그녀가 자신의 늙은 손으로 아기의 금빛 머리를 만지며 노래를 부르기 시작한다.

고텔 꽃이여 반짝이며 빛나라. 너의 능력이 빛을 발해 시간을 거꾸로 되돌리게 해라.

갑자기, 그녀의 손이 젊어진다! 고텔은 충격에 휩싸인 반응을 보이다가 조금씩 얼굴에 미소를 머금기 시작하고 가위를 꺼내어 아기의 머리카락 한 줌을 자른다. 하지만 머리카락이 곧바로 갈색으로 변한다! 그녀의 손도 다시 늙어진다. 고텔은 생각한다…

장면 전환: 그 이후 – 왕과 왕비의 침실
아기가 운다. 왕과 왕비는 침대에 앉아 있다가 창문 밖으로 도망치고 있는 고텔의 모습을 보게 되는데, 그녀의 팔에 그들의 소중한 아기가 꽉 움켜잡혀 있다.

플린 (목소리) 고텔이 성으로 무단침입 해서 아이를 훔쳤어요. 그리고 그냥 그렇게… 사라지고 말았죠.

탑 외부 장면
깊은 숲속에 숨겨져 있는 탑에서 잠긴 셔터 뒤로 불빛이 흘러나온다. 여자아이와 엄마가 듀엣처럼 노래를 같이 부르는데 마치 엄마가 아이에게 노래를 가르치는 듯하다.

플린 (목소리) 온 나라가 다 찾아다니고 또 찾아다녔지만, 공주를 찾을 수가 없었답니다.

장면 전환: 어린 소녀(4살)가 고텔(젊은 모습)의 발밑에 앉아 있고 고텔은 그녀의 머리를 빗겨 주고 있다.

플린 (목소리) 왜냐하면 숲속 깊은 곳, 숨겨진 탑에서, 고텔이 자신의 아이처럼 그 아이를 키우고 있었기 때문이죠.

---

tuft 다발 (머리카락, 잔디 등이 촘촘하게 난 것)
cut to (영화, TV 등) 다른 장면으로 바뀌다
sit up (누워 있는 자세에서) 몸을 일으키다
only to 믿기 힘든 일 (결과가 허무하게 되는 일)
precious 귀중한, 소중한
clutch (꽉) 움켜잡다
break into 몰래 잠입/침입하다
emanate from ~에서 나오다, 흘러나오다

❶ **Just like that**
(아무 경고나 설명 없이) 갑자기, 망설임 없이
부지불식간에 어떤 일이 벌어져 버렸을 때 혹은 아무 망설임도 없이 어떤 일을 처리해 버렸을 때 쓰는 표현이에요. 예를 들어, Just like that, I was in love. '(자신도 깨닫지 못하는 사이에) 바로 그렇게, 난 사랑에 빠지고 말았죠' 이런 식으로 말이에요.

<u>**LITTLE GIRL**</u>	(singing) SAVE WHAT HAS BEEN LOST. **BRING BACK** WHAT ONCE WAS MINE, WHAT ONCE WAS MINE.	어린 소녀 (노래) 잃었던 것을 구하라. 한때 내 것이었던 것을 돌려주거라. 한때 내 것이었던 것을.
<u>**FLYNN (V.O.)**</u>	Gothel had found her new magic flower, but this time, she **was determined to keep it hidden.**	플린 (목소리) 고텔은 새로운 마법의 꽃을 찾았어요. 하지만 이번에는, 꼭꼭 숨겨두리라고 결심했죠.
<u>**LITTLE GIRL**</u>	Why can't I go outside?	어린 소녀 왜 나는 밖에 나가면 안 되는 거예요?
<u>**MOTHER GOTHEL**</u>	The outside world is a dangerous place filled with horrible, **selfish** people. You must stay here, where you're safe. Do you understand, Flower?	고텔 바깥세상은 끔찍하고 이기적인 사람들로 가득 찬 위험한 곳이란다. 네가 안전하게 있을 수 있는 이곳에 있어야만 해. 알겠니, 우리 꽃님이?
<u>**LITTLE GIRL**</u>	Yes, Mommy.	어린 소녀 네, 엄마.

---

bring back ~을 돌려주다
be determined to ~을 하기로 하다
keep something hidden ~을 (비밀리에) 감추고 있는
selfish 이기적인

The Floating Lights in the Sky

하늘 위로 떠다니는 불빛들

🎧 02.mp3

LATER THAT NIGHT
The little girl tiptoes past Gothel's bedroom towards a window.

FLYNN (V.O.) But the walls of that tower could not hide everything. Each year on her birthday the King and Queen released thousands of lanterns into the sky ... in hope that one day, their lost Princess would return.

IMAGE: Over the kingdom, thousands of lanterns float into the sky.

FROM HER TOWER: Young Rapunzel **peers** out the window to see the thousands of tiny lights floating into the sky. She smiles.

INT. TOWER – DAY – SEQUENCE 2
An empty **windowsill**. An eye slowly rises from below – nervously looks around. It's Pascal. He climbs on the sill. He looks left and right. **The coast is clear.❶** He goes to hide by the flower pot. Suddenly Rapunzel **flings open** the shutters.

RAPUNZEL Ha!

She pretends not to see him.

RAPUNZEL Hmm... Well, I guess Pascal's not hiding out here...

From above, a long **cord of hair** slowly snakes into frame. Pascal doesn't see it. The hair **lassos** him.

RAPUNZEL (O.S.) Gotcha!

He has a **mini-heart attack**. Rapunzel **drops down** from above.

그날 밤
어린 소녀가 고텔의 침실을 지나 창문 쪽으로 까치발로 걸어간다.

플린 (목소리만) 하지만 그 탑의 벽들은 모든 것을 다 숨길 수는 없었죠. 매년 그녀의 생일날 왕과 왕비는 하늘 높이 수천 개의 등불을 띄웠습니다. 언젠가 그들의 잃어버린 공주가 다시 돌아오기를 꿈꾸며…

그림: 왕국 저편에서 수천 개의 등불이 하늘에 떠다닌다.

그녀의 탑에서: 어린 라푼젤은 하늘에 둥둥 떠다니는 수천 개의 작은 불빛들을 보려고 창문 밖을 유심히 쳐다본다. 그녀가 웃는다.

탑 내부 – 낮 – 장면 2
텅 빈 창턱. 눈 하나가 서서히 아래로부터 올라온다 – 초조하게 주위를 살펴본다. 파스칼이다. 그가 창턱 위로 올라온다. 그가 좌우를 살핀다. 위험 요소는 없어 보인다. 그가 화분 옆으로 가서 숨는다. 갑자기 라푼젤이 셔터를 왈칵 연다.

라푼젤 하!

그녀가 그를 못 본 척한다.

라푼젤 흠… 아무래도 파스칼이 여기 숨어있진 않은 것 같네…

위로부터 긴 머리카락이 서서히 틀 안으로 스르르 기어들어 온다. 파스칼은 눈치채지 못한다. 머리카락이 그를 올가미 밧줄로 옭아맨다.

라푼젤 (화면 밖) 잡았다!

그는 잠시 심장마비를 일으킨다. 라푼젤이 위에서 툭 떨어진다.

---

peer 자세히 들여다보다, 응시하다
windowsill 창문턱
fling (a door) open 문을 열어젖히다
cord of hair 머리 한 가닥 (꼰 머리)
lasso 올가미, 밧줄
O.S. (영화용어) 화면 밖의 (= off screen)
mini-heart attack 경미한/작은 심장마비
drop down 밑으로 떨어뜨리다

❶ **The coast is clear.**
주변에 (경계해야 할 대상이) 아무도 없다.
누군가가 우리를 잡으려고 밖에서 기다리고 있다거나 각별히 조심해야 할 대상이 주변에 있어서 노심초사하고 있는데, 그 대상이 이제 더 이상 거기에 있지 않을 때 '(그가 갔으니) 이제 안전해'라는 표현이에요. 예를 들어, 'Come on out. The coast is clear. The guy's gone.' '나와라. 이제 안전해. 그 남자가 사라졌다.' 이렇게 쓸 수 있어요.

RAPUNZEL   That's twenty two for me. How about **twenty three out of forty five?**❶

He looks exhausted.

RAPUNZEL   Ok, what do you want to do?

He **motions outside**.

RAPUNZEL   Yeah, I don't think so.

He gestures **emphatically** – **obviously** communicating with her.

RAPUNZEL   I like it in here and so do you.

Pascal **rolls his eyes**.

RAPUNZEL   Oh come on Pascal, it's not so bad in there.

She **scoops** him **up**...
Rapunzel turns back into the tower, her hair **trailing behind** her.
Using her hair, she pulls a lever, filling the tower with light.

라푼젤 이제 스물두 번째야. 마흔다섯 판 중에 스물세 번 이기는 거로 하면 어떨까?

그는 지쳐 보인다.

라푼젤 알았어. 그럼 넌 뭘 하고 싶은데?

그가 밖을 가리키는 몸짓을 한다.

라푼젤 에이, 그건 안 될 것 같네.

그가 더 강한 몸짓으로 표현한다 – 확실히 그녀와 소통하는 중이다.

라푼젤 난 여기가 좋아, 그리고 너도 여기가 좋잖아.

파스칼이 (그건 아닌 것 같은데 하는 표정으로) 눈을 굴린다.

라푼젤 왜 이래, 파스칼. 그 안에도 나름 괜찮잖아.

그녀가 그를 잡아서 들어 올리고…
라푼젤이 다시 탑으로 향하고, 그녀의 머리칼이 그녀를 뒤따른다. 그녀의 머리카락을 이용해 그녀가 레버를 당기자 탑이 불빛으로 가득 찬다.

바로 이장면!*

Rapunzel **goes about her day** in the tower – sweeping, picking up laundry.

RAPUNZEL   (singing)
SEVEN AM, THE USUAL MORNING **LINE-UP-**
START ON THE CHORES,
AND SWEEP 'TIL THE FLOOR'S ALL CLEAN.
POLISH AND WAX, DO LAUNDRY, AND
MOP AND SHINE UP.
SWEEP AGAIN AND BY THEN-
IT'S LIKE SEVEN-FIFTEEN.

라푼젤이 탑 안에서 그녀의 일상을 보낸다 – 바닥도 쓸고, 빨래도 걷으며.

라푼젤 (노래)
오전 7시, 늘 똑같은 오전 일상
집안일을 시작하지.
바닥이 깨끗해질 때까지 쓸어.
문지르고 왁스질하고, 빨래하고, 걸레로 닦고 광을 내지.
다시 쓸어, 그러면-
한 7시 15분 정도가 되지.

---

motion outside 밖을 가리키는 손짓/몸짓을 하다
emphatically 강조하여, 힘차게
obviously 뻔하게, 확실히, 분명히
roll one's eyes (못마땅하다는 듯) 눈을 굴리다
scoop up 퍼 올리다, 들어 올리다
trail behind 느릿느릿 따라가다
go about one's day/business 할 일을 하다
line-up (행사 등의) 목록/프로그램

❶ **twenty three out of forty five**
마흔다섯 번 중에 스물세 번
흔히 쓰는 우리말 중에 삼세판을 영어로 하면
'two out of three'인데요, 세 번 중에 두 번을
이기면 된다는 뜻이지요. 이렇게 '몇 번/회 중에
몇 번/회'라는 표현을 쓸 때 out of를 넣어서
활용할 수 있답니다. 또 다른 예로, 열 번 중에
아홉 번은 nine out of ten 이렇게 말해요.

Rapunzel checks the clock, already tired from her chores.

라푼젤이 집안일로 벌써 지친 모습으로 시계를 본다.

RAPUNZEL   (singing)
AND SO I'LL READ A BOOK, OR MAYBE
TWO OR THREE.
I'LL ADD A FEW NEW PAINTINGS TO MY
GALLERY.

라푼젤 (노래)
그리고 책을 한 권 아니면 두세 권 읽을 거야.
내 갤러리에 몇 개의 그림을 더 추가하고.

Rapunzel hangs from the **rafters** by her hair, painting on her already over full walls.

라푼젤이 그녀의 머리카락을 천장의 서까래에 매달고 이미 그림으로 가득 찬 벽에 또다시 그림을 그린다.

RAPUNZEL   (singing)
I'LL PLAY GUITAR, AND **KNIT** AND COOK,
AND **BASIC'LY**
JUST WONDER, WHEN WILL MY LIFE
BEGIN?

라푼젤 (노래)
기타를 치고, 뜨개질도 하고 요리도 하고,
그리고 뭐
그냥 궁금하지. 내 인생은 언제 시작될까?

A blank space on the wall above the fireplace **catches her attention**. She considers it with her **painter's eye**. Rapunzel gathers paints from her paint-box. Standing on top of the **mantle**, she starts to paint. Rapunzel practices all the **ensuing** hobbies in the tower, **one at a time**.

벽난로 위에 있는 벽에 빈자리가 있는 것을 알아채고 그녀는 화가의 눈으로 생각해 본다. 라푼젤은 그녀의 그림물감 통에 있는 물감들을 모은다. 그녀는 벽난로의 덮개 위에 올라서서 그림을 그리기 시작한다. 라푼젤은 탑에서 이 모든 연결되는 취미들을 한 번에 하나씩 한다.

RAPUNZEL   (singing)
THEN AFTER LUNCH, IT'S PUZZLES, AND
DARTS
AND BAKING....
PAPIER-MACHE, **A BIT OF** BALLET, AND
CHESS...
POTTERY, AND **VENTRILOQUY**, CANDLE-
MAKING...
THEN I'LL STRETCH, MAYBE SKETCH,
TAKE A CLIMB, SEW A DRESS-
AND I'LL RE-READ THE BOOKS
IF I HAVE TIME TO SPARE.

라푼젤 (노래)
그리고 점심을 먹고, 퍼즐을 하고, 다트를 하고
그리고 빵 굽기…
종이 반죽, 발레도 조금 하고, 그리고 체스…
도자기도 만들고 복화술, 초도 만들고…
그리고 스트레치를 할거고, 아마 스케치도 하고,
줄잡고 오르기, 드레스 바느질하고
그리고 읽었던 책들을 또 읽지
시간이 좀 남으면

---

rafter 서까래

knit 뜨다, 짜다

basic'ly 근본적으로, 기본적으로 (=basically)

a blank space 빈 공간

catch one's attention 주목을 끌다

painter's eye 화가의 눈

mantle (표면을 덮고 있는) 꺼풀, (석유 램프의) 덮개

ensuing 다음의, 뒤이은

one at a time 한 번에 하나씩

darts 다트 놀이

papier-mache 종이 반죽

a bit of 소량의, 한 조각의

pottery 도자기, 그릇들

ventriloquy 복화술

take a climb 오르기를 하다

Rapunzel sits in the center of the tower, reading, maybe now a little bit bored with the **daily routine**.

라푼젤이 탑의 중앙에 앉아 독서를 하고 있는데 이제 조금은 일상이 따분해진 듯 보인다.

RAPUNZEL   (singing)
I'LL PAINT THE WALL SOME MORE,
I'M SURE THERE'S **ROOM** SOMEWHERE.
AND THEN I'LL **BRUSH**, AND BRUSH,
AND BRUSH, AND BRUSH MY HAIR,
STUCK IN THE SAME PLACE I'VE ALWAYS BEEN.
AND I'LL **KEEP WON'DRING**
AND WOND'RING
AND WOND'RING
AND WOND'RING
WHEN WILL MY LIFE BEGIN?

라푼젤 (노래)
벽에 그림을 더 그리고,
분명히 어딘가 공간이 더 있을 거야.
그리고 머리를 빗고, 또 빗고,
또 빗고, 또 빗고,
늘 그랬듯이 이곳에 계속 갇혀있네.
그리고 계속 궁금해하지
궁금해하고
궁금해하고
궁금해하지
도대체 내 인생은 언제 시작되는 걸까?

She looks out the window of the tower.

그녀가 탑에서 창밖을 바라본다.

RAPUNZEL   (singing)
TOMORROW NIGHT
THE LIGHTS WILL APPEAR.
JUST LIKE THEY DO ON MY BIRTHDAY EACH YEAR.
WHAT IS IT LIKE,
OUT THERE WHERE THEY GLOW?
NOW THAT I'M OLDER,❶
MOTHER MIGHT JUST LET ME GO...?

라푼젤 (노래)
내일 밤
그 불빛들이 나타날 거야.
내 생일이 되면 늘 그렇듯
어떤 모습일까.
그 불빛들이 빛나는 저 바깥세상은?
이제 나도 컸으니
어머니가 나를 보내줄지도 몰라…?

Rapunzel walks over to the fireplace and **pulls back the curtains, revealing**:
HER PAINTING: the floating lanterns rising high above the forest – the view of the **spectacle** from her tower window. At the bottom of the painting, she adds an image of herself, out in the forest.

라푼젤이 벽난로 쪽으로 다가가서 커튼을 젖히니 보인다:
그녀의 그림: 숲의 저 높은 곳으로 떠올라 날아다니는 등불들 – 탑의 창문에서 보는 그 장관. 그림의 가장 아래쪽으로 그녀는 그녀 자신을 그려 넣는다. 저 멀리 숲속에 있는 그녀의 모습을.

---

daily routine 일상업무
room (특정 목적을 위한) 자리, 공간
brush (명사) 솔, 붓 (동사) 솔질을 하다, 머리를 빗다
stuck in ~에 갇힌, 틀에 박힌
keep won'dring 계속 궁금해하다 (=wondering)
pull back the curtains 커튼/휘장을 걷다
reveal 드러내다, 밝히다
spectacle 장관, (굉장한) 구경거리/행사

❶ **now that I'm older**
이제 내가 나이가 들었으니/컸으니
'이제 ~하니/했으니, 이제 ~가 되니/됐으니'라는 표현으로 〈now that + 주어 + 동사〉 형식입니다. 예를 들어, Now that he's here, we're safe. '이제 그가 왔으니 우린 안전해', 또는 Now that we are together, I'm so happy. '이제 우리가 함께하니 난 너무 기쁘다' 이렇게 활용합니다.

Rapunzel Trapped in the Tower

탑 안에 갇힌 라푼젤

🎧 03.mp3

EXT. CASTLE – SEQUENCE 2.5
Flynn peers over the roof of the castle.

FLYNN   Wow, I could **get used to** a view like this.

STABBINGTON BROTHER   Rider! Come on!

FLYNN   Hold on, yep, I'm used to it. Guys, I want a **castle**.

STABBINGTON BROTHER   We do this job, you can buy your own castle.

They pull him off screen.

INT. CASTLE
The Stabbington Brothers **lower** Flynn **a la** Mission Impossible down to the crown behind **a line of guards**. One of them **sneezes**.

FLYNN   (to guard) **Hay fever?**

GUARD   Yep.

Before he realizes what's happened, Flynn is already being pulled to **safety**.

GUARD   Wait! Hey wait!

Cut to Flynn and the Stabbingtons racing out of the kingdom.

성의 외부 – 장면 2.5
플린이 성의 지붕을 바라본다.

플린   우와, 난 이런 광경에 익숙해질 수 있을 것 같아.

스태빙턴 형제   라이더! 빨리 와!

플린   잠깐, 그래, 난 익숙해. 이봐, 난 성 하나를 원해.

스태빙턴 형제   우린 이런 일을 하고, 넌 네 성을 살 수 있지.

그들이 그를 화면 밖으로 끌어당긴다.

성 내부
스태빙턴 형제는 마치 미션 임파서블 영화처럼 근위대 뒤의 왕관에 플린을 내린다. 근위병 중 한 명이 재채기를 한다.

플린   (근위병에게) 꽃가루 알레르기?

근위병   맞아.

그가 무슨 일이 있었는지 알아채기 전에, 플린은 이미 안전한 곳으로 옮겨진다.

근위병   잠깐! 이 봐 잠깐!

플린과 스태빙턴 형제가 왕국에서 줄행랑친다.

---

get used to something ~에 익숙해지다
castle 성
INT. 내부 (= interior)
lower 낮추다, 내리다
a la 〈프랑스어〉 ~와 같은 식/풍으로
a line of 한 줄로 늘어선, 일렬의
guard 근위병, 수비 요원, 경호원
sneeze 재채기(하다)

hay fever 건초열
safety 안전, 안전한 곳

FLYNN   Can't you **picture** me in a castle of my own? Cuz, I certainly can. Oh, all the things we've seen and it's only eight in the morning. Gentlemen, this is a very big day!

플린 내가 내 소유의 성에 사는 걸 상상해 볼 수 없겠나? 왜냐면, 난 확실히 그럴 수 있거든. 오, 우리가 그 모든 것들을 보았는데도 이제 오전 8시밖에 안 됐네. 신사분들, 오늘은 엄청 중요한 날이라오!

INT. TOWER – CONTINUOUS – SEQUENCE 3
Rapunzel puts away her paint brushes.

탑 내부 – 계속됨 – 장면 3
라푼젤이 그림 붓들을 치운다.

RAPUNZEL   **This is it.**[1] **This is a very big day,**[2] Pascal. I'm finally going to do it, I'm going to ask her.

라푼젤 바로 이거야. 오늘은 정말 중요한 날이라고, 파스칼. 난 이제 드디어 할 거야. 그녀에게 물어볼 거라고.

MOTHER GOTHEL (O.S.)   Rapunzel! Let down your hair!

고텔 (화면 밖) 라푼젤! 머리카락을 내려줘!

Rapunzel takes a deep breath, **bracing herself**. She **turns to** the CHAMELEON.

라푼젤이 심호흡을 하고, 마음의 준비를 한다. 그녀가 카멜레온에게로 돌아선다.

RAPUNZEL   It's time.

라푼젤 때가 됐어.

The Chameleon **stands tall**, **puffs out his chest** at Rapunzel ("be strong").

카멜레온이 라푼젤을 향해 곧은 자세로 일어서서 가슴을 부풀린다. ("자신 있게 해")

RAPUNZEL   I know, I know. Come on, don't let her see you.

라푼젤 알아, 알아. 자, 그녀가 보지 못하게 숨어.

The chameleon nods, **BLENDS into** her painting on the mantle. Rapunzel lowers her hair.
DOWN BELOW: Gothel, frustrated.

카멜레온이 고개를 끄덕이고, 벽난로 덮개 위의 그림과 섞여서 블랜딩을 이룬다. 라푼젤이 그녀의 머리카락을 내린다. 저 밑에서: 고텔, 답답해하며.

MOTHER GOTHEL   Rapunzel! I'm not getting any younger down here.

고텔 라푼젤! 이러다가 폭삭늙겠구나.

Rapunzel appears at the window and starts to **loop** her hair around a **pulley**.

라푼젤이 창문에 나타나서 도르래 장치에 그녀의 머리카락을 고리로 만들어 돌려서 맨다.

RAPUNZEL   Coming, Mother!

라푼젤 이제 가요, 어머니!

---

picture 그리다. 상상하다
brace oneself (마음, 결의 등을) 다지다. 가다듬다
turn to ~에 의지하다. ~에게로 돌아서다
stand tall 당당해 보이다
puff out one's chest 가슴을 펴다
blend into (구별이 어렵게) ~와 뒤섞이다
loop 고리
pulley 도르래

[1] **This is it.** 그래 바로 이거야.
기대하던 일이 막 시작되는 것을 나타낼 때 쓸 수 있는 표현으로 '자 이제 시작이야', '바로 이거야' 등등으로 해석될 수 있습니다.

[2] **This is a very big day.**
정말 중요한 날이야.
아주 중요하고 큰 행사가 있는 날, 특히 결혼식과 같은 일생일대의 중요한 날을 big day라고 표현한답니다.

A line of hair tied in a loop at the end lowers towards Gothel. She grabs it, inserts her foot into the loop, and **gives it a tug**, signaling she's ready. Rapunzel pulls her up the tower. Finally, Gothel makes it into the tower. Rapunzel is breathless and exhausted.

고리로 만들어진 머리카락의 끝부분이 고텔을 향해 내려진다. 그녀가 그것을 잡고, 고리에 발을 넣는다. 그리고 그것을 잡아당겨 준비되었다는 신호를 보낸다. 라푼젤이 탑으로 그녀를 당겨 올린다. 마침내, 고텔이 탑에 무사히 오른다. 라푼젤은 숨을 헐떡거리며 지친다.

바로 이장면!

RAPUNZEL	Hi, Welcome home, Mother.	라푼젤 집에 돌아오신 걸 환영해요, 어머니.
MOTHER GOTHEL	Rapunzel, how you manage to do that **every single day** without fail, it looks absolutely exhausting, darling.	고텔 라푼젤, 넌 어떻게 매일 단 한 번도 실수하지 않고 이걸 할 수가 있는 거니. 정말 너무 힘들어 보이는구나, 얘야.
RAPUNZEL	Oh, **it's nothing.** ❶	라푼젤 오, 전혀 힘들지 않아요.
MOTHER GOTHEL	Then I don't know why it takes so long. **(off Rapunzel's look)** Oh darling, I'm just **teasing**!	고텔 그럼 왜 이렇게 오래 걸리는지 모르겠구나. (라푼젤의 표정을 본 후) 오, 우리 아가. 엄마가 그냥 너 놀리는 거야!
	She LAUGHS.	그녀가 웃는다.
RAPUNZEL	(laughs) Alright, so... Mother!? As you know, tomorrow is a very big day–	라푼젤 (웃는다) 좋아요, 그런데… 어머니!? 아시다시피, 내일은 정말 중요한 날인데…
MOTHER GOTHEL	Rapunzel – look in that mirror. You know what I see? I see a strong, confident, beautiful young lady. Oh, look! You're here too. I'm just teasing! Stop **taking everything so seriously**.	고텔 라푼젤, 저 거울 속을 보렴. 내 눈에 뭐가 보이는지 아니? 아주 강인하고, 자신감 있고, 아름다운 젊은 여인의 모습이 보이는구나. 오, 봐봐! 너도 있구나. 장난이야! 모든 걸 너무 진지하게 받아들이지 좀 말아라.
RAPUNZEL	Okay, so, Mother, as I was saying tomorrow is...	라푼젤 네, 그래서, 어머니, 아까 말한 것처럼 내일은…

Gothel is pulling her eyes back in the mirror, a **pseudo facelift**. She's **not happy with** what she sees.

고텔이 다시 거울 속을 들여다보니, 가짜 젊은 얼굴이 나타난다. 그녀는 자신의 모습이 마음에 들지 않는다.

---

give something a tug ~을 홱 끌어당기다

every single day 하루도 빠짐없이 매일

off someone's look ~의 표정을 본 후 반응하며

tease 놀리다, 장난하다

take something seriously ~을 심각하게 받아들이다

pseudo 허위의, 가짜의

facelift 주름 제거 수술

not happy with something ~에 대해 불만인

❶ **It's nothing.**
별거 아니에요.
상대방이 나의 행위 혹은 선물에 대해서 찬사를 보내거나 고마워할 때 '아 뭐 별거 아니에요', '그리 대단한 건 아니에요'라는 의미로 쓰는 표현이랍니다.

MOTHER GOTHEL	Rapunzel? Mother's feeling a little **rundown**. Would you sing for me, dear? Then we'll talk?	고텔 라푼젤? 엄마가 좀 피곤하구나. 날 위해 노래를 좀 불러 주겠니, 얘야? 그러고 나서 이야기를 나누면 어떨까?
RAPUNZEL	Oh! Of course, Mother.	라푼젤 오, 물론이죠, 어머니.

---

rundown (건물, 장소가) 황폐한, (사람이) 많이 지친

Rapunzel's Birthday Wish

라푼젤의 생일 소원

🎧 04.mp3

Rapunzel **DARTS** around the room, grabbing the chair, the brush, **seating** her Mother. She puts her hair in Gothel's **lap** and **races through** the song...

라푼젤이 방을 휙 둘러본다. 의자를 잡아 놓고, 어머니를 거기 앉히고, 빗을 쥐어 준다. 그녀는 고텔의 무릎 위에 그녀의 머리카락을 올려놓고 노래를 고속으로 부른다.

| RAPUNZEL | (racing, not even singing)
FLOWER GLEAM AND GLOW, LET YOUR POWER SHINE,
MAKE THE CLOCK REVERSE, BRING BACK WHAT ONCE WAS MINE,
HEAL WHAT HAS BEEN HURT,
CHANGE THE FATE'S DESIGN, SAVE WHAT HAS BEEN LOST,
BRING BACK WHAT ONCE WAS MINE. | 라푼젤 (고속으로, 노래라고 보기도 힘든)
꽃이여 반짝이며 빛나라. 너의 능력이 빛을 발해. 시간을 거꾸로 되돌리게 해라. 다시 돌려주거라 한때 내 것이었던 것을.
상처 입은 것을 고쳐라.
운명의 계획을 바꿔라. 잃은 것을 구하라.
한때 내 것이었던 것을 다시 돌려주거라. |

| MOTHER GOTHEL | Rapunzel. | 고텔 라푼젤. |

As she sings: Gothel's hand turns young, her hair loses its **grey**.

그녀가 노래를 부르자 고텔의 손이 젊어지고, 그녀의 머리에 잿빛이 사라진다.

*바로 이장면!**

| RAPUNZEL | So mother, **earlier** I was saying tomorrow is a pretty big day and you didn't really **respond**, so I'm just going to tell you it's my birthday! **Tada!** | 라푼젤 저 어머니, 아까 제가 내일이 아주 중요한 날이라고 이야기했는데 어머니께서 별 반응이 없으셔서 말인데요. 그냥 말할게요. 제 생일이에요! 짜잔! |

Beat.

잠시 정적.

| MOTHER GOTHEL | No, no, no. Can't be. I **distinctly** remember. Your birthday was last year. | 고텔 아니, 아니, 아니. 그럴 리가 없어! 내가 분명하게 기억하는데, 네 생일은 작년이었단다. |

---

dart 〈명사〉 (다트 놀이용) 화살 〈동사〉 쏜살같이 휙 움직이다

seat someone ~를 앉히다

lap (양다리 위의 넓적한 부분) 무릎

race through 일사천리로 일을 처리하다

grey 회색/잿빛의, 머리가 센, 노년의

earlier ~전에, 아까

respond 대답하다, 응답하다

tada 짜잔! 짠!

beat 잠시 정적

distinctly 뚜렷하게, 명백하게

25

RAPUNZEL	That's the funny thing about birthdays – they're kind of an annual thing. Mother. I'm turning eighteen. And I wanted to ask...what I really want for this birthday... actually, I've wanted it for quite a few birthdays now–	라푼젤 생일이라는 게 좀 특이해서 – 그게 그러니까 매년 있는 그런 거예요. 어머니, 이제 제가 18살이 돼요. 그래서 부탁 드리고 싶은데…제가 이번 생일에 정말 원하는 건… 사실, 꽤 오랫동안 생일 때마다 원했던 것이기도 한데요 –
MOTHER GOTHEL	Okay, okay, Rapunzel, please stop with the **mumbling**. You know how I feel about the mumbling...blah, blah, blah, it's very **annoying**, I'm just teasing, you're **adorable**, I love you so much, darling.	고텔 그래, 그래, 라푼젤, 제발 중얼거리지 좀 말아라. 중얼거리는 것에 대해 내가 어떻게 생각하는지 너도 잘 알잖아…중얼, 중얼, 중얼, 정말 짜증난다고, 그냥 장난으로 놀린 거야, 넌 사랑스럽단다. 난 널 너무 사랑해, 아가야.

The chameleon gestures for Rapunzel to keep going.

카멜레온이 라푼젤에게 계속 진행하라고 몸짓을 한다.

RAPUNZEL	(like **ripping off Band-Aid**) I want to see the floating lights.	라푼젤 (마치 반창고를 떼어내듯) 전 공중에 떠다니는 등불들을 보고 싶어요.

Gothel looks up.

고텔이 눈을 들어 위를 본다.

MOTHER GOTHEL	(thrown **off-kilter**) What?	고텔 (비정상적으로 당황하여) 뭐라고?
RAPUNZEL	Oh, well, I was hoping you would take me to see the floating lights.	라푼젤 아, 그러니까, 어머니께서 떠다니는 등불들을 보러 저를 데리고 가 주시면 좋겠다고 생각했다고요.

Rapunzel climbs up on the mantle and reveals her newest painting.

라푼젤이 벽난로의 덮개 위로 올라가서 그녀가 가장 최근에 그린 그림을 들어낸다.

MOTHER GOTHEL	Oh, you mean the stars.	고텔 아, 별들 말이로구나.

Rapunzel gestures to paintings of **star charts** on the wall.

라푼젤이 벽 위의 별자리표 그림을 가리킨다.

RAPUNZEL	**That's the thing...**❶ I've charted stars and they're always **constant**. But these? They appear every year on my birthday Mother – only on my birthday.	라푼젤 바로 그 부분이에요… 제가 별자리표를 만들었고 그들은 항상 일정하죠. 그런데 얘네들은 말이죠? 얘네들은 매년 제 생일마다 나타나요. 어머니, 꼭 제 생일에만 나타난다고요.

mumble 중얼거리다, 웅얼거리다
annoying 짜증스러운, 성가신
adorable 사랑스러운
rip off ~에게 바가지를 씌우다, 뜯어내다
Band-Aid 반창고, 밴드에이드, 미봉책
off-kilter 고장 난, 상태가 나쁜, 비스듬한
star charts 성도, 별자리표
constant 끊임없는, 거듭되는

❶ **That's the thing.**
(반박하며) 바로 그 부분이에요.
상대방의 발언이나 의견에 대해서 반대/반박하거나 동의하지 않을 때 '아, 바로 그 부분이 문제인 건데', '바로 그 부분이 내가 지적하고 싶은 부분인데'라는 의미로 쓰이는 표현이에요. 주로 이 말을 할 때는 앞에 but, see, 또는 hmmm 등등의 말을 넣는 경향이 있답니다.

And **I can't help but**❶ feel like they're... they're **meant for** me! I need to see them, Mother. And not just from my window – in person. I have to know what they are.

그래서 전 어쩔 수 없이 이런 느낌이 들어요… 얘네들은 나를 위해 나타나는 거대! 전 이들을 봐야만 해요, 어머니. 그냥 제 창문에서 보는 게 아니라 – 직접 말이에요. 이들이 무엇인지 알아야만 하겠어요.

Gothel walks towards the window.

고텔이 창문 쪽으로 걸어간다.

MOTHER GOTHEL You want to go outside? Why Rapunzel...

고텔 밖으로 나가고 싶다고? 오, 라푼젤…

She closes the shutters, dimming the light in the tower.

그녀가 셔터를 닫아 탑 안의 불을 어두워지게 한다.

MOTHER GOTHEL (singing)
LOOK AT YOU, AS **FRAGILE** AS A FLOWER!
STILL A LITTLE **SAPLING**, JUST A SPROUT!
YOU KNOW WHY WE STAY UP IN THIS TOWER–

고텔 (노래)
네 모습 봐. 꽃처럼 연약해 다치기 쉬운 너를!
아직도 작은 묘목이야. 아주 작은 새싹일 뿐이라고!
우리가 왜 이 탑 위에 머물고 있는 건지 아니–

RAPUNZEL I know, but–

라푼젤 알아요. 하지만–

MOTHER GOTHEL THAT'S RIGHT, TO KEEP YOU **SAFE AND SOUND**, DEAR.
GUESS I ALWAYS KNEW THIS DAY WAS COMING,
KNEW THAT SOON YOU'D WANT TO LEAVE THE NEST.
SOON–BUT NOT YET.

고텔 그래 맞아, 널 무사하게 보호하려는 거야, 얘야.
이런 날이 오리라는 건 내 진작부터 알고 있었던 것 같구나.
네가 이제 곧 둥지를 벗어나고 싶어 할 것이라는 걸 알았지
곧, 하지만 아직은 아냐.

RAPUNZEL But -

라푼젤 하지만–

MOTHER GOTHEL SHH!
TRUST ME, PET-
MOTHER KNOWS BEST.

고텔 쉬!
내 말을 믿어, 아가–
엄마가 제일 잘 알아.

She **thrusts** her hip against a lever, closing the rest of the shutters. The tower **goes black**, **setting** an **eerie** darkness **for** her 'show.' Rapunzel lights a candle.

그녀가 골반으로 레버를 밀어서 조금 덜 닫힌 부분의 셔터를 닫는다. 탑은 완전히 어두워져 그녀의 쇼를 위한 으스스한 어둠이 마련된다. 라푼젤이 초를 켠다.

---

meant for ~대한 운명을 타고난
fragile 부서지기/손상되기 쉬운
sapling 묘목, 어린나무
safe and sound 무사히, 탈 없이
thrust (거칠게) 밀다, 찌르다
go black 눈앞이 깜깜해지다, 의식을 잃다
set something for ~을 할 준비를 하다
eerie 괴상한, 으스스한

❶ **I can't help but ~**
난 ~할 수밖에 없어.
내 의지와 상관없이 '(어쩔 수 없이) 난 ~할 수밖에 없다', '~하지 않을 수가 없다'는 의미로 자주 쓰이는 표현이에요. 예를 들어, I can't help but laugh. '(너무 웃겨서) 웃지 않을 수가 없다' 이렇게 쓰이지요.

MOTHER GOTHEL	MOTHER KNOWS BEST,	고텔 엄마가 제일 잘 알아.
	LISTEN TO YOUR MOTHER,	엄마 말을 들어라.
	IT'S A SCARY WORLD OUT THERE.❶	밖은 아주 무서운 세상이란다.

She blows out the candle. As she sings, Gothel acts out all the awful things that she describes.

그녀가 초를 끈다. 고텔은 노래하면서 묘사하는 모든 끔찍한 것을 행동으로 표현한다.

MOTHER GOTHEL	MOTHER KNOWS BEST-	고텔 엄마가 제일 잘 알아-
	ONE WAY OR ANOTHER,	어떤 방식으로든,
	SOMETHING WILL GO WRONG,	분명 뭔가가 잘못될 거야. 맹세코,
	I SWEAR.	건달들-폭력배들-
	RUFFIANS-THUGS-	덩굴 옻나무-늪과 같은 모래-
	POISON IVY-QUICKSAND-	식인종들과 뱀들! 전염병!
	CANNIBALS AND SNAKES!	
	THE PLAGUE!	

| **RAPUNZEL** | No! | 라푼젤 아녜요! |

| **MOTHER GOTHEL** | Yes! | 고텔 맞아! |

| **RAPUNZEL** | But– | 라푼젤 하지만- |

MOTHER GOTHEL	ALSO LARGE BUGS!	고텔 그리고 또 큰 벌레들!
	MEN WITH POINTY TEETH, AND–	날카로운 이빨을 가진 남자들, 그리고 -
	STOP! NO MORE! YOU'LL JUST UPSET	멈춰! 더 이상은 안 돼! 넌 날 화나게 할 뿐이야!
	ME.	엄마가 바로 여기 있잖니.
	MOTHER'S RIGHT HERE.	
		엄마가 널 보호할 거야.
	MOTHER WILL PROTECT YOU.	아가야, 내 말을 좀 들어 보렴.
	DARLING, HERE'S WHAT I SUGGEST	환상을 버리고 엄마와 있자꾸나.
	SKIP THE DRAMA, STAY WITH MAMA	엄마가 제일 잘 안단다.
	MOTHER KNOWS BEST.	
		엄마가 제일 잘 알아.
	MOTHER KNOWS BEST,	엄마 말을 들으렴.
	TAKE IT FROM YOUR MUMSY,	너 힘으로는, 넌 살아갈 수 없어.
	ON YOUR OWN, YOU WON'T SURVIVE.	엉성하고-옷도 초라하고-
	SLOPPY-UNDERDRESSED-	철이 없고-어설프고,
	IMMATURE-**CLUMSY**-	

---

one way or another 어떻게 해서든

ruffian 건달, 깡패, 악당

thug 폭력배

poison ivy (북미산) 덩굴 옻나무

quicksand 헤어나기 힘든 위험한 상황

Skip the drama! 드라마 좀 그만 찍어라, 오버하지 마

sloppy 엉성한, 대충하는

clumsy 어설픈, 서투른

❶ **It's a scary world out there.**
밖은 아주 무서운 세상이란다.
상대방 특히 어린아이에게 '세상에 나가면 아주 힘든/무서운/새로운 것들이 많단다'라는 메시지를 전하고 싶을 때 문장 뒤에 world out there를 넣어서 표현한답니다. 예를 들어, It's a big, beautiful world out there. '(세상 밖으로 나가면) 세상은 정말 크고 아름다운 곳이란다' 이렇게 말이죠.

PLEASE, THEY'LL **EAT YOU UP ALIVE!**
GULLIBLE-NAIVE-
POSITIVELY GRUBBY,
DITZY AND A BIT, WELL, **VAGUE.**
PLUS, I BELIEVE, GETTING KINDA
CHUBBY-
I'M JUST SAYING 'CAUSE I **WUV** YOU.
MOTHER UNDERSTANDS,
MOTHER'S HERE TO HELP YOU
ALL I HAVE IS ONE REQUEST:

제발 좀, 넌 산 채로 잡아 먹히고 말 거야!
쉽게 속고–순진하고
아주 더럽고,
얼빠지고 조금은, 흠, 멍청하지
게다가, 내 생각엔, 조금 통통해질 기미가 보여–
널 사랑하기 때문에 이런 말도 해 주는 거야.
엄마가 다 안다고.
엄마는 널 도우려고 이러는 거야
내가 단 한 가지만 부탁할게:

She opens the shutters at the top of the tower, creating a **spotlight effect**. She opens her arms to Rapunzel. Rapunzel, **beaten down**, **rushes into** her mother's arms (thus ending the song). Gothel smiles at Rapunzel.

그녀가 탑 꼭대기의 셔터를 열어젖히자 스포트라이트 효과가 난다. 그녀가 라푼젤을 향해 두 팔을 벌린다. 라푼젤이 완전히 힘이 빠진 상태로 그녀 어머니의 팔에 달려가 안긴다 (그것으로 노래는 끝나게 된다). 고텔이 라푼젤을 향해 미소 짓는다.

MOTHER GOTHEL Rapunzel?

고텔 라푼젤?

RAPUNZEL Yes?

라푼젤 네?

A **coldness** goes across Gothel's face.

고텔의 얼굴에 차가움이 스치고 지나간다.

MOTHER GOTHEL (**dead serious**/flat) Don't ever ask to leave this tower again.

고텔 (정색하며) 다시는 탑을 떠나겠다는 말은 꺼내지 마라.

Rapunzel looks down.

라푼젤이 고개를 떨군다.

RAPUNZEL Yes mother.

라푼젤 네, 어머니.

Gothel **recovers** and pats her head, **condescending**.

고텔이 평정을 되찾고 거들먹거리며 그녀의 머리카락을 쓰다듬는다.

MOTHER GOTHEL I love you very much, Dear.

고텔 난 널 아주 많이 사랑한단다, 아가.

Gothel takes Rapunzel's face in her hands.

라푼젤의 얼굴을 그녀의 손으로 감싼다.

RAPUNZEL I love you more.

라푼젤 제가 더 사랑해요.

MOTHER GOTHEL I love you most.

고텔 내가 제일 많이 사랑해.

---

eat someone up alive ~를 산 채로 먹어 버리다

gullible 남을 잘 믿는, 잘 속는

naive 순진한

positively 분명히, 긍정적으로

grubby (씻지 않아서) 더러운

ditzy 〈비격식〉 명청한, 얼빠진

vague 모호한, 애매한, (기억 등이) 어렴풋한

chubby 통통한, 토실토실한

wuv 아이에게 말하듯 love를 장난스럽게 발음

spotlight effect 조명효과

beaten down 녹초가 된, 기진맥진한

rush into 급하게/무모하게 ~하다

coldness 냉담함, 쌀쌀맞음

dead serious 정말 심각한, 진지한

recover (건강이) 회복되다

condescend (못마땅함) 잘난 체하다

MOTHER GOTHEL	(singing) DON'T FORGET IT. YOU'LL **REGRET** IT. MOTHER KNOWS BEST.	고텔 (노래) 잊지 말아라. 넌 후회할 거야. 엄마가 제일 잘 알아.

Mother Gothel smiles, and EXITS.

고텔이 미소 지으며, 밖으로 나간다.

MOTHER GOTHEL Ta-ta! I'll see you in a bit,❶ my flower.

고텔 안녕! 조금 이따가 보자, 우리 꽃님아.

RAPUNZEL (sadly) I'll be here.

라푼젤 (슬픈 목소리로) 전 여기 있을게요.

---

regret 후회하다, 유감스럽게 여기다

ta-ta 〈비격식, 영국〉 안녕, 잘 가

❶ **I'll see you in a bit.**
조금 이따가 보자.
'금방/곧'이라는 의미로 in a second/
minute/moment를 많이 쓰는데 위에서처럼
in a bit이라는 표현을 쓰는 경우도 있답니다.

🎧 05.mp3

EXT. FOREST – SEQUENCE 4
OPEN ON: WANTED POSTERS, nailed to a tree.

Two LARGE MEN run into frame (THE STABBINGTON BROTHERS). They're identical, but one of them wears an **EYE-PATCH**. The third man in the poster (FLYNN RIDER) runs by, clutching a **SATCHEL**. A beat, then: He runs back into frame, looks at it and rips it off the tree.

FLYNN　(aggravated) Oh no. No, no, no, no. This is bad. This is very, very bad. This is really bad. (then) **They just can't get my nose right.** ❶

STABBINGTON BROTHER　Who cares?

Flynn motions to WANTED POSTERS of them, just below his.

FLYNN　Well, it's easy for you to say – you guys look amazing!

They stare at him **blankly**. Flynn looks up to see guards on the cliff above them. Flynn **crumples up** the wanted poster and takes off with the Stabbington Brothers. They get to a raised **LEDGE**.

바로 이 장면!*

FLYNN　Alright, okay, **give me a boost** and I'll pull you up.

The Stabbington Brothers **share a look**.

외부. 숲 – 장면 4
화면 열림: 나무에 못으로 고정된 공개 수배 포스터들.

덩치 큰 두 명의 남자가 화면 안으로 뛰어들어 온다 (스태빙턴 형제들). 둘이 똑같이 생겼지만, 그중 한 명은 안대를 끼고 있다. 포스터에 있는 세 번째 남자(플린 라이더)가 어깨에 메는 가방을 꽉 움켜쥐고 옆으로 뛰어 지나간다. 잠시 정적, 그리고: 그가 다시 화면 안으로 들어와서 포스터를 보고 나무에서 뜯어 버린다.

플린　(짜증을 내며) 오, 안 돼. 아니, 아니, 아니, 안 되지. 나빠. 이건 아주, 아주 나빠. 정말 나쁘다고. (그리고선) 내 코를 이따위로 그려 놓다니 말이야.

스태빙턴 형제　그게 도대체 무슨 상관이야?

플린이 공개 수배 포스터에 있는 그의 얼굴 바로 밑에 나온 그들의 얼굴을 가리킨다.

플린　흠. 너희들이야 쉽게 그런 말이 나오겠지 – 니들은 엄청 멋있게 나왔으니까!

그들은 멍하니 그를 바라본다. 플린이 그들의 머리 위 절벽 위에 있는 근위병들을 올려다본다. 플린이 공개 수배 포스터를 구겨 버리고 스태빙턴 형제와 함께 떠난다. 그들이 주변보다 높이 솟아오른 선반 모양의 바위에 다다른다.

플린　좋았어, 자, 날 밀어 올려 줘 그러면 내가 너희들은 끌어올려 줄게.

스태빙턴 형제들이 서로 눈빛 교환을 한다.

---

eye-patch 안대
satchel (어깨에 메는) 책가방
aggravate (상황을) 악화시키다
blankly 멍하니, 우두커니
crumple up (종이를) 동그랗게 공처럼 말아서 구기다
ledge 절벽에서 (선반처럼) 튀어나온 바위
give someone a boost ~을 후원하다, 밀어 올려 주다
share a look 서로 눈빛 교환을 하다

❶ **They just can't get my nose right.**
그들은 정말 내 코를 제대로 표현하지 못했다.
이 문장에서 쓰는 get something right 형식은 '~을 올바르게/반듯하게 하다'라는 의미예요. 자신의 코를 제대로 그리지 않고 이상하게 그렸다는 뜻으로 쓰인 표현이지요. 다른 문맥에서는 get something right/straight는 '올바로/제대로 이해하다'라는 뜻으로 쓰이기도 한답니다.

STABBINGTON BROTHER   Give us the satchel first.

FLYNN   What? I just, I can't believe that **after all we've been through**❶ together you don't trust me?

They just stare at him.

FLYNN   Ouch.

He gives them the satchel and they boost him up. Flynn clears the ledge.

STABBINGTON BROTHER   Now, help us up, pretty boy!

FLYNN   Sorry, **my hands are full.**❷

Flynn holds up the satchel, he's gotten it back somehow during the climb.

STABBINGTON BROTHER   What? RIDER!!!!!

Flynn runs ahead of the guards, deeper into the forest. The guards, on horseback, give chase.

CAPTAIN   **Retrieve** that satchel at any cost!

GUARDS   Yes sir!

스태빙턴 형제   우리에게 그 가방을 먼저 줘.

플린   뭐야? 그래도 우리가 동고동락했던 사이인데 지금 나를 못 믿겠다는 거야?

그들이 아무 말 없이 그를 쳐다본다.

플린   아야.

그가 그들에게 가방을 주고 그들이 그를 밀어서 올려 준다. 플린이 선반 바위 위에 무사히 올랐다.

스태빙턴 형제   자 이제, 우릴 끌어올려 줘, 기생오라비 놈아!

플린   미안, 내가 지금 쓸 수 있는 손이 없네.

플린이 가방을 들어 올린다. 어찌했는지는 모르겠지만 올라오면서 그 가방을 되찾았다.

스태빙턴 형제   뭐야? 라이더!!!!!

플린이 근위대 앞으로 달려서 숲속 깊은 곳으로 들어간다. 말을 탄 근위대가 그를 쫓는다.

대장   무슨 일이 있어도 저 가방을 꼭 회수하라!

근위병   네 대장님!

The HEAD GUARD'S HORSE **gives** similar **INSTRUCTION** (in horse language) to his **subordinate** horses. Archers send **a shower of** arrows **raining down on** Flynn, who **expertly dodges** them. Leaping under and over tree branches, he makes his escape.
Flynn runs straight for a Y shaped tree, hurling himself through the branch opening. **Hot on his heels**, the pursuing guards get stuck in the surrounding bushes. As they struggle, the LEAD HORSE fearlessly follows Flynn's path, and jumps through the tree.

근위대의 대장 말이 그의 부하 말들에게 (말의 언어로) 그와 비슷한 명령을 내린다. 궁수들이 셀 수 없이 많은 화살을 플린에게 쏘아 올리지만 플린은 능수능란하게 요리조리 피한다. 나뭇가지들 사이를 위로 아래로 뛰어넘으며 그가 탈출에 성공한다. 플린이 Y자 모양을 한 나무를 향해 전속력으로 직진하며 벌어진 나뭇가지 사이로 자기 몸을 내던진다. 그를 바짝 따라오던 근위대가 주변의 덤불에 걸려서 꼼짝 못 하게 된다. 그들이 빠져나오려 발버둥을 칠 때, 대장 말이 거침없이 나무들을 헤쳐 나가며 플린이 지나간 길을 뒤쫓는다.

retrieve 되찾아오다, (정보를) 검색하다
give an instruction (설명과 함께) 지시/명령을 내리다
subordinate 〈형용사〉 종속된, 〈명사〉 부하
a shower of 쏟아지는, 빗발치는
rain down on ~에 쏟아지다
expertly 훌륭하게, 전문적으로
dodge 재빨리 (휙) 움직이다, 피하다
hot on one's heels ~에 바짝 뒤쫓아

❶ **after all we've been through**
우리가 겪은 그 모든 일 이후에
'그래도 우리가 동고동락했던 사이인데', '우리가 얼마나 오랜 시간을 같이했는데 (많은 일을 같이 겪었는데)'라는 의미로 해석할 수 있어요.

❷ **My hands are full.** 도와줄 상황이 아니네.
이 문장을 직역하면 '나의 손들이 꽉 찼다'인데, 의역하면 '돕고 싶어도 도와줄 수가 없다' 즉 '내 코가 석 자다'와 흡사한 표현이랍니다.

CAPTAIN (to the horse) We got him now, Maximus!

Flynn grabs on to a nearby vine and **hoists himself up** into the air, circling a tree and knocking the lead guard off the LEAD HORSE. Flynn lands ON that same LEAD HORSE!

FLYNN (to the horse) Hi-ya, ya! Ya. Oof.

The horse instantly **comes to a complete stop**, nearly knocking Flynn out of the saddle.

FLYNN Come on **fleabag**, forward!

The horse looks at his satchel, then tries to snatch it away with its mouth.

FLYNN No. No, no stop it! Stop it! Give it to me! Give me that!

A pause, then the horse starts biting at the satchel furiously. Flynn desperately pulls the satchel away, making the horse **turn in circles**. Flynn and the horse play tug-of-war with the satchel until Flynn **pulls it free**, the force sends it **hurtling** through the air, finally landing on a tree branch, extending out over the edge of the cliff. Flynn and the horse **give each other a knowing look**: Flynn nods to the horse **as if to say**, "Touche!" Flynn leaps from the horse and **makes his way out** onto the tree trunk. The horse does the same. Flynn **trips** the horse, the horse grabs Flynn's boot – each trying to keep the other from reaching the satchel. Flynn crawls upside down towards the satchel. The horse uses his **hooves** to try and knock Flynn off, but Flynn hangs on. Finally Flynn reaches the satchel just ahead of the horse, who growls at him. They both pause as a CRACKING sound catches their attention. The tree **breaks loose from** the cliff. Flynn and the horse **scream in unison** as they fall into the canyon below. The tree hits a rocky **outcropping** and splits in two. The horse lands at the base of the hill and looks up. Flynn is gone. The horse sets off, sniffing around and trying to pick up Flynn's trail. Just above him: Flynn hangs on to a tree branch **for dear life**.

대장 (말에게) 우리가 이제 그를 잡았다, 막시무스!

플린이 주변에 있는 덩굴을 잡고 자신의 몸을 공중으로 들어 올려 나무 주위를 원형으로 돌면서 대장이 타고 있던 말에서 대장이 떨어지게 만든다. 플린이 바로 그 대장 말에 착지한다.

플린 (말에게) 이럇, 이럇! 야. 으아.

말이 순간적으로 갑자기 멈추고 플린이 안장에서 거의 떨어진 뻔한다.

플린 이 녀석아, 앞으로 가라고!

말이 그의 가방을 보고, 입으로 그것을 낚아채려고 한다.

플린 안 돼, 안 돼, 안 돼 그만해! 멈추라고! 돌려 줘 달라고!

잠시 멈추었다가 말이 가방을 사납게 물어뜯기 시작한다. 플린이 필사적으로 가방을 다시 빼내자 말이 같은 자리에서 빙빙 돌게 된다. 플린과 말이 가방을 가지고 줄다리기를 하다가 플린이 가방을 당겼는데 그것을 놓치게 되고 가방이 공중으로 핑하고 튕겨 올라갔다가 내려오면서 절벽 가장자리 쪽으로 뻗어 있는 나뭇가지에 걸린다. 플린과 말은 알겠다는 표정을 지으며 서로를 쳐다본다: 마치 펜싱에서 상대방의 공격에 대해 '아주 멋진 공격이군, 그래 인정'이라고 하듯 플린이 말에게 고개를 끄덕인다. 플린이 말에서 뛰어내려 나무줄기를 향해 달려간다. 말도 역시 똑같이 그렇게 한다. 플린이 말을 걸어 넘어뜨리려 하자 말이 플린의 부츠를 잡고 – 서로 가방을 잡지 못하게 하려고 애쓴다. 플린이 몸이 거꾸로 뒤집힌 상태로 가방 쪽으로 기어간다. 말이 그의 발굽을 이용해 플린을 떨어뜨리려 하지만 플린은 계속 매달려 있다. 마침내 플린이 말보다 아주 조금 앞서서 가방에 손을 뻗고, 말은 그를 향해 으르렁거린다. 뭔가가 깨지는 듯한 소리를 알아챈 그들은 잠시 하던 행동을 멈춘다. 나무가 절벽에서 뽑힌다. 플린과 말이 협곡으로 떨어지며 같이 소리를 지른다. 나무가 바위가 노출된 곳에 충돌해 두 갈래로 조각이 난다. 말이 언덕의 바닥에 착지하여 위를 올려다본다. 플린은 사라졌다. 말은 플린이 남긴 흔적을 찾으려고 킁킁거리며 출발한다. 바로 그의 위쪽: 플린은 필사적으로 나뭇가지에 매달려 있다.

---

hoist someone up ~을 들어 높은 곳으로 올리다

come to a complete stop 달리다가 완전히 멈추다

fleabag 더러운 몰골, 지저분한 짐승

turn in circles 제자리걸음을 하다, 쳇바퀴 돌듯하다

tug-of-war 줄다리기

pull something free ~을 잡아당기다가 놓아 버리다

hurtle 돌진하다

give each other a knowing look 알고 있다는 눈빛 교환을 하다

as if to say 마치 ~한 말을 하는 듯이

Touche! 인정! (펜싱 용어; 논쟁 중에 상대방이 좋은 지적을 했다고 인정할 때, '투셰이')

make one's way out 빠져나오다

trip 발을 헛디디다. (~의 발을 걸어) ~를 넘어뜨리다

hoof (말 등의) 발굽 (hooves는 hoof의 복수형)

break loose from ~에서 벗어나다, 탈출하다

scream in unison 일제히 고함/비명을 지르다

outcrop 광맥, 암석 등의 노출부

for dear life 필사적으로, 열심히

Once the horse is **out of sight**, Flynn drops down and grabs two arrows for protection. Hidden by some **underbrush**, Flynn **spots** the **entrance** to a **cave** and **heads for** it. Flynn **SCRAMBLES** through the opening and out into a small **clearing on the other side**. Flynn **gets to his feet** and looks up. **On the far end** of the clearing he sees: RAPUNZEL'S TOWER. **Imposing** and tall.

Flynn looks behind him. He can still hear the horse **searching for** him. **Using the arrows for support**, he **scales** the side of the tower.

말이 시야에서 벗어난 후, 플린이 밑으로 내려와서 방어막으로 이용하기 위해 화살 두 개를 쥔다. 덤불에 숨은 상태에서, 플린은 동굴의 입구를 발견하고 그쪽으로 향한다. 플린이 재빠르게 열린 공간으로 들어갔다가 반대편에 있는 작은 빈터로 나온다. 플린이 일어나서 위를 올려다본다. 그는 빈터의 바깥쪽 끝에 있는 것을 본다: 라푼젤의 탑. 눈길을 끄는 높은 건물. 플린이 그의 뒤를 돌아본다. 아직도 그를 찾고 있는 말의 소리가 들린다. 화살을 지지대로 이용해서 그가 탑의 옆면을 타고 오른다.

out of sight 보이지 않는 곳에, 먼 곳에

underbrush (큰 나무 밑에 자라는) 덤불

spot 〈동사〉 발견하다, 찾다, 〈명사〉 얼룩, (작은) 점

entrance (출)입구, 문

cave 동굴

head for ~로 향하다

scramble (특히 손을 짚어가며 힘들게) 재빨리 움직이다

clearing 빈터

on the other side 건너편에

get to one's feet 일어서다, 일어나다

on the far end (정)반대쪽 끝에

imposing 인상적인, 눈길을 끄는

search for ~을 찾다, 탐구하다

use something for support 지지대로 사용하다

scale (아주 높고 가파른 곳을) 오르다

INT. TOWER – MOMENTS LATER – SEQUENCE 5
FLYNN ENTERS the window and closes the shutters. He looks at his satchel and finally relaxes. Smiles.

FLYNN   Alone at last.

PANG! He is struck in the head from behind and **knocked out cold**.
RACK FOCUS: revealing Rapunzel, holding a **saute pan**, looking at him.

RAPUNZEL   Hmmmm.

She looks over at Pascal, who **shrugs** as if to say, "I don't know." She examines him, his teeth, his eyes. No **fangs**. Flynn starts to **GROAN**, which **startles** Rapunzel. She pangs him again with the pan. What should she do? She acts quickly - dragging Flynn toward a standing closet. After several tries, she gets his **limp, unconscious** body into the closet. She puts a chair in front of the closet to keep the doors closed. She stares at the closed closet. Holds the pan in her hand like a **readied weapon**.

RAPUNZEL   (overwhelmed) Okay, okay, okay. I've got a person in my closet. I've got a person in my closet. (realizing, excited) I've got a person in my closet! Ha ha! Too weak to handle myself out there, huh mother? Well, tell that to my frying pan.

She **catches a glimpse** of the satchel in the mirror. The **jeweled** crown peeks out from inside. She pulls it out to **inspect** it. Puts it on as a bracelet. Too big. Around her waist? Too small. On her head. Hmmm. She looks at herself in the mirror, when...

내부. 탑 – 잠시 후 – 장면 5
플린이 창문으로 들어와서 셔터를 닫는다. 그의 가방을 보고 마침내 안심한다. 미소 짓는다.

플린 마침내 혼자 있을 수 있게 되었군.

팽! 그가 후방으로부터 머리를 쾅 두들겨 맞고 뻗는다.
장면 내에서 초점 이동: 소태용 프라이팬을 들고 그를 바라보고 있는 라푼젤을 비춘다.

라푼젤 흠….

그녀가 파스칼 쪽을 보는데, 그는 어깨를 움츠리며 마치 '글쎄, 이게 원 상황인지 모르겠네'라고 하는 듯한 표정이다. 그녀가 플린을 자세히 들여다본다. 그의 치아, 그의 눈까지도, 송곳니는 없는 것 같다. 플린이 끙끙거리며 신음을 내기 시작하자, 라푼젤이 깜짝 놀란다. 그녀가 그를 다시 프라이팬으로 내려친다. 그녀는 어찌해야 할까? 그녀가 옷장으로 플린을 끌고 가며 재빠르게 행동한다. 몇 차례 시도한 끝에, 그녀가 의식 없이 축 처진 그의 몸을 옷장에 넣는다. 그녀가 옷장 문을 계속 닫힌 상태로 두기 위해 장 앞에 의자를 놓는다. 그녀가 닫힌 옷장을 응시한다. 즉시 이용할 수 있는 무기처럼 그녀의 손에는 프라이팬을 들고 있다.

라푼젤 (흥분하며) 그래, 괜찮아, 괜찮아. 내 옷장에 사람을 넣었어, 내 옷장에 사람을 넣었어. (깨달으며, 흥분하여) 내 옷장에 사람을 넣었다고! 히하! 내가 너무 약해서 세상 밖에 나가면 나 자신을 돌볼 수도 없다고요, 네, 어머니? 어디 그 말을 내 프라이팬에게 해 보시죠.

그녀가 거울에 비친 가방을 보게 된다. 가방의 내부에 보석이 박힌 왕관이 살짝 보인다. 그녀가 그것을 살펴보려고 꺼낸다. 팔찌처럼 팔에 끼워본다. 너무 크다. 허리에 끼워 볼까? 너무 작다. 머리에. 흠, 그녀가 거울에 비친 자신의 모습을 보는데 바로 그때…

---

pang 극심한 육체적, 정신적 고통/아픔

knock out cold 정신을 잃고 나가떨어지다

rack focus (영화) 래크 포커스, 초점을 이동시켜 시선(관심)을 다른 방향으로 유도하는 것

saute pan 평평하고 넓은 냄비

shrug 어깨를 으쓱하다

fang 송곳니

groan (고통, 짜증으로) 끙하는 신음을 내다

startle 깜짝 놀라게 하다

limp 절뚝거리는, 축 늘어진

unconscious 의식을 잃은

readied weapon 사용할 수 있도록 준비된 무기

overwhelmed 압도된

catch a glimpse 얼핏 보다

jeweled 보석으로 장식한

inspect 점검하다, 검사하다

35

MOTHER GOTHEL (O.S.)   Rapunzel!

RAPUNZEL   Oh!

Startled, Rapunzel throws the crown into a **pot**.

MOTHER GOTHEL Let down your hair!

RAPUNZEL   Uh, **one moment**, Mother!

MOTHER GOTHEL (O.S.)   I have a big surprise!

RAPUNZEL   (**yelling** down) Uh, I do too!

MOTHER GOTHEL Oh, **I bet** my surprise is bigger!

RAPUNZEL   **I seriously doubt it.❶**

Mother Gothel arrives at the window sill.

MOTHER GOTHEL I **brought back parsnips**. I'm going to make hazelnut soup for dinner. Your favorite. Surprise!

RAPUNZEL   Well, mother, there's something I want to tell you.

MOTHER GOTHEL Oh Rapunzel, you know I hate leaving you after a fight especially when I've done absolutely nothing wrong—

*바로 이장면!**

RAPUNZEL   Okay, I've been thinking a lot about what you said earlier–

고텔 (화면 밖) 라푼젤

라푼젤 오!

깜짝 놀라, 그녀가 왕관을 항아리에 던져 버린다.

고텔 머리카락을 내려 주렴!

라푼젤 아, 잠시만요, 어머니!

고텔 (화면 밖) 네가 놀랄만한 게 있단다!

라푼젤 (아래쪽으로 소리치며) 아, 저도요!

고텔 오, 내 것이 더 놀라울걸!

라푼젤 절대 아닐걸요.

고텔이 창턱에 도착한다.

고텔 내가 파스닙을 가져왔단다. 저녁으로 헤이즐넛 수프를 만들 거야. 네가 제일 좋아하는 것이잖니. 놀랍지!

라푼젤 흠, 어머니. 제가 드릴 말씀이 있는데요.

고텔 오 라푼젤, 난 너와 싸우고 나서 널 두고 가는 게 정말 싫단다. 너도 잘 알잖니, 특히 내가 잘못한 게 전혀 아무것도 없을 때는 더더구나 말이야—

라푼젤 네, 어머니가 아까 했던 말씀에 대해서 제가 곰곰이 생각해 봤는데요–

---

pot (둥글고 속이 깊은) 냄비, 솥
One moment! 잠깐만 기다려요!
yell 소리치다, 고함치다
I bet 틀림없이 ~이다, 왜 안 그렇겠어
bring back ~을 돌려주다, ~을 다시 가지고 오다
parsnip 파스닙 (배추 뿌리같이 생긴 채소)

❶ **I seriously doubt it.**
절대 그럴 리 없다.
상대방의 발언에 대해서 '(내 생각엔) 그렇지 않을 것 같다/별로 신빙성이 없어 보인다'라는 의미로 I doubt it! 이라는 표현을 쓰는데, 그 중간에 강조부사 seriously를 넣어서 '절대 그럴 리 없다/아닐 것이다'라는 해석이 되었네요.

MOTHER GOTHEL	I hope you're not still talking about the stars.	고텔 네가 그 별들에 대해서 얘기하는 건 아니면 좋겠구나.
<u>RAPUNZEL</u>	Floating lights and yes, **I'm leading up to that,**❶ but–	라푼젤 떠다니는 등불 얘기예요. 네, 맞아요. 그 얘기도 조금 이따가 할 거예요. 하지만–
MOTHER GOTHEL	Because I really thought we **dropped the issue, Sweetheart.**	고텔 왜냐하면 난 그 얘긴 이제 다 끝났다고 생각했거든. 우리 이쁜이.
<u>RAPUNZEL</u>	No Mother, I'm just saying, you think I'm not strong enough to handle myself out there–	라푼젤 아니에요, 어머니. 제 얘기는 그냥, 어머니 생각에 제가 세상 밖으로 나가면 저 자신을 건사하지도 못할 거라고 하셨잖아요–
MOTHER GOTHEL	Oh, Darling, I know you're not strong enough to handle yourself out there.	고텔 오, 아가. 네가 세상에 나가면 스스로 잘 헤쳐나갈 수 없다는 걸 난 이미 알고 있단다.
<u>RAPUNZEL</u>	But if you just–	라푼젤 하지만, 어머니께서 단지–
MOTHER GOTHEL	Rapunzel, we're done talking about this.	고텔 라푼젤, 이 얘긴 이미 끝났다고 하지 않았니.
<u>RAPUNZEL</u>	Trust me–	라푼젤 저를 믿어주세요–
MOTHER GOTHEL	Rapunzel–	고텔 라푼젤–

<u>RAPUNZEL</u>	I know what I'm–	라푼젤 전 알아요, 제가 뭘–
MOTHER GOTHEL	Rapunzel–	고텔 라푼젤–
<u>RAPUNZEL</u>	Oh come on–	라푼젤 아, 제발 좀–
MOTHER GOTHEL	**ENOUGH FOR THE LIGHTS, RAPUNZEL! YOU ARE NOT LEAVING THIS TOWER! EVER!**	고텔 등불 얘긴 이제 그만해, 라푼젤. 이 탑에서 넌 못 나가! 절대로!

drop the issue ~에 대해 왈가왈부하지 않다
sweetheart 애정을 담아 부르는 호칭
enough for ~ 그 정도면 충분하니 이제 그만해라
ever 항상, 늘, 언제나

❶ **I'm leading up to that.**
그 이야기도 조금 이따가 할 거예요.
Lead up to something은 '~에 차츰
다가가다, ~쪽으로 이끌다, ~에 가까이 가다'의
뜻으로 쓰이는 숙어예요. 위의 문장에서는
조금 있으면 듣고 싶은 그 이야기도 할 테니까
재촉하지 말라는 의미로 쓰였네요.

Mother Gothel stands in the center of the room, **seething**. It's scary and it **jolts** Rapunzel. It's the first time it's been put this **nakedly**. Rapunzel hesitates. Something shifts in her eyes. We can see something **trigger** in her... a bit of **teenage revolt**, maybe. Rapunzel backs away from the closet. Mother Gothel **plops down** in a chair, melodramatic.

MOTHER GOTHEL Great, now **I'm the bad guy.**❶

Longingly, Rapunzel looks at her **mural** of the lights on the wall and then back at the closet holding Flynn.

RAPUNZEL All I was going to say Mother, is that, I know what I want for my birthday now.

MOTHER GOTHEL And what is that?

RAPUNZEL New paint. The paint made from the white shells you once brought me.

MOTHER GOTHEL Well, that is a very long trip, Rapunzel. Almost three days time.

RAPUNZEL I just thought it was a better idea than the... stars.

Gothel **lets out a BIG SIGH**.

MOTHER GOTHEL You're sure you'll be alright on your own?

RAPUNZEL I know I'm safe as long as I'm here.

She kisses Rapunzel on top of the head.
From above we watch (with Rapunzel) as Gothel heads off:

고텔이 분노에 가득 차서 방의 중앙에 서 있다. 너무나도 무서운 모습이라 라푼젤이 정신이 번쩍 든다. 고텔이 그녀의 분노를 이렇게까지 노골적으로 표현한 건 이번이 처음이다. 라푼젤이 망설인다. 그녀의 눈 속에 뭔가 변화가 일어난다. 뭔가가 그녀의 마음속 도화선을 당기는… 어쩌면 십 대의 반항 같은 아마도 그런 것이 아닐까. 라푼젤이 옷장에서 멀어진다. 고텔이 과장되게 반응하며 의자에 털썩 주저앉는다.

고텔 그래, 나만 나쁜 사람인 거지.

갈망하듯, 라푼젤이 벽에 그려 놓은 그녀의 벽화를 본 후 시선을 옮겨 플린이 들어가 있는 옷장을 본다.

라푼젤 제가 드리려던 말씀은, 어머니, 이젠 제가 제 생일 선물로 뭘 원하는지 알게 되었다는 것뿐이에요.

고텔 그래, 그게 뭔데?

라푼젤 새 물감이요. 어머니께서 저번에 저에게 가져오셨던 하얀 조개들로 만든 물감.

고텔 아, 그거 가지러 정말 멀리까지 갔었어. 라푼젤. 거의 3일은 걸렸단다.

라푼젤 별들보다는… 그게 더 좋을 것 같다는 생각이 들었을 뿐이에요.

고텔이 긴 한숨을 쉰다.

고텔 정말 너 혼자 있어도 괜찮겠니?

라푼젤 내가 여기를 벗어나지만 않는다면 안전하다는 걸 알아요.

그녀가 라푼젤의 머리 위에 키스를 한다.
위에서 (라푼젤과 함께) 우리는 고텔이 떠나는 모습을 본다.

---

seethe (마음속으로 분노 등이) 부글거리다

jolt 갑자기 거칠게 움직이다, 정신이 번쩍 들게 하다

nakedly 노골적으로

trigger 방아쇠를 당기다, 촉발시키다

teenage revolt 십 대의 반항

plop down 털썩 주저앉다

mural 벽화

let out a big sigh 큰 한숨을 쉬다

❶ **I'm the bad guy.**
그래 내가 나쁜 놈이네.
우리말로도 자꾸 억울하게 나만 나쁜 사람으로 몰아갈 때면 '그래 내가 나쁜 놈이다, 나만 나쁜 놈이지' 이런 식의 표현을 쓰듯이 그와 같은 상황에서 영어로는 위의 문장처럼 표현하면 된답니다.

MOTHER GOTHEL (O.S.)	**I'll be back in three days time.**[1] I love you very much, Dear.	고텔 (화면 밖) 3일 후에 돌아올게. 난 널 아주 많이 사랑한단다. 아가야.
RAPUNZEL (O.S.)	I love you **more**.	라푼젤 (화면 밖) 제가 더 사랑해요.
MOTHER GOTHEL (O.S.)	I love you **most**.	고텔 (화면 밖) 내가 제일 사랑해.

---

three days time 3일 (= three days)

more 더 많이 (much의 비교급)

most 최고로, 가장 많이 (much의 최상급)

❶ I'll be back in three days time.
3일 후에 돌아올게.

'I'll be back.'이라는 표현은 유명한 영화 대사로도 잘 알려져 있죠. 여기에 더 구체적으로 '시간, 기간' 표현인 in three days time을 붙이면 '3일 후에 돌아올게'라는 뜻이 됩니다. in이 들어가면 '~내에'라고 생각할 수 있지만, 시간의 경과로 '~후에, ~만에'라고 해석해야 합니다.

The Lanterns for the Lost Princess
사라진 공주를 위한 등불

🎧 07.mp3

INT. TOWER – CONTINUOUS – SEQUENCE 6

MOTHER GOTHEL EXITS. RAPUNZEL waits until the coast is clear, then: She picks up her FRYING PAN weapon and **gingerly** tiptoes to the CLOSET.

RAPUNZEL   (deep breath) Okay.

Using her hair she opens the DOOR and backs away... A long beat. Finally, FLYNN FALLS OUT, face first, still unconscious. Using her hair, Rapunzel ties Flynn to a chair and drags him to the center of the room.
Using his tail, the chameleon **slaps** Flynn across the face a couple of times, trying to wake him up. Nothing. Finally, he **whips** his tongue into Flynn's ear, **waking Flynn with a start.**

FLYNN   Gah!

As Flynn **comes to** consciousness, the chameleon jumps away. Flynn looks around.

FLYNN'S **POV:**
He's SITTING in a CHAIR in the center of the room. His ARMS and LEGS **are bound to** the chair with RAPUNZEL'S HAIR (she's using it like rope). He **struggles**, but his hands won't **budge**. From the chair the hair **trails** off and up into the rafters.

FLYNN   (struggling) Is this hair?

RAPUNZEL (O.S.) Struggling...struggling is **pointless**.

Rapunzel leaps down from the rafters, landing behind a mirror. She holds her weapon.

내부. 탑 – 계속 진행 – 장면 6

고텔이 나간다. 라푼젤은 들킬 위험이 없을 때까지 기다린다. 그리고: 그녀는 프라이팬 무기를 들고 조심조심 옷장 쪽으로 발끝으로 살금살금 걸어간다.

라푼젤 (숨을 깊게 들이쉬며) 그래.

그녀의 머리카락을 이용해서 문을 열고 물러선다… 긴 정적…
마침내, 플린이 얼굴 먼저 밖으로 쓰러지며 나오는데 아직 의식이 없는 상태다. 그녀의 머리카락을 이용해서 라푼젤이 플린을 의자에 묶고 방의 중앙으로 끌고 나온다.
카멜레온이 그의 꼬리를 이용해서 플린의 얼굴을 찰싹찰싹 때리며 그를 깨우려 한다. 아무 반응이 없다. 결국, 그는 자기 혀로 플린의 귀를 자극하는데 플린이 바로 눈을 뜬다.

플린 그아!

플린이 의식을 찾자, 카멜레온이 폴짝 뛰며 도망간다. 플린이 주위를 둘러본다.

플린의 시점:
그가 방의 중앙에 앉아 있다. 그의 팔과 다리가 의자에 라푼젤의 머리에 묶여 있다. (그녀가 머리카락을 로프처럼 이용하고 있다) 그가 몸부림을 치지만 그의 손은 꼼짝하지는 않는다. 의자로부터 죽 늘어져 있는 머리가 서까래 위로 올라가 있다.

플린 (몸부림치며) 이게 머리카락인가요?

라푼젤 (화면 밖) 몸부림쳐도… 몸부림쳐 봤자 소용없어요.

라푼젤이 서까래에서 뛰어내려 거울 뒤로 착지한다. 그녀는 자기 무기를 들고 있다.

---

gingerly 조심스럽게, 신중하게

slap (손바닥으로) 철썩 때리다

whip 채찍, 채찍질하다

wake (up) with a start 깜짝 놀라 눈을 뜨다

Gah! 이런! 으아!

come to 돌아오다, (의식을) 되찾다

POV 시점 (= point of view)

be동사 + bound to 반드시 ~하다

struggle 몸부림치다, 투쟁하다

budge 약간 움직이다, 꼼짝하다

trail (보통 땅에 대고 뒤로) 끌다, 끌리다

pointless 무의미한, 할 가치가 없는

FLYNN	Huh?	플린 응?
RAPUNZEL	I know why you're here and I'm not afraid of you.	라푼젤 난 당신이 왜 여기에 오는지도 알고 당신이 두렵지도 않아요.
FLYNN	What?	플린 뭐요?
RAPUNZEL	Who are you and how did you find me?	라푼젤 당신은 누구이며 저를 어떻게 찾았죠?

Rapunzel **steps into the light. Speechless.** Flynn just looks at her.

라푼젤이 불빛이 있는 곳으로 나온다. 할 말을 잃고 플린을 그녀를 바라보기만 한다.

FLYNN	Uh–	플린 어-
RAPUNZEL	Who are you and how did you find me?	라푼젤 당신은 누구이며 저를 어떻게 찾았죠?
FLYNN	I know not who you are, **nor** how I came to find you, but may I just say...	플린 난 당신이 누구인지도 모르고 내가 어떻게 당신을 찾게 되었는지도 모르지만, 한마디만 해도 될지...

He gives her his biggest, **cheesiest**, smile.

그가 그녀에게 활짝 그리고, 아주 느끼하게 미소를 짓는다.

FLYNN	Hi.	플린 안녕.

She stares at him blankly. He keeps smiling. Long beat.

그녀가 그를 멍하니 쳐다본다. 그는 계속 미소 짓고 있다. 긴 정적.

FLYNN	(through his big smile) How ya doing? The name's Flynn Rider.	플린 (계속 활짝 웃으며) 안녕하쇼? 나의 이름은 플린 라이더라고 하오.

Rapunzel **is confused.**

라푼젤은 혼란스러워한다.

FLYNN	**How's your day going,**[1] huh?	플린 그쪽은 좋은 하루를 보내고 계신가요, 허?
RAPUNZEL	Who else knows my location? Flynn Rider?	라푼젤 내 위치를 알고 있는 사람이 또 누가 있죠? 플린 라이더?
FLYNN	Alright **blondie**.	플린 좋소, 금발 아가씨.
RAPUNZEL	Rapunzel.	라푼젤 라푼젤이에요.

---

step into the light 불빛 안으로 들어서다
speechless 말을 못하는, 할 말을 잃은
nor ～도 (또한) 아니다/없다
cheesy 〈비격식〉 싸구려의, 느끼한
be동사 + confused 혼란스러워하는, 헷갈리는
Blondie 금발의 여자

❶ How's your day going?
잘 지내고 있나?
수많은 인사말 중의 하나로 How's it going?
'잘 지내?'와 유사한 형태의 표현이에요.
해석할 때 굳이 '너의 하루는 어떻게 지나가고
있니?'라고 할 필요는 없고, 그냥 '잘 지내지?
오늘 일진이 어때?' 정도로 해석하면 딱
좋겠네요.

FLYNN	**Gesundheit. Here's the deal.**[1] I was in a situation, **gallivanting** through the forest, I **came across** your tower and –	플린 안녕하쇼. 자 들어 봐요. 내가 어떤 상황에 처해서 숲속을 헤매다가 우연히 당신의 탑을 발견하고 –

He stops, realizing:

그가 멈춘다. 뭔가 깨달으며:

FLYNN	Oh, oh no...where is my satchel!?	플린 오, 오, 안 돼… 내 가방은 어디에 있소?
RAPUNZEL	I've hidden it. Somewhere you'll never find it.	라푼젤 내가 숨겼어요. 당신이 절대 못 찾을 만한 곳에.

A long beat as Flynn looks around the room. He sees the pot sitting on the floor.

플린이 방을 둘러보며 긴 정적이 흐른다. 그가 바닥에 놓여 있는 항아리를 발견한다.

FLYNN	It's in that pot, isn't it?	플린 저기 항아리에 있군요, 그죠?

FROM OUTSIDE THE TOWER: PANG! Flynn is knocked out again. BACK INSIDE: Flynn starts to **GROAN** as he wakes up.

탑 밖으로부터: 팡! 플린은 다시 의식을 잃는다. 다시 내부: 플린이 깨어나며 끙끙 신음을 낸다.

FLYNN	Gah! Would you stop that?!	플린 으애 그거 제발 그만 좀 하겠소?
RAPUNZEL	NOW it's hidden where you'll never find it.	라푼젤 이제 가방은 당신이 절대 찾지 못할 곳에 숨겨져 있어요.

Rapunzel **paces** around Flynn, further **entangling** him with her long hair.

라푼젤이 플린 주변을 돌며 그녀의 긴 머리로 그를 더 확실하게 감는다.

RAPUNZEL	So. What do you want with my hair? To cut it?	라푼젤 그래서, 내 머리카락으로 뭘 하고 싶은 거죠? 자르려고요?
FLYNN	What?	플린 뭐요?
RAPUNZEL	Sell it?	라푼젤 팔려고요?
FLYNN	No! Listen, the only thing I want to do with your hair is to **get out of** it. **Literally**.	플린 아니오! 들어 보쇼. 내가 당신 머리카락으로 하고 싶은 건 그것에서 벗어나고 싶은 것뿐이오. 말 그대로.

She stops **pacing**, looks at him, confused.

그녀가 그만 서성대고, 혼란스러운 표정으로 그를 본다.

---

gesundheit 〈독어〉 몸조심하세요
gallivant (신나게) 여기저기 돌아다니다
come across ~을 우연히 발견하다
groan (고통, 짜증으로) 신음/끙 소리를 내다
pace (특히 초조해서 또는 화가 나서) 서성거리다
entangle 얽어매다, (걸어서) 꼼짝 못 하게 하다
get out of (책임, 임무를) 회피하다
literally 문자/말 그대로, (강조) 그야말로

❶ Here's the deal.
자 들어봐.
상대방에게 무엇을 제안하거나 일이 어떤 식으로 풀려갈 것이라고 설명 혹은 알려주려고 하면서 '자 (내 말을 잘) 들어봐, 자 이제 이런 식으로 일이 진행될 거야'라는 의미로 쓰는 표현이랍니다.

RAPUNZEL Wait? You don't want my hair?	라푼젤 잠깐? 내 머리카락을 원하지 않는다고요?
FLYNN **Why on earth** would I want your hair? Look, I was being chased, I saw a tower, I climbed it. **End of story.**	플린 내가 도대체 왜 당신의 머리카락을 원하겠소? 이봐요, 난 쫓기고 있었고 탑을 보고 그래서 올라온 거요. 그게 전부라고.
RAPUNZEL You're telling the truth?	라푼젤 당신은 진실을 말하고 있는 건가요?
FLYNN (**exasperated**) Yes.	플린 (몹시 짜증을 내며) 그렇다니까.
RAPUNZEL Hmm.	라푼젤 흠.

Pascal comes close to Flynn, looks him in the eyes, **scrutinizing** him. He motions for Rapunzel to move him away and they **confer**.

파스칼이 플린에게 가까이 다가가서 그의 눈을 들여다보며 그를 철저히 살핀다. 그가 라푼젤에게 플린을 옆으로 비켜놓도록 신호를 보내고 그들이 상의한다.

RAPUNZEL (to Pascal) I know...I need someone to take me...I think he's telling the truth too...he doesn't have fangs...well what choice do I have?	라푼젤 (파스칼에게) 나도 알아…누군가 나를 데려 줄 사람이 필요해…이 사람이 진실을 말하고 있는 것 같아…송곳니도 나지 않았고…흠, 그럼 어쩔 수 없겠지?

Turning back to Flynn, who has been trying to **free himself from** the chair.

부단히 의자에서 벗어나려고 하는 플린에게로 다시 돌아선다.

바로 이장면!

RAPUNZEL OK, Flynn Rider: I'm prepared to **offer you a deal.**	라푼젤 좋아요, 플린 라이더: 내가 제안을 하나 하겠어요.
FLYNN Deal?	플린 제안?
RAPUNZEL Look this way.	라푼젤 이쪽을 보세요.

Rapunzel heads towards the fireplace, causing Flynn's chair to **spin around** as her hair **unwinds** itself. Flynn lands **face down**, still tied to the chair.

라푼젤이 벽난로 쪽으로 향하는데 그로 인해 플린이 앉아 있던 의자가 그녀의 머리의 움직임으로 같이 풀리며 돌아간다. 플린이 의자에 묶인 채로 앞으로 엎어진다.

RAPUNZEL Do you know what these are?	라푼젤 이것들이 무엇인지 아시나요?

Why on earth ~? (의문문을 강조하여) 도대체 어떻게/왜/어디서/누가
end of story 이야기 끝 (더 이상 할 말 없음)
exasperate 몹시 화나게/짜증 나게 하다
scrutinize 세심히 살피다. 면밀히 조사/검토하다
confer 상의하다. (상, 명예, 자격을) 수여/부여하다
free someone from ~을 해방/석방시켜 주다
offer someone a deal ~에게 거래를 제안하다
spin around 몸을 휙 돌리다. 회전하다. 맴돌다

unwind (감긴 것을) 풀다, 긴장을 풀다
face down 얼굴을 바닥으로 향하여/엎드려

45

Rapunzel pulls back the curtain above the fireplace to reveal her painted lights.

FLYNN You mean the lantern thing they do for the princess?

RAPUNZEL (to herself) Lanterns. I knew they weren't stars!
(to Flynn) Well, tomorrow evening, they will light the night sky with these "lanterns." YOU will act as my guide, take me to these lanterns, and return me home safely. Then and **only then** will I return your satchel to you. That is my deal.

FLYNN Yeah... **no can do.** Unfortunately the Kingdom and I aren't exactly **simpatico** at the moment. So I won't be taking you anywhere.

리푼젤이 벽난로 위의 커튼을 열어젖히며 벽에 그려져 있는 불빛들을 보여준다.

플린 공주를 위해 떠 올리는 등불을 말하는 거요?

라푼젤 (그녀 자신에게) 등불들. 내 이럴 줄 알았어, 역시 별들이 아니었어!
(플린에게) 흠, 내일 저녁에 그들이 이 등불들로 밤하늘을 환하게 비출 거예요. 당신은 나의 안내자로서 이 등불들에게 나를 인도하고 집으로 안전하게 귀가시켜야 해요. 그렇게 하면, 오직 그렇게 할 경우에만 난 당신의 가방을 당신에게 돌려줄 거예요. 그게 제 제안이에요.

플린 그게... 안 되겠소. 불행히도 왕국과 내가 요즘 사이가 그렇게 좋지 못해서 말이오. 그래서 당신을 데리고 어디를 갈 처지가 못 되네요.

Rapunzel turns her back to him, looks to the chameleon. She**'s terrified.** The chameleon gives her a little **fist pump** ("you can do this!").
She nods, then turns around – back **in character.** Rapunzel whips her hair and **rights** Flynn's chair. She slowly drags him closer to her.

RAPUNZEL Something brought you here, Flynn Rider. **Call it what you will:**[1] fate, destiny...

FLYNN A horse.

RAPUNZEL So I have made the decision to trust you.

FLYNN A horrible decision, really–

라푼젤이 그에게서 등을 돌리고 카멜레온을 쳐다본다. 그녀가 두려움에 떨고 있다. 카멜레온이 그녀에게 주먹을 쥐며 '넌 할 수 있어'라며 기운을 북돋아 준다.
그녀가 고개를 끄덕이며, 다시 돌아선다 – 다시 본 모습으로 돌아와서, 라푼젤이 그녀의 머리카락을 채찍질하듯 내려치며 플린의 의자를 제자리로 돌려놓는다. 그녀가 천천히 그를 끌어당긴다.

라푼젤 뭔가가 당신을 이곳으로 오게 했어요. 플린 라이더. 그걸 뭐라고 부르든 그건 상관없어요: 숙명, 운명...

플린 말이 날 여기로 오게 했지.

라푼젤 그래서 난 당신을 믿기로 결정했어요.

플린 끔찍한 결정이오, 정말이지 그건–

---

only then 그제야, 그때야
no can do (안타깝지만) 안 되겠어, 할 수 없어
simpatico (사람이) 유쾌한, 친하기 쉬운
be동사 + terrified 무서워하다, 겁이 나다
fist pump 인사(환호)할 때 서로 주먹을 치는 행위
in character (성격상) ~다운, (배역에) 꼭 맞는
right (정상적인 위치가 되도록) 바로 세우다/잡다

❶ Call it what you will.
그걸 네가 뭐라고 부르든 그건 상관없다.
주어진 상황에 대해서 상대방이 어떻게 생각하건, 뭐라고 명명하건 그건 상관없다고 하며 쓰는 표현이에요. 같은 상황에서 Call it whatever you like. 혹은 Call it what(ever) you want. 이라고 할 수도 있답니다.

RAPUNZEL But trust me when I tell you this: you can **tear this tower apart brick by brick**, but without my help you will never find your **precious** satchel.

FLYNN Let me just get this straight: I take you to see the lanterns, bring you back home, and you'll give me back my satchel?

RAPUNZEL I promise. And when I promise something, I never, ever, **break that promise**. Ever.

Flynn thinks, then:

FLYNN Alright, listen, I didn't want to have to do this, but you leave me no choice: **here comes the smolder.**❶

Flynn gives her his most smoldering look. Rapunzel doesn't react.

FLYNN This is kind of an **off day** for me, this doesn't **normally** happen. Fine, I'll take you to see the lanterns.

RAPUNZEL Really?

She drops Flynn's chair and he falls, face first, onto the floor.

RAPUNZEL Oops!

FLYNN (O.S.) You broke my smolder.

라푼젤 하지만 내가 하는 말을 허투루 듣지 말아요: 당신은 이 탑을 벽돌 하나까지 다 깨부수고 분쇄해도 나의 도움 없이는 절대 당신의 그 소중한 가방을 찾지 못할 거예요.

플린 자 그럼 내가 당신 말을 제대로 알아들은 건지 정리를 해 볼게요: 내가 당신을 등불들을 볼 수 있게 데려가 주고 집으로 다시 데려오면 나의 가방을 돌려주겠다 이거죠?

라푼젤 약속해요. 난 약속을 하면 절대, 절대로 그 약속을 깨지 않는답니다. 절대로.

플린이 생각한다. 그러고 나서:

플린 자, 들어봐요. 난 이걸 해야만 하는 상황을 원하지는 않았는데, 결국 내겐 선택권이 없네요: 자 여기 울적한 표정 갑니다.

플린이 그녀에게 세상에서 가장 울적한 표정을 보여준다. 라푼젤은 반응하지 않는다.

플린 오늘은 좀 안먹히는 날이네요. 보통 이런 날은 잘 없는데 말이요. 좋아요, 그럼 내가 당신을 등불들을 볼 수 있게 데려가 주겠소.

라푼젤 정말요?

그녀가 플린의 의자를 놓자, 그가 앞으로 고꾸라진다.

라푼젤 웁스!

플린 (화면 밖) 당신이 내 울적한 표정을 망가뜨렸군.

---

tear something apart ~을 갈가리 찢어 버리다
brick by brick 벽돌을 쌓듯이, 차곡차곡
precious 귀중한, 값비싼
break a promise 약속을 깨다/어기다
off day 일이 잘 안 되는 (컨디션이 별로 안 좋은) 날
normally 보통 때는

❶ **Here comes the smolder.**
자 울적한 표정 갑니다.
smolder의 기본적 의미는 '그을려서 검게 하다, 연기 피우다'인데, 또 다른 의미로 '(감정의) 울적함/침울함/사무침'으로 쓰이기도 합니다. 여기에서는 문맥에 맞게 '울적한 표정'으로 해석을 했어요. 플린이 일종의 애교 비슷하게 라푼젤에게 자신의 침울한/울적한 표정을 보여 주는 장면에서 이 표현을 썼네요.

EXT. TOWER – LATER – SEQUENCE 7
Flynn climbs DOWN the tower, using his arrows. **Halfway** down he pauses, looks up.

외부, 탑 – 그 이후 – 장면 7
플린이 그의 화살을 이용해서 탑을 타고 내려온다. 반쯤 내려와서 그가 멈추고 위를 올려다본다.

FLYNN   You coming, Blondie?

플린 내려올 건가요, 금발 아가씨?

UP AT THE WINDOW: Rapunzel stands there, terrified. She's never **set foot** outside before. She peers down at the ground below. She looks back at the painting of the **magnificent** flying lights. Her **motivation**.

위쪽 창문에서: 라푼젤이 공포에 떨며 그곳에 서 있다. 그녀는 단 한 번도 밖으로 나가 본 적이 없다. 그녀가 탑에서 땅을 내려다본다. 그녀가 다시 떠다니는 불빛들의 그림을 본다. 그녀의 동기.

바로 이 장면!*

RAPUNZEL (singing)
LOOK AT THE WORLD SO CLOSE,
AND I'M HALFWAY TO IT
LOOK AT IT ALL, SO BIG,
DO I EVEN **DARE?**❶
LOOK AT ME, THERE AT LAST,

I JUST HAVE TO DO IT
SHOULD I? NO.
HERE I GO.

라푼젤 (노래)
정말 가까이에 있는 세상을 봐,
난 이제 그 세상에 반쯤 다가왔어
이 모든 것을 봐, 정말 크네.
내가 감히 이런 일을?
날 봐, 마침내 거기에 있네.

난 그것을 할 수밖에 없네
그런가? 아니지.
자, 내가 간다.

The chameleon ties her hair around himself, making a **harness**. Rapunzel leaps out the window – **rappelling** quickly down.
At the base of the tower, Rapunzel stops. She is hanging from her hair, **mere** feet above the ground.
Slowly, she lowers one foot to the ground - her toes touching the soft grass. Then her other foot. She's standing on the GROUND!
Finally!
Rapunzel rolls around in the grass.

카멜레온이 그녀의 머리카락을 그의 몸에 매어 마구를 채우듯이 연결한다. 라푼젤이 창문 밖으로 뛰어내린다 – 라펠을 하듯 빠른 속도로 하강.
탑의 가장 밑 부분에 라푼젤이 멈췄다. 그녀는 자신의 머리에 매달려 있다. 땅에서 불과 몇십 센티 위에.
천천히, 그녀가 땅에 한 발을 내딛는다 – 그녀의 발가락들이 부드러운 잔디에 닿는다. 그리고는 다른 한쪽 발이. 그녀가 땅 위에 서 있다! 마침내!
라푼젤이 잔디 위에서 뒹군다.

halfway (거리, 시간상으로) 중간에
set foot 발을 들여놓다, 들어오다
magnificent 참으로 아름다운, 성대한, 훌륭한
motivation (행동의) 동기 부여, 자극, 유도
harness 마구, 마구를 채우다
rappel 라펠(하강), 하강하다
mere 겨우 ~의, (한낱) ~에 불과한

❶ **dare**
~할 용기가 있다, 감히 ~하다
dare는 긍정문에서 자주 쓰이지만, '감히 ~하지 말아라!'라는 의미의 부정명령문에서 쓰이는 경우가 참 많답니다. 예를 들어 Don't you dare call me ugly! '감히 나에게 못생겼다고 하지 말아라!', Don't even dare think about it! '그런 건 감히 생각조차도 하지 말아라!' 이렇게 말이에요.

48

RAPUNZEL (singing)
JUST SMELL THE GRASS, THE DIRT,
JUST LIKE I DREAMED THEY'D BE
JUST FEEL THAT SUMMER BREEZE,
THE WAY IT'S CALLING ME
FOR LIKE **THE FIRST TIME EVER**,
I'M COMPLETELY FREE.
I COULD GO RUNNING
AND RACING
AND DANCING
AND CHASING
AND LEAPING
AND BOUNDING,
HAIR FLYING, **HEART POUNDING**
AND SPLASHING AND **REELING**
AND FINALLY FEELING...
NOW'S WHEN MY LIFE BEGINS!

라푼젤 (노래)
잔디의 냄새를 맡아봐. 흙냄새를,
내가 꿈꿔왔던 그 느낌과 똑같아
그냥 이 여름날의 산들바람을 느껴 봐.
이 바람이 나를 부르는 소리를
왜냐하면 태어나서 처음으로
난 완전히 자유의 몸이 되었거든
난 뛰어갈 수도 있고
경주를 할 수도 있고
춤을 출 수도 있고
쫓아갈 수도 있고
뜀뛰기를 할 수도 있고
껑충껑충 달릴 수도 있고,
머릿결을 날리면서, 가슴이 콩닥콩닥 뛰면서
물을 첨벙첨벙하며 갈지자걸음으로 걸으면서
그리고 마침내 느끼면서…
이제야 내 인생이 시작하는구나!

As she sings, Rapunzel takes off running, through the tunnel and out into the forest beyond.

노래를 부르며 라푼젤은 뛰기 시작한다. 터널을 지나 저 너머에 있는 숲까지.

EXT. FOREST – LATER (MONTAGE)
Rapunzel **takes in** the forest/world for the first time (while **simultaneously** battling guilt re: her mother).
On the other side of the cave, Rapunzel takes in the beauty of the forest.

외부. 숲 – 그 이후 (몽타주)
라푼젤이 숲과 세상을 난생처음으로 감상한다. (동시에 죄책감과 싸우며: 그녀의 어머니에 대한) 동굴의 반대편에서 라푼젤은 숲의 아름다움을 만끽한다.

RAPUNZEL I can't believe I did this! I can't believe I did this. I can't believe I did this!!! (then) Mother would be so furious.

라푼젤 내가 이런 짓을 하다니! 도무지 믿기지 않아. 정말 믿을 수가 없어!!! (잠시 후) 어머니께서 노발대발하실 텐데.

CUT TO:
Rapunzel **investigates** the mud and leaves on the **forest floor**.

장면 전환.
라푼젤이 진흙을 조사하고 숲의 바닥에 내려놓는다.

RAPUNZEL That's okay. I mean, **what she doesn't know won't kill her,❶** right?

라푼젤 괜찮아요. 내 말은 그러니까, 그녀는 모르니까 그렇게까지 괴로워하지는 않을 거라는 얘기예요. 그렇겠죠?

---

the first time ever (해 본 적이 없는) 정말 처음으로
heart pounding 심장이 두근거리는
reel 릴/얼레로 감아올리다
montage 몽타주, (그림, 사진, 글 등을) 짜깁기한 것
take in ~을 눈여겨보다, 이해하다
simultaneously 동시에, 일제히
investigate 수사/조사하다, 살피다
forest floor 임상 (산림 지표면의 토양)

❶ **What she doesn't know won't kill her.**
그녀가 모르고 있으니 그녀에게 해롭진 않을 거야.
우리말에 '모르는 게 약이다'라는 속담이 있죠? 그것과 비슷한 표현을 할 때 What you don't know won't hurt/kill you. '네가 모르고 있는 것으로 인해 네가 상처받지는/죽지는 않을 것이다' 곧, '네가 모르고 있으니 네게 해가 되진 않을 것이다'라고 말한답니다.

CUT TO:
In a cave, Rapunzel **grasps her knees** and **rocks back and forth**.

RAPUNZEL Oh my gosh, this would kill her.

CUT TO:
In another part of the forest, Rapunzel leaps into **a pile of fallen leaves**.

RAPUNZEL This is so fun!

CUT TO:
In a tree, Rapunzel **rests her head against** the **bark**.

RAPUNZEL I am a horrible daughter. I'm going back.

CUT TO:
Rapunzel **rolls down** a **grassy hill**.

RAPUNZEL I am never, going back! Woo hoo.

CUT TO:
Facedown in a field of flowers:

RAPUNZEL I'm a **despicable human being**.

CUT TO:
Using her hair, Rapunzel swings around a tree. Rapunzel **swings** around a tree. Flynn watches, annoyed.

RAPUNZEL Woo-hoo! Best! Day! Ever!

Rapunzel sits on the ground crying.

장면 전환:
동굴에서, 라푼젤이 그녀의 무릎을 잡고 앞뒤로 흔든다.

라푼젤 맙소사, 그녀가 죽을지도 몰라.

장면 전환:
숲의 또 다른 한쪽에서 라푼젤이 낙엽 더미 속으로 껑충 뛰어든다.

라푼젤 정말 재미있어!

장면 전환:
나무 위에서 라푼젤이 나무껍질에 머리를 기대고 쉬고 있다.

라푼젤 난 너무 나쁜 딸이야. 돌아갈 거야.

장면 전환:
라푼젤은 잔디로 덮인 언덕을 굴러서 내려온다.

라푼젤 난 절대, 다시는 돌아가지 않을 거야! 우후.

장면 전환:
꽃밭에서 엎드린 자세로:

라푼젤 난 정말 끔찍한 인간이야.

장면 전환:
그녀의 긴 머리카락을 이용해 라푼젤이 나무 주위를 그녀를 타듯이 돈다. 라푼젤이 그녀를 타듯 나무 주위를 돈다. 플린이 보고 있다, 귀찮은 듯이.

라푼젤 우-후! 최고의 날! 내 평생!

라푼젤이 바닥에 앉아 외친다.

---

grasp one's knees 무릎을 부여잡다/움켜잡다
rock back and forth 앞뒤로 왔다 갔다 하며 움직이다
a pile of ~의 더미, 한 무더기
fallen leaves 낙엽
rest one's head against/on ~에 머리를 기대고 쉬다
bark 나무껍질
roll down (손잡이를 돌려서) ~을 내리다/열다
grassy 풀로 덮인

hill 언덕, 경사로
despicable 〈격식〉 비열한, 야비한
human being 사람, 인간
swing (전후, 좌우로) 흔들리다/흔들다

Flynn, the Life Counselor

인생 상담사, 플린

🎧 09.mp3

바로 이 장면!*

FLYNN (clears his throat) You know, I can't help but notice you seem a little **at war with yourself** here.

플린 (헛기침하며) 있잖아요. 내가 일부러 보려고 한 건 아닌데, 아무래도 당신이 스스로와 내적으로 갈등하는 것 같아서요.

RAPUNZEL What?

라푼젤 뭐라고요?

FLYNN Now, I'm only picking up **bits and pieces**, of course: **overprotective** mother, forbidden road trip – I mean, this is serious stuff. But let me ease your **conscience** – this is part of growing up. A little **rebellion**, a little adventure, that's good, healthy even.

플린 아. 물론 제가 다 알진 못하고 제가 본 단편적인 부분들을 근거로 해서 말하는 건데요: 과잉보호하는 어머니, 금지된 외출 – 그러니까, 이건 심각한 문제예요. 하지만 당신의 양심의 가책을 좀 가라앉히고 – 이건 어른이 되어 가는 과정이에요. 조금 반항도 하고, 모험도 좀 하고, 좋은 거예요, 어찌 보면 건강한 거라고 볼 수도 있죠.

RAPUNZEL You think?

라푼젤 그렇게 생각해요?

FLYNN I know! **You're way over-thinking this,**❶ trust me. Does your mother deserve it? No. Would this break her heart and **crush her soul**? Of course. But you've just got to do it.

플린 내가 알아요! 이건 당신이 너무 오버해서 생각하는 거라고요. 날 믿어요. 당신 어머니가 이런 대접을 받을 만한 짓을 했나요? 아니요. 당신이 이렇게 하면 그녀의 가슴을 찢어지게 하고 그녀의 억장이 무너질까요? 당연하죠. 하지만 그래도 당신은 이렇게 할 수밖에 없다니까요.

RAPUNZEL Break her heart?

라푼젤 그녀의 가슴을 찢어지게 한다고요?

FLYNN In half.

플린 반 토막으로 찢어질 거예요.

RAPUNZEL Crush her soul?

라푼젤 억장을 무너지게 하고?

Flynn makes a GESTURE.

플린이 손짓으로 보여준다.

FLYNN Like a grape.

플린 포도처럼.

Rapunzel can't take it.

라푼젤은 더 이상 받아들일 수가 없다.

---

clear one's throat (말을 하기 전에) 목을 가다듬다
at war with oneself 양심의 가책으로 힘들어하다
bits and pieces 이런저런 것들
overprotective 과잉보호하는
conscience 양심
rebellion 저항, 반항
crush one's soul 영혼을 짓밟다

❶ **You're way over-thinking this.**
넌 너무 오버해서/과하게 생각하고 있는 거야.
way가 구어체에서는 강조용법으로 '너무, 엄청, 훨씬, 정말'이라는 의미의 부사로 쓰이기도 한답니다. 예를 들어, He's way too smart for me. '그는 나와 함께하기엔 너무 심하게 똑똑하다', It's way past your bed time. '네가 잠자리에 들 시간이 훨씬 지났어' 이렇게요.

RAPUNZEL	She would be **heartbroken**, you're right.	라푼젤 그녀는 가슴이 찢어질 거예요. 당신 말이 맞아요.
FLYNN	**I am, aren't I?**[●] **Oh, bother.** Alright, I can't believe I'm saying this but: I'm letting you out of the deal.	플린 그죠, 내 말이 맞죠? 아, 귀찮아. 좋아요, 내가 이런 말을 하고 있다는 게 믿어지진 않지만: 당신과 나와의 계약은 없던 거로 하죠.

RAPUNZEL	What?	라푼젤 뭐라고요?
FLYNN	That's right! But don't thank me. Let's just turn around and get you home. Here's your pan, here's your frog. I get back my satchel, you get back a mother-daughter relationship based on **mutual trust** and **voila**, we part ways as **unlikely** friends.	플린 네, 맞아요! 하지만 저에게 고마워할 필요는 없어요. 그냥 다시 뒤돌아서 당신 집으로 가요. 여기 당신 프라이팬이요, 개구리도 가져가요. 난 내 가방을 돌려받고, 당신은 상호 간의 신뢰에 기반을 둔 엄마와 딸 관계를 회복하고, 짜잔, 친구가 됨직하지 않은 우린 서로 헤어지는 거죠.
RAPUNZEL	No, no, I am seeing those lanterns.	라푼젤 안 돼, 안 돼요. 난 그 등불들을 볼 거예요.
FLYNN	Oh come on! What is it going to take for me to get my satchel back!?	플린 아, 왜 이래요! 도대체 내가 어떻게 해야 내 가방을 돌려받을 수 있는 거냐고요!?

Rapunzel holds up her frying pan, threatening.   라푼젤이 그녀의 프라이팬을 들고 그를 위협한다.

RAPUNZEL	I will use this.	라푼젤 난 이것을 사용할 거예요.

There's a **rustling** in the bushes. Rapunzel hides behind Flynn.   수풀 속에서 바스락거리는 소리가 난다. 라푼젤이 플린 뒤로 숨는다.

RAPUNZEL	Is it ruffians? Thugs? Have they come for me?	라푼젤 악당들인가요? 건달들? 그들이 날 잡으러 온 건가요?

A bunny rabbit jumps out.   토끼 한 마리가 튀어나온다.

FLYNN	Stay calm. It can probably **smell fear**.	플린 흥분하지 말아요. 두려움을 감지할 수 있을지도 몰라요.
RAPUNZEL	Oh, sorry. Guess I'm just a little bit **jumpy**.	라푼젤 오, 미안해요. 내가 좀 안절부절못하는 것 같네요.
FLYNN	Probably be best if we avoid ruffians and thugs though.	플린 그렇지만 아마도 악당들과 건달들은 피하는 게 최선이긴 할 거예요.

---

heartbroken 비통해하는, 상심한
Oh, bother 아, 귀찮아.
mutual trust 상호 신뢰
voila 〈감탄사〉 자 봐, 〈성공, 만족의〉 어때
unlikely 〈일반적인〉 예상 밖의
rustle 바스락거리다
smell fear 공포의 기운을 느끼다
jumpy 〈비격식〉 조마조마한

❶ I am, aren't I?
그죠, 안 그래요?
본문의 대사 중 이 문장은 라푼젤이 플린에게
You're right. '당신 말이 맞아요'라고 한 것에
대한 응답으로 플린이 한 말인데, I am 이후에
부가 의문문으로 am I not? 이라고 해야만
문법적으로 맞을 것 같지만 그것은 문어체에서
주로 쓰이고, 구어체에서는 aren't I?로 주로
씁니다.

RAPUNZEL	Yeah, that'd probably be best.	라푼젤 네, 그러는 게 제일 좋겠죠.
FLYNN	Are you hungry? I know a great place for lunch.	플린 배고파요? 점심 정말 잘 하는 데를 제가 아는데.
RAPUNZEL	(confused) Uh, where?	라푼젤 (어리둥절해 하며) 어, 어딘데요?
FLYNN	Oh, don't you worry. You'll know it when you smell it.	플린 오, 걱정 말아요. 냄새로 알 수 있을 테니까요.

CROSS DISSOLVE TO:
EXT. FOREST – MEANWHILE – SEQUENCE 8
THE HORSE (from the earlier chase)! He's **on the scent**, trying to find Flynn. He sniffs. He **spies up** a **clue** – the wanted poster. **Growling** he **chomps** it **to pieces** with his teeth. And then... **His ears perk up.** He's HEARD SOMETHING! He jumps into a bush, ready to **spring**. Yes, we definitely hear something. The horse smiles... this is it!

He whips around from behind the tree, **only to** be **face-to-face** with... GOTHEL!
Mother Gothel looks closer at the horse and notices the KINGDOM SYMBOL.

영상이 교차편집 되며:
외부. 숲 – 한편 – 장면 8
바로 그 말 (이전 추격장면의)! 그가 플린을 찾으려고 하다가 뭔가 감지를 한다. 그가 킁킁 냄새를 맡는다. 그가 실마리를 찾아낸다 – 현상 수배 포스터. 으르렁거리며 그의 이빨로 포스터를 우적우적 씹어 갈기갈기 찢어버린다. 그러고 나서… 그의 귀가 쫑긋 선다. 그가 뭔가를 들었다! 그가 수풀로 뛰어들며 달려들 준비를 한다. 네, 무슨 소리가 분명히 들리는군요. 말이 웃는다… 바로 이거야!

그가 나무 뒤에서 갑자기 뒤돌아보는데, 마주친 것은 다름 아닌… 고텔!
고텔이 말을 더 자세히 들여다보다가 왕국의 상징이 있는 것을 알아본다.

MOTHER GOTHEL	(gasp) A palace horse? Where's your rider? (instantly **concerned**) Rapunzel. Rapunzel!	고텔 (깜짝 놀라며) 왕실의 말이잖아? 네 주인은 어디 있지? (순간적으로 걱정에 휩싸이며) 라푼젤. 라푼젤!

Mother Gothel turns and runs **full tilt** back towards the tower.

고텔이 뒤돌아서 탑을 향해 전속력으로 달려간다.

EXT. TOWER – MOMENTS LATER
Mother Gothel arrives at the base of the tower.

외부. 탑 – 잠시 후
고텔이 탑의 밑동에 도착한다.

MOTHER GOTHEL	(trying to be calm) Rapunzel. Let down your hair.	고텔 (진정하려 애쓰며) 라푼젤. 머리카락을 내려주렴.

Nothing.

아무 반응도 없다.

MOTHER GOTHEL	(growing frantic) Rapunzel?	고텔 (광분하며) 라푼젤?

---

cross dissolve 두 장면이 서로 교차하면서 전 화면이 사라지고 후 화면이 뚜렷하게 나타나는 화면 전환 기법

on the scent ~을 감지한, ~의 단서를 잡은

spy up ~을 살피다, 감시하다

clue 실마리, 단서

growl (동물, 특히 개가) 으르렁거리다

chomp (음식을) 쩝쩝 먹다

to pieces 산산이, 조각조각으로

someone's ears perk up 귀가 쫑긋 서다

spring 휙 움직이다, (갑자기) 뛰어오르다

only to 그 결과는 ~뿐

face-to-face 마주 보는, 대면하는

gasp 숨이 턱 막히다, 헉하고 숨을 쉬다

concerned 걱정하는, 염려하는

full tilt 전속력으로

grow frantic 미쳐가다, 제정신이 아닌 상태로 되어가다

Nothing. Increasingly frantic, she runs around to the back of the tower. There, she pushes back some branches to reveal a SECRET ENTRANCE.

INT. TOWER – CONTINUOUS
Mother Gothel ENTERS, **bursting through** a hidden door in the floor. Nothing. She looks around, taking in the empty tower. The open window. Not good. She **ransacks** the tower, ripping the sheets off the bed, **draperies** off the wall. She **throws open** closets, **tips over** paints – still nothing.

MOTHER GOTHEL Rapunzel! Rapunzel!

She stands in the middle of the tower – now **in a shambles**. And then: a **glint catches her eye**.
Mother Gothel rips up the top of a stair to reveal: Flynn's hidden SATCHEL. Mother Gothel pulls it out.
First: she looks at the CROWN. Then... in a side pocket: she pulls out a piece of PAPER: It's the WANTED POSTER from earlier - **bearing** Flynn's picture **in connection with numerous robberies**.
Without so much as a moment's hesitation, Mother Gothel grabs the satchel, then a **DAGGER**, and EXITS the tower.

아무 반응이 없다. 더더욱 흥분해서 그녀가 탑의 뒤쪽으로 뛰어간다. 바로 거기, 그녀가 나뭇가지들을 밀어내자 비밀의 문이 드러난다.

내부, 탑 – 계속
고텔이 바닥에 숨겨져 있던 문을 박차고 들어간다. 아무도 없다. 그녀가 주위를 둘러보며 아무도 없다는 걸 알아챈다. 열려 있는 창문. 좋지 않은 신호다. 그녀가 침대보와 벽의 휘장을 젖히며 탑 안을 뒤집어 놓는다. 벽장문을 열어젖히며 그림들을 넘어뜨린다 – 여전히 아무도 없다.

고텔 라푼젤! 라푼젤!

그녀가 탑 가운데에 서서 – 이젠 엉망이 돼버린 탑. 그리고는: 반짝이는 것이 그녀의 눈에 띈다.
고텔이 계단을 뜯어내자 드러난다: 감춰진 플린의 가방. 고텔이 그것을 잡아 꺼낸다.
일단: 그녀는 왕관을 본다. 그리고… 옆 주머니에: 그녀가 종이 한 장을 꺼내 든다. 전에 보았던 바로 그 현상 수배 포스터 – 여러 건의 강도 사건과 관련된 플린의 사진을 담고 있다.
단 한순간의 망설임도 없이 고텔이 가방을 집어 든 후, 단도를 들고 탑을 빠져나간다.

---

burst through ~을 부수고 나가다	bear 참다, 견디다
ransack (무엇을 찾아서 어떤 곳을 엉망으로 만들며) 뒤지다	in connection with ~와 관련되어
drapery 휘장, 직물	numerous 〈격식〉 많은
throw open 활짝 열다	robbery 강도
tip over ~을 뒤집어엎다, 넘어뜨리다	without so much as ~도 하지 않고, ~도 없이
in (a) shambles 난장판이 된, 엉망진창이 된	a moment's hesitation 한순간의 망설임
glint 반짝임, 번득임	dagger 단도, 단검
catches someone's eye ~의 눈에 띄다	

Disney PRINCESS

Tangled

Do Ruffians Have Dreams?

건달들에게도 꿈이 있을까?

🎧 10.mp3

BACK TO:
EXT. FOREST – DAY. – SEQUENCE 9

다시 돌아감:
외부. 숲 – 낮 – 장면 9

FLYNN   I know it's around here somewhere.

플린 분명 이 근처 어딘가에 있는데.

He spots it.

그가 찾아낸다.

FLYNN   Ah! There it is: the **Snuggly Duckling**. Don't worry, very **quaint** place, perfect for you. Don't want you scaring and giving up on this whole **endeavor**, now do we?

플린 앤 바로 저기 있네요: 아늑한 새끼 오리. 걱정 말아요, 꽤 운치 있는, 당신에게 딱 맞는 곳이에요. 당신이 겁을 먹고 이 모든 노력을 포기하기를 원하지는 않으니까요. 그런가요?

RAPUNZEL Well, I do like ducklings.

라푼젤 뭐, 제가 아기 오리들을 좋아하긴 해요.

FLYNN   Yay!

플린 잘됐네요!

INT. TAVERN – CONTINUOUS
Flynn and Rapunzel enter the **tavern**. The room turns to look at them.

내부. 선술집 – 계속
플린과 라푼젤이 선술집으로 들어간다. 안에 있는 사람들이 고개를 돌려 그들을 본다.

FLYNN   Garcon! Your finest table please.

플린 갈콘! 제일 좋은 테이블로 안내해 주세요.

The place goes silent. Thugs look at them blankly. It's a **menacing** place. Rapunzel gasps, lifts up her pan to protect herself. After a long, silent beat...
Flynn guides her into the pub and begins going around the pub: making **small-talk** with **patrons**/Rapunzel.

정적이 흐른다. 무리가 그들을 멍하니 쳐다본다. 위협적인 곳이다. 라푼젤이 공포에 가득 차서 자기를 보호하기 위해 프라이팬을 올려 든다. 긴 정적이 흐른 후…
플린이 술집 안으로 그녀를 안내하며 돌아다닌다: 거기에 있는 손님들과 라푼젤에게 말을 건네며 인사를 나눈다.

FLYNN   You smell that? Take a deep breath through the nose, really let that **seep** in.

플린 냄새나요? 코로 깊게 숨을 들이마시며 잘 음미해 보세요.

He **demonstrates**, **breathes in**. She does, **cringes**.

그가 시범을 보이며 숨을 들이마신다. 그녀도 그를 따라 하다가 움찔한다.

---

snuggly 아늑하게, 포근하게
duckling 새끼 오리
quaint 진기한, 예스러운
endeavor 노력, 시도
tavern 선술집, 여관
garcon (호텔 등의) 급사, 하인
menacing 위협적인, 해를 끼치는
small-talk 잡담하다, 수다 떨다

patron (화가, 작가 등의) 후원자, 단체의 홍보 대사
seep (물기 등이) 스미다, 배다
demonstrate 입증(실증)하다
breath in 숨을 들이마시다
cringe (겁이 나서) 움츠리다/움찔하다

FLYNN   What are you getting? Because to me, it's part man smell and the other part is really bad man smell. I don't know why, but **overall** it just smells like the color brown. Your thoughts?

플린 어떤 냄새가 나나요? 왜냐하면, 내가 느끼기에는, 일부는 남자 냄새고 또 다른 일부는 나쁜 남자 냄새네요. 왜 그런지는 모르겠지만, 종합적으로 볼 때 갈색처럼 느껴지네요. 당신 생각은?

Rapunzel **is horrified**. A THUG **approaches** and touches her hair. Rapunzel jumps!

라푼젤이 경악한다. 건달 한 명이 다가와서 그녀의 머리카락을 만진다. 라푼젤이 펄떡 뛴다!

BLOOD IN MUSTACHE THUG   That's a lot of hair.

피 묻은 콧수염 건달 머리숱이 엄청나네.

FLYNN   She's **growing it out.**

플린 그녀가 머리카락을 기르는 중이라네.

Rapunzel backs away.

라푼젤이 뒤로 물러선다.

FLYNN   Is that blood in your moustache? Goldie, look at this, look at all the blood in his mustache! Good sir, that's a lot of blood.

플린 자네 콧수염에 그거 피인가? 골디. 이것 좀 보게, 이 사람 콧수염에 흥건하게 묻은 이 피 좀 보라고! 맙소사, 정말 엄청 많은 피네.

ON RAPUNZEL: she's horrified, **white as a ghost.** She backs into a Thug sitting at the bar. He groans at her.

라푼젤 모습: 그녀는 공포에 가득 차 얼굴이 유령처럼 창백하다. 그녀가 뒤로 물러서다가 바에 앉아 있던 건달에게 부딪힌다. 그가 '끙'하며 신음을 낸다.

FLYNN   Hey, you don't look so good, Blondie. Maybe we should get you home, **call it a day.**❶

플린 이봐요, 금발 아가씨. 표정이 좀 안 좋아 보이는군요. 아무래도 그냥 집으로 돌아가야겠어요, 오늘은 이만하고.

Flynn leads her to the door.

플린이 그녀를 문 쪽으로 이끈다.

FLYNN   Probably **better off**, this is a **five-star joint** after all and if you can't handle this place, well maybe you should be back in your tower.

플린 아마 그러는 게 더 좋겠어요, 여기가 알고 보면 별 5개짜리 술집인데 여기도 못 있겠다면 아무래도 탑으로 돌아가는 게 낫겠어요.

SLAM! A hand slams on the door just as Flynn and Rapunzel reach it. The hand presses a WANTED POSTER OF FLYNN onto the door.

쾅! 플린과 라푼젤이 문에 다다르자 누군가의 손이 문을 쾅 친다. 그 손이 플린 사진이 담긴 현상 수배 포스터를 문에 붙인다.

A HUGE THUG stands there.

거대한 건달이 거기에 서 있다.

VLAD   Is this you?

블라드 이게 네 놈이냐?

---

overall 종합적으로, 전반적으로
be동사 + horrified 겁에 질리다, 공포에 떨다
approach 다가가다(오다)
grow something out ~이 자라게 놔두다
white as a ghost/sheet 안색이 창백한
better off 형편이 더 나은
five-star 특급, 별 5개짜리의
joint 〈비격식〉 (특히 값싼) 음식점/술집

❶ **Call it a day.**
(하던 일을) 이제 그만하자/멈추자.
어떤 일을, 특히 오랫동안 해 오던 일을 '그만하다'라는 의미로 쓰는 구어체적 표현이에요. 선생님이 수업이 끝났음을 알리거나 직장상사가 업무가 끝났음을 알릴 때 Let's call it a day! '오늘은 여기까지 하자!'라고 하는 경우가 많지요.

Flynn moves Vlad's finger out of the way to reveal an enormous nose on his wanted poster.

FLYNN   Now they're just being mean.

The HUGE THUG grabs Flynn.

HOOKHAND THUG It's him, alright. (then) Greno, go find some guards.

A LITTLE DWARF in the corner runs out.

HOOKHAND THUG That **reward's** gonna buy me a new **hook**.

ATTILA   **I could use the money.**❶

VLAD   What about me – I'm **broke! Get back!** Mine!

They all start **fighting over/pummeling** Flynn. Rapunzel and the chameleon is terrified.

플린이 블라드의 손가락을 움직여서 현상 수배 포스터에 나온 거대한 코를 드러낸다.

플린 아 진짜 이건 너무 악의적이네.

거대한 건달이 플린을 잡는다.

갈고리 손 건달 그놈이야, 맞아. (그리고는) 그레노, 가서 근위병들 좀 찾아봐.

구석에 있던 작은 난쟁이가 뛰어나간다.

갈고리 손 건달 그 현상금으로 새 갈고리 하나 장만할 수 있겠군.

아틸라 나도 그 돈이 좀 필요한데.

블라드 난 어쩌고 – 난 빈털터리라고! 내 놔! 내 거야!

모두 플린을 때리며 그를 차지하려고 싸운다. 라푼젤과 카멜레온은 겁에 질려 어찌할 바를 모르고 있다.

바로 이장면!*

RAPUNZEL Ruffians, stop!

FLYNN   (upside-down) We can **work this out!**

RAPUNZEL (**freaked out**) Hey, leave him alone!

They keep fighting/pummeling him.

FLYNN   Gentlemen, please!

RAPUNZEL Give me back my guide! Ruffians!

They ignore her.

라푼젤 아저씨들, 그만 해요!

플린 (고꾸라진 채) 잘 해결할 방법이 있을 거야!

라푼젤 (흥분해서) 이봐요, 그를 내버려 두라고요!

그들은 계속 싸우며 플린을 때리고 있다.

플린 신사분들, 제발!

라푼젤 내 안내자를 돌려줘요! 아저씨들!

그들이 그녀를 무시한다.

---

reward 현상금, 사례금
hook 갈고리, 걸이
broke 〈비격식〉 무일푼의, 빈털터리의
Get back! 돌려 줘, 돌아 와!
fight over ~에 관하여 싸우다
pummel (특히 주먹으로) 계속 치다
work something out ~을 계산하다, 해결하다
freak out 몹시 흥분하다

❶ **I could use the money.**
난 돈이 필요하다.
'난 그 돈을 사용할 수 있다'고 직역하면 어색한데, could use는 관용적으로 '~가 있으면 유용하겠다, ~가 필요하다'라는 의미로 쓰이는 숙어랍니다.

<u>**FLYNN**</u>   Not the nose! Not the nose! Not the nose!

She doesn't know what to do. Finally, she spots a large tree branch near the **ceiling**. She throws her hair up, **looping** it **around** the branch. She pulls the branch back and then **lets it loose**, sending it flying towards the **Hookhand** Thug, **striking** him on the head. This **gets their attention**.

<u>**RAPUNZEL (O.S.)**</u> **PUT HIM DOWN!**

All eyes are now on Rapunzel.

<u>**RAPUNZEL**</u>   Okay. I don't know where I am and I need him to take me to see the lanterns because I've been dreaming about them my entire life. Find your **humanity**. Haven't any of you ever had a dream?

플린 코는 안 돼! 코는 안 돼! 코는 안 된다고!

그녀는 어찌할 바를 모른다. 마침내, 그녀가 천장 근처에 있는 큰 나뭇가지를 발견한다. 그녀가 그녀의 머리카락을 고리 모양으로 던져 나뭇가지에 걸리게 한다. 그녀가 나뭇가지를 뒤로 잡아당긴 후 놓아서 갈고리 건달에게 튕겨 날아가게 하고 나뭇가지가 그의 머리를 때린다. 이것으로 인해 그들이 그녀에게 주목한다.

라푼젤 (화면 밖) 그를 내려놓아요!

모두의 눈이 라푼젤을 향해 있다.

라푼젤 좋아요. 난 지금 내가 어디에 있는지도 모르겠지만 등불을 보러 가려면 그가 나를 데려가 줘야 해요. 왜냐하면 그건 내 평생의 꿈이기 때문이죠. 인간미를 좀 보여 줘요. 당신들에게도 꿈이란 게 있을 거 아니에요?

---

ceiling 천장

loop around 고리 모양으로 움직이다

let something loose (고정되어 있던) ~을 풀다

hook-hand 갈고리 손

strike (세게) 치다, 부딪치다, 때리다

get someone's attention ~의 주목을 얻다

put something/someone down ~을 내려놓다

humanity 인류, 인간성

I've Got a Dream!

내게도 꿈이 있다네!

🎧 11.mp3

The HOOKHAND THUG turns around. He grabs an **axe** and walks slowly over toward Rapunzel, right up to her face, **intimidating**. Then...

HOOKHAND THUG   (softly) I had a dream once.

He tosses the axe at a **minstrel** in the corner. It lands in a **pillar** above his head. Without missing a **beat** he starts playing the **concertina**...

HOOKHAND THUG   I'M **MALICIOUS**, MEAN AND SCARY,
MY **SNEER** COULD **CURDLE DAIRY**,
AND **VIOLENCE-WISE**, MY HANDS
ARE NOT THE CLEANEST.
BUT **DESPITE** MY **EVIL LOOK**,
AND MY **TEMPER**, AND MY **HOOK**,
I'VE ALWAYS **YEARNED** TO BE A
CONCERT PIANIST.

갈고리 손 건달이 뒤돌아선다. 도끼를 잡아들고 천천히 걸어서 라푼젤에게 바짝 다가서며 그녀를 겁먹게 한다. 그리고는…

갈고리 손 건달 (나지막이) 나도 한때는 꿈이 있었어.

그가 구석에 있는 음유 시인에게 도끼를 던진다. 도끼가 그의 머리 위에 있는 기둥에 박힌다. 그가 한 박자도 놓치지 않고 작은 아코디언을 연주하기 시작한다.

갈고리 손 건달 난 마음씨가 나쁘고, 못되고, 무서운 놈이야.
나의 콧방귀로 모두의 간담을 서늘하게 하고,
그리고 폭력적인 면에 있어서 내 손은 그리 깨끗하진 않지.
하지만 나의 사악한 모습,
성깔과 갈고리에도 불구하고
난 늘 콘서트 피아니스트가 되기를 갈망해 왔다네.

바로 이 장면!*

He sits down at a small piano and starts to play.

HOOKHAND THUG   CAN'T CHA SEE ME ON THE STAGE PERFORMIN' MOZART? **TICKLING THE IVORIES** 'TIL THEY GLEAM?

His hook sends the ivories off the piano. They rain down on Rapunzel's head.

그가 작은 피아노 앞에 앉아 연주를 시작한다.

갈고리 손 건달 내가 무대에서 모차르트를 연주하는 걸 상상할 수 없을까? 피아노 건반을 가지고 놀며 그것을 빛나게 만드는 모습을?

그의 갈고리가 피아노 건반을 다 떨어져 나가게 한다. 건반들이 라푼젤의 머리 위로 비 오듯 쏟아진다.

---

axe 도끼

intimidate 겁을 주다, 위협하다

minstrel (중세의) 음악가, 음유 시인

pillar 기둥, 기념비/물

beat 박자, 리듬, 운율

concertina 콘서티나 (작은 아코디언같이 생긴 악기)

malicious 악의적인

sneer 비웃다, 조롱하다

curdle (우유를 액체와 고체로) 분리하다, (극도의 공포로) 얼어붙게 만들다

dairy 낙농장, 유제품의

violence-wise 폭력 면에서는

despite ~에도 불구하고

evil look 흉측/사악하게 생긴 모습

temper 성질, 성미

yearn 갈망하다, 동경하다

concert pianist 피아노 협주자

tickle the ivories 〈관용적〉 피아노를 치다

61

HOOKHAND THUG	YEP, I'D RATHER BE CALLED DEADLY FOR MY **KILLER SHOW-TUNE** MEDLEY, THANK YOU! 'CAUSE WAY **DOWN DEEP INSIDE**❶ I'VE GOT A DREAM.	갈고리 손 건달 그래, 난 끝내주는 뮤지컬 메들리의 치명적인 연주자로 불리길 원해. 고마워! 왜냐하면 마음속 깊은 곳에 나에겐 꿈이 있으니까.
THUGS	HE'S GOT A DREAM! HE'S GOT A DREAM!	건달들 그에겐 꿈이 있다네! 그에겐 꿈이 있다네!
HOOKHAND THUG	SEE, I AIN'T AS CRUEL AND **VICIOUS** AS I SEEM! THOUGH I DO LIKE BREAKING **FEMURS**, YOU CAN COUNT ME WITH THE DREAMERS, LIKE EVERYBODY ELSE, I'VE GOT A DREAM!	갈고리 손 건달 그것 봐, 난 보기보다 잔인하고 사악하지는 않다고! 난 넓적다리를 부러뜨리는 걸 좋아하긴 하지만, 날 꿈꾸는 자들 가운데 포함시켜도 돼, 다른 모든 사람들처럼, 내게도 꿈이 있다고!

	Mother Gothel arrives outside the pub. She looks in the window, taking in the scene.	고텔이 술집 앞에 도착한다. 그녀가 창문 안을 들여다보며 돌아가는 상황을 주시한다.
UGLY MAN	I'VE GOT SCARS AND LUMPS AND **BRUISES**, PLUS SOMETHING HERE THAT **OOZES**, AND LET'S NOT EVEN MENTION MY **COMPLEXION**. BUT DESPITE MY EXTRA TOES, AND MY **GOITER**, AND MY NOSE, I REALLY WANT TO MAKE A LOVE CONNECTION.	추남 난 흉터도 많고 혹도 있고 상처도 많네, 게다가 여기에서는 진물도 흐르지, 뭐 피부 얘기는 꺼내지도 말자고. 하지만 내 발가락이 몇 개 더 있는 것과, 갑상선종과 코에도 불구하고, 난 연애를 하고 싶다네.
	He hands Rapunzel a flower.	그가 라푼젤에게 꽃을 건넨다.
UGLY MAN	CAN'T YOU SEE ME WITH A SPECIAL LITTLE LADY, ROWIN' IN A ROWBOAT DOWN THE STREAM?	추남 내가 나의 특별한 연인과 함께 있는 모습을 상상할 수 없나요. 작은 배를 타고 노를 저으며 강물 위에서 노니는 모습을?

---

killer + (형용사) + 명사 (매우 힘들거나 뛰어나서) 죽여주는 것

show-tune 유명한 뮤지컬 노래 중 인기 있는 곡

vicious 포악한, 잔인한

femur 대퇴골, 넓적다리뼈

bruise 멍, 타박상

ooze 분비물

complexion 안색, 피부의 상태

goiter 갑상선종

> ❶ **down deep inside**
> 마음속 깊은 곳에서
> 이 표현은 '진심으로, 내 마음속 깊은 곳에서'라는 의미로 여러 형식으로 표현이 가능합니다. down deep의 순서를 바꿔서 deep down inside라고 하거나, inside를 빼고 deep down, 혹은 deep down in my heart 라고도 많이 쓰지요.

He uses a drunk thug as his 'lady'.

그가 술 취한 건달을 그의 '애인' 삼아 연기한다.

UGLY MAN   THOUGH I'M ONE **DISGUSTING BLIGHTER**,
I'M A LOVER, NOT A FIGHTER-
'CAUSE WAY DOWN DEEP INSIDE,
I'VE GOT A DREAM.

추남 비록 내가 비호감이긴 하지만,
난 사랑꾼이지 싸움꾼이 아니라네.
왜냐하면 마음속 깊은 곳에,
난 꿈을 간직하고 있으니까.

The drunk thug, now dressed like cupid, is pulled up by a rope and swings over the heads of the thugs.

큐피드 복장의 술 취한 건달이 로프에 매달려 건달들 머리 위에서 그네를 타듯 돌고 있다.

UGLY MAN   I'VE GOT A DREAM!

추남 내겐 꿈이 있다네!

THUGS   HE'S GOT A DREAM!

건달들 그에겐 꿈이 있지!

UGLY MAN   I'VE GOT A DREAM!

추남 내겐 꿈이 있다네!

THUGS   HE'S GOT A DREAM!

건달들 그에겐 꿈이 있지!

UGLY MAN   AND I KNOW ONE DAY ROMANCE WILL **REIGN SUPREME**!
THOUGH MY FACE **LEAVES PEOPLE SCREAMING**,
THERE'S A CHILD BEHIND IT, DREAMING-
LIKE EVERYBODY ELSE, I'VE GOT A DREAM

추남 그리고 난 알지 언젠가 사랑이 대세가 될 거라는 것을!
비록 내 얼굴이 사람들로 하여금 비명을 지르게 하지만,
내 속엔 어린아이가 숨어 있다네. 꿈을 꾸며-
다른 모든 이들처럼, 내게도 꿈이 있다네.

Through the following **verse**, each Thug demonstrates their special **talent**.

이후에 나오는 후렴구에 맞추어 각각의 건달들이 자신만의 특별한 재능을 보여준다.

ASSORTED THUGS   (SOLO) THOR WOULD LIKE TO QUIT AND BE A **FLORIST**.
GUNTER DOES **INTERIOR DESIGN**.
ULF IS INTO **MIME**,
ATTILA'S CUPCAKES ARE **SUBLIME**.
BRUISER KNITS KILLER **SEWS**,
FANG DOES LITTLE **PUPPET SHOWS**,

여러 명의 건달들 (솔로) 토르는 지금 하는 일을 그만두고 플로리스트가 되고 싶어 하지.
건터는 실내 장식을 해.
울프는 마임에 빠져 있지.
아틸라의 컵케이크는 숭고할 정도야.
브루저는 뜨개질을 킬러는 바느질을 하고,
팽은 작은 인형극을 하네.

HOOKHAND THUG   AND VLADIMIR COLLECTS **CERAMIC** UNICORNS!

갈고리 손 건달 그리고 블라디미르는 세라믹 유니콘을 수집한다네!

---

disgusting 역겨운, 구역질 나는

blighter 〈비격식〉 〈못마땅함〉 녀석

reign (국왕이) 다스리다/통치하다

supreme (계급, 위치에서) 최고의

leave someone + 동명사 ~를 ~한 상태로 내버려 두다

verse (시의) 연, (노래의) 절

talent 재능, 장기

assorted 여러 가지의, 모둠의

solo 단독의, 솔로

florist 꽃집 주인, 플로리스트

interior design 인테리어 디자인, 실내장식

mime 무언극/마임을 하다

sublime (감탄할 만큼) 절묘한, 황당한

sew 바느질하다

puppet show 인형극

ceramic 도자기 공예

HOOKHAND THUG	(to Flynn) What about you?		갈고리 손 건달 (플린에게) 자네는 어떤가?

HOOKHAND THUG   (to Flynn) What about you?

갈고리 손 건달 (플린에게) 자네는 어떤가?

FLYNN   I'm sorry, me?

플린 뭐라고, 나 말이야?

BIG NOSE THUG   What's your dream?

큰 코 건달 그래 네 꿈은 뭐냐고?

FLYNN   No, no, no. Sorry, Boys: I don't sing.

플린 아니, 아니, 아니. 미안하지만, 친구들: 난 노래는 안 해.

They all **pull out their swords in a threatening manner**.

그들이 모두 위협하는 자세로 칼을 뽑아 든다.

FLYNN   I HAVE DREAMS LIKE YOU, NO REALLY.
JUST MUCH LESS **TOUCHY-FEELY**.
THEY MAINLY HAPPEN SOMEWHERE WARM
AND SUNNY.
ON AN ISLAND THAT I OWN,
TANNED AND **RESTED** AND ALONE
SURROUNDED BY ENORMOUS PILES OF
MONEY.

플린 나도 너희처럼 꿈이 있지, 별거 아냐. 그렇게 막 너희들처럼 감동적이고 그런 건 아냐. 따뜻하고 햇살이 눈부시게 내리쬐는 그런 곳에서 내가 소유하고 있는 섬에서 말이지, 선탠하고 쉬면서 혼자 유유자적하고 엄청나게 많이 쌓인 돈에 둘러싸이는 거야.

The Thugs roar their **approval** and **toss him in the air**.
Rapunzel, **swept up in the moment,** ❶ jumps up onto the bar.

건달들이 신나서 환호하며 그를 헹가래 친다. 라푼젤이 분위기에 동화돼서 바 위로 뛰어 올라간다.

RAPUNZEL   I'VE GOT A DREAM!

라푼젤 제겐 꿈이 있어요!

THUGS   SHE'S GOT A DREAM!

건달들 그녀에겐 꿈이 있지!

RAPUNZEL   I'VE GOT A DREAM!

라푼젤 제겐 꿈이 있어요!

THUGS   SHE'S GOT A DREAM!

건달들 그녀에겐 꿈이 있지!

RAPUNZEL   I JUST WANT TO SEE THE FLOATING
LANTERNS GLEAM!

라푼젤 전 그저 하늘 위로 떠다니는 등불들이 반짝이는 모습을 보고 싶을 뿐이에요!

Mother Gothel watches from the window.

고텔이 창문으로 지켜보고 있다.

THUGS   Woo-hoo!

건달들 우-후!

---

pull out one's sword 칼을 뽑다
in a threatening manner 위협하는 방식으로
touchy-feely 감정표현이 너무 숨김없는, 적나라한
tanned (피부가) 햇볕에 탄/그을린
rested 원기를 회복한, 피로가 풀린
approval 인정, 찬성, 승인
toss something/someone in the air ~을 공중에 던지다

❶ **swept up in the moment**
분위기에 취한
swept up in something은 '~에 휩싸이다/휘말리다'라는 의미로 쓰이는데, 위의 대사에서는 '이 순간의 분위기에 휩싸인/취한'이라는 뜻으로 쓰였어요. 다른 예로, The building was swept up in the fire. '그 건물은 화마에 휩싸였다' 이렇게 쓸 수도 있답니다.

RAPUNZEL	AND WITH **EVERY PASSING HOUR**, I'M SO GLAD I LEFT MY TOWER- LIKE ALL YOU LOVELY **FOLKS**, I'VE GOT A DREAM!	라푼젤 시간이 흐르면 흐를수록, 제가 탑을 떠나온 것이 다행인 것 같아요- 사랑스런 아저씨들 모두처럼, 제게도 꿈이 있어요!
THUGS	SHE'S GOT A DREAM!	건달들 그녀에겐 꿈이 있다네!
MORE THUGS	HE'S GOT A DREAM!	많은 건달들 그에겐 꿈이 있다네!
THUGS	THEY'VE GOT A DREAM!	건달들 그들에겐 꿈이 있다네!
MORE THUGS	WE'VE GOT A DREAM!	많은 건달들 우리에겐 꿈이 있다네!
ALL THUGS	SO OUR DIFF'RENCES AIN'T REALLY THAT **EXTREME**!	건달 모두 그러니 우리들은 서로 그렇게까지 다르지는 않아!
TWO THUGS/RAPUNZEL	(**barbershop**) WE'RE ONE BIG TEAM...!	건달 둘/라푼젤 (사중창) 우리는 하나의 큰 팀…!

Flynn gets tossed in the air, landing on top of Vlad's **horns**.

플린이 헹가래 치다가, 블라드의 뿔 위로 떨어진다.

KILLER	CALL US **BRUTAL**-	킬러 우리를 잔혹하다고 부르고-
ULF	SICK-	울프 역겹고-
HOOKHAND THUG	SADISTIC-	갈고리 손 건달 가학적이고-
UGLY MAN	AND **GROTESQUELY OPTIMISTIC**!	추남 그리고 말도 안 되게 낙관적이지!
ALL THUGS	'CAUSE WAY DOWN DEEP INSIDE WE'VE GOT A DREAM!	건달 모두 왜냐하면 마음속 깊은 곳에 우리는 꿈이 있기 때문이지!
HOOKHAND THUG	I'VE GOT A DREAM!	갈고리 손 건달 내겐 꿈이 있어!
UGLY MAN	I'VE GOT A DREAM!	추남 내겐 꿈이 있지!
THOR	I'VE GOT A DREAM!	토르 내겐 꿈이 있다네!

---

every passing hour 매 순간
folk(s) 〈비격식〉 (일반적인) 사람들
extreme 극도의, 지나친
barbershop (반주 없이 부르는) 남성 사중창, 이발소
horn 뿔, 뿔피리, 경적
brutal 잔혹한, 악랄한
sadistic 가학적인
grotesquely 터무니없이, 흉측하게

optimistic 낙관적인

FANG	I'VE GOT A DREAM!	송곳니 내겐 꿈이 있다네!
ATTILA	I'VE GOT A DREAM!	**아틸라** 내겐 꿈이 있어!
RAPUNZEL	I'VE GOT A DREAM!	라푼젤 제겐 꿈이 있어요!
MIME THUG	FLVV GRRT A DRRBBM!	마임 건달 내겐 꿈이 있어!
ALL	YES, WAY DOWN DEEP INSIDE, I'VE GOT A DREAM! (**smash tankards** together) Yeah!	**모두** 그래, 마음속 깊은 곳에, 꿈이 있다네! (맥주 잔을 부딪치며 건배한다) 예!

---

smash 박살 내다, (단단한 것에) 부딪히다
tankard (손잡이가 달린) 큰 맥주잔

INT. PUB – LATER – SEQUENCE 10
Guards **burst in**.

내부. 술집 – 나중에 – 장면 10
근위병들이 갑자기 들이닥친다.

GRENO   I've found the guards!

그레노   내가 근위병들을 찾아냈지!

바로 이장면!*

Flynn DUCKS behind the bar with Rapunzel.

플린이 라푼젤과 함께 바 뒤로 몸을 숨긴다.

CAPTAIN   Where's Rider!? Where is he? I know he's in here somewhere. Find him! **Turn the place upside down** if you have to.

대장   라이더 어디 있나? 여기 있는 거 다 알아. 그를 찾아라! 필요하다면 가게를 다 뒤집어엎어도 좋아.

The guards lead the STABBINGTON BROTHERS (who have been **captured** and **handcuffed**) into the bar. Flynn watches all this with a concerned face. THE HOOKHAND THUG bends behind bar. This is it. But then... He GRABS Flynn. He pulls a **lever** revealing a **passageway**.

근위병들이 스태빙턴 형제를 (체포되어 수갑을 차고 있는) 이끌고 술집으로 들어간다. 플린이 근심 어린 표정으로 상황을 지켜보고 있다. 갈고리 손 건달이 바 뒤로 몸을 젖힌다. 이제 끝이다. 하지만 그때… 그가 플린을 움켜잡는다. 그가 레버를 잡아당기자 통로가 나타난다.

HOOKHAND THUG   Go, **live your dream.**❶

갈고리 손 건달   어서 가, 네 꿈을 실현하거라.

FLYNN   I will.

플린   꼭 그렇게 할게.

HOOKHAND THUG   Your dream **stinks**. I was talking to her.

갈고리 손 건달   네 꿈은 형편없어. 난 그녀에게 말한 거야.

Rapunzel smiles. Flynn enters the **passage**.

라푼젤이 미소 짓는다. 플린이 통로로 들어선다.

RAPUNZEL   Thanks for everything.

라푼젤   이 모든 것에 감사해요.

Rapunzel follows Flynn into the tunnel.

라푼젤이 플린을 따라 터널로 들어간다.

BACK TO: INT. PUB – LATER
The Thugs talk to guards.

다시 돌아가서: 내부. 술집 – 나중에
건달들이 근위병들에게 말한다.

---

burst in 불쑥/와락 들어가다
turn something upside down (무엇을 찾느라고) ~을 다 뒤집어엎다
capture 포로로 잡다, 포획하다
handcuff 수갑을 채우다
lever (기계, 차량 조작용) 레버, 지렛대
passageway 복도, 연결통로
stink 냄새가 나다, 악취가 풍기다
passage 통로, 복도

❶ **Live your dream!**
네 꿈을 펼쳐라!
Live one's dream 혹은 live the dream은 관용표현으로 '꿈을 이루다/성취하다/펼치다'라는 뜻인데, 특히 자신이 하는 일에서 성공을 표현할 때 자주 쓰여요.

VLAD I believe this is the man you're looking for!	블라드 이놈이 당신들이 찾고 있는 놈인 것 같은데!
Vlad holds up the DRUNK THUG who **holds out his hands** to be handcuffed.	블라드가 수갑을 채우라고 자신의 손을 뻗고 있는 술 취한 건달을 들어 올린다.
DRUNK THUG You got me!	술 취한 건달 날 잡았군!
GUARD Sir! **There's no sign of**[1] Rider.	근위병 대장님! 라이더의 흔적이 보이질 않습니다.
THE HORSE bursts through the doors of the pub.	말이 갑자기 술집 문을 박차고 들어온다.
CAPTAIN Maximus?	대장 막시무스?
He starts sniffing around the bar, pushing Thugs out of his way as he does.	그가 술집 안을 돌아다니며 킁킁 냄새를 맡으며 건달들을 밀쳐낸다.
GUARD What's he doing?	근위병 그가 뭘 하는 거지?
The Captain **clamps** his hand over the guard's mouth. Behind the bar, Maximus **locates** the secret passageway.	대장이 근위병의 입을 손으로 막는다. 바 뒤에서 막시무스가 비밀통로를 발견한다.
CAPTAIN A passage! Come on men, let's go! Conli, make sure those boys don't get away.	대장 통로가 있었다! 얘들아, 가자! 콘리, 저놈들이 달아나지 못하게 잘 감시해.

A single guard is left with the Stabbington Brothers. They **knock him out.**	근위병 한 명이 스태빙턴 형제와 남게 된다. 그들은 병사를 넘어뜨린다.
STABBINGTON BROTHER **Play it safe** or go get the crown?	스태빙턴 형제 안전하게 그냥 있을까 아니면 가서 왕관을 뺏을까?
They look at each other, smile and head into the passage.	그들이 서로 눈빛 교환을 한 후 미소를 짓는다. 그리고 통로로 들어간다.
EXT. PUB – MOMENTS LATER Mother Gothel watches as the brothers head into the passage. The Drunk Thug EXITS.	**외부. 술집 – 잠시 후** 고텔이 스태빙턴 형제가 통로로 들어가는 모습을 본다. 술 취한 건달이 밖으로 나간다.

hold out one's hands 양손을 내밀다

clamp 꽉 잡다, 고정시키다

locate ~의 정확한 위치를 찾아내다, 두다

knock someone out ~을 나가떨어지게 하다, 의식을 잃게 하다

play (it) safe 신중을 기하다, 위험을 피하다

> ❶ **There's no sign of ~**
> ~의 흔적/징조/표시가 없다
> Sign은 '징후, 조짐, 흔적, 표시, 표지판' 등의 의미가 있는데, 이 문장에서는 '징후/흔적'이라는 의미로 쓰였고, 문장 전체의 의미는 '(눈에 보이는 그 어떤) 흔적/징후도 없다'라는 뜻이에요.

DRUNK THUG (SINGING) I GOT A DREAM, I GOT SOME DREAMS....

He notices Mother Gothel

DRUNK THUG Whoa! Somebody get me a glass cuz I just found me a **tall drink of water**.

Gothel rolls her eyes.

MOTHER GOTHEL   Oh, stop it, you **big lug**.

Gothel puts a knife to his **throat**.

MOTHER GOTHEL   **Where is that tunner let out?**❶

DRUNK THUG Knife.

술 취한 건달 (노래) 난 꿈이 있네, 난 꿈이 좀 있다고…

그는 고텔이 있다는 것을 알아챈다.

술 취한 건달 웬 누가 잔 좀 가져다줘, 왜냐하면 내가 물 흐르듯 잘빠진 여자를 발견했거든!

고텔이 눈을 굴린다.

고텔 오, 그만 해요, 덩치 씨.

고텔이 그의 목에 칼을 들이댄다.

고텔 저 터널이 어디로 뚫려있는 거지?

술 취한 건달 칼이다.

---

tall drink of water (속어) 키 큰 사람
big lug (속어) 덩치는 크지만 자상한 남자
throat 목구멍, 목

❶ **Where does that tunnel let out?**
이 터널의 출구가 어디니?'
Let out은 ~을 '내보내다/해방시키다/풀어
주다'라는 의미로도 쓰이고 영화, 회의, 수업
등이 '끝나다'라는 의미로 쓰이기도 해요. 이
문장에서는 '터널이 어디에서 끝나니?' 곧
'터널의 출구가 어디니?'라는 의미로 쓰였네요.

Disney
PRINCESS
Tangled

바로 이장면!*

INT. CAVERN - LATER – SEQUENCE 11.5
Flynn and Rapunzel walk.

내부, 동굴 – 나중에 – 장면 11.5
플린과 라푼젤이 걷는다.

FLYNN   Well, **I've got to say:❶ didn't know you had that in you back there.❷** That was **pretty impressive**.

플린   와, 놀라워요: 아까 저기서 했던 그 행동, 당신에게 그런 능력이 있는 줄 몰랐어요. 정말 대단했어요.

RAPUNZEL   I know! (then, **playing it cool**) I know. (beat) So Flynn...where are you from?

라푼젤   그러게요! (그리고는, 별일 아닌 듯이) 그러게요. (잠시 정적) 그래서 플린… 어디서 왔죠?

FLYNN   Whoa, whoa! Sorry, Blondie, I don't do **backstory**. However, I am becoming very interested in yours. Now, I-I know I'm not supposed to mention the hair–

플린   워, 워! 잠시만요. 금발 아가씨, 전 신변잡기 늘어놓는 것은 안 해요. 그렇지만, 당신의 인생에 대해서는 좀 궁금해지는군요. 자, 물론 당신 머리카락에 대해 얘기를 꺼내면 안 되는 건 압니다만–

RAPUNZEL   Nope.

라푼젤   안 돼요.

FLYNN   Or the mother–

플린   엄마 얘기도 안 되고–

RAPUNZEL   **Uh-uh.**

라푼젤   안되죠.

FLYNN   Frankly, I'm too scared to ask about the frog.

플린   솔직히 말해서, 개구리에 대해서 물어보는 것은 너무 두렵군요.

RAPUNZEL   Chameleon.

라푼젤   카멜레온이에요.

FLYNN   **Nuance**. Here's my question though: if you want to see the lanterns so **badly**... why haven't you gone before?

플린   그건 그냥 어감 차이인 거죠. 자 제가 정말 묻고 싶은 것은 바로 이거예요: 당신이 정말 등불을 그렇게까지 보고 싶다면… 왜 한 번도 보러 가본 적이 없는 거죠?

Rapunzel looks down.

라푼젤이 고개를 숙여 바닥을 본다.

---

cavern 동굴

pretty 매우, 꽤, 아주

impressive 인상적인, 감명 깊은

play (it) cool 침착 행동하다

backstory (영화, 소설 등의) 배경이 되는 이야기

uh-uh (부정적인 대답으로) 아니, 아냐

nuance 미묘한 차이, 뉘앙스

badly (희망 혹은 심각성 강조) 몹시/너무

❶ **I've got to say.** 난 이 말을 해야만 하겠네요. 내가 이런 말을 하지 않을 수 없을 정도로 뭔가가 '대단하다/놀랍다'라는 의미입니다.

❷ **I didn't know you had that in you.** 네가 그런 능력이 있는 줄 몰랐다.
Have it in you (to do something)은 구어체적 표현으로 '(~을 할) 능력이 있다'는 의미예요. 상대방의 비범한 행동, 용기에 대해서 놀라워하며 감탄할 때 쓰는 경우가 많습니다.

RAPUNZEL Uh, well...

A **RUMBLE** stops the conversation...

RAPUNZEL Uh...Flynn?

There's some more rumbling. A little shaking. The rumbling turns into **clomping**. It's the guards!

RAPUNZEL Flynn!

CAPTAIN Rider!

FLYNN Run! Run!

Rapunzel and Flynn **take off**. They find themselves on a ledge. The Stabbington Brothers **appear** below.

RAPUNZEL Who's that?

FLYNN They don't like me.

The guards **approach**.

RAPUNZEL Who's that?

FLYNN They don't like me, either.

Maximus appears.

RAPUNZEL Who's that?

FLYNN Let's just **assume** for the moment that everyone in here doesn't like me.

Rapunzel looks around her and **hands** Flynn her pan.

RAPUNZEL Here.

라푼젤 음, 그게…

우르릉 소리 때문에 대화가 멈추고…

라푼젤 어… 플린?

우르릉거리는 소리가 더 심해진다. 진동이 느껴짐. 우르릉 소리가 무거운 발걸음 쿵쾅거리는 소리로 바뀐다. 근위병들이다!

라푼젤 플린!

대장 라이더!

플린 뛰어요! 달아나요!

라푼젤과 플린이 달아난다. 그들이 절벽에서 튀어 나온 바위 위에 다다른다. 그 밑에 스태빙턴 형제가 나타난다.

라푼젤 저 사람들은 누구죠?

플린 쟤들은 날 싫어해요.

근위병들이 다가온다.

라푼젤 저들은 또 누구예요?

플린 저 사람들도 날 싫어하죠.

막시무스가 등장한다.

라푼젤 저건 또 누구?

플린 그냥 여기에 있는 모든 이들이 다 나를 좋아하지 않는다고 가정을 하도록 합시다.

라푼젤이 주위를 둘러본다. 그리고 플린에게 그녀의 프라이팬을 건네준다.

라푼젤 여기요

---

rumble (느리고 무겁게) 우르릉거리며 나아가다

clomp (발로) 쿵쾅거리다

take off 떠나다

appear 나타나다

approach 다가오다

assume (사실일 것으로) 추정하다

hand 건네주다

She uses her hair to swing away and Flynn turns to find The Captain of the guard approaching.

CAPTAIN   I've waited a long time for this.

The Captain swipes his sword at Flynn. Flynn ducks and uses the frying pan to **parry** and knocking the Captain out **in the process**. He **fends off** two other guards, then stops to **reflect on** the achievement.

FLYNN   Oh mama, **I have got to get me one of these!**❶

Maximus appears, ready to fight with a sword in his mouth. Flynn approaches him '**en guarde.**'

FLYNN   Ha!

They **spar** – Flynn again using the frying pan as his weapon.

FLYNN   You should know, that this is the strangest thing I've ever done.

Maximus knocks the frying pan out of his hands and over the ledge. He's **in complete control**.

FLYNN   How 'bout two out of three?

Maximus puts his sword to Flynn's throat.

RAPUNZEL   Flynn!

Rapunzel tosses her hair to Flynn.

RAPUNZEL   Flynn! Look out!

He grabs the end of her hair as she **yanks him off** the ledge. Flynn is flying through the air, over the outraged Stabbington Brothers.

그녀가 그녀의 머리카락을 이용해서 매달려 그네 뛰기 하듯 달아나려 하는데 플린이 뒤돌아서 근위병 대장이 다가오는 것을 발견한다.

대장 이 순간을 오래도록 기다려 왔군.

대장이 플린에게 그의 칼을 휘두른다. 플린이 몸을 숙여 피하면서 프라이팬으로 그 칼을 막는 와중에 대장이 나가떨어진다. 그가 다른 두 근위병의 공격을 막아낸 후 뿌듯해한다.

플린 오 엄마, 나 이거 하나 장만해야겠어요!❶

막시무스가 등장해서 그의 입에 문 칼로 싸우려고 한다. 플린이 '방어 자세'를 취하며 그에게로 다가간다.

플린 해!

그들이 치고받고 싸운다 – 플린이 다시 한번 프라이팬을 무기로 사용한다.

플린 있잖아요, 정말 살면서 이런 이상한 짓은 해본 적이 없네요.

막시무스가 그의 손에서 프라이팬을 내동댕이쳐서 바위 위로 날아가게 한다. 그가 상황을 완전히 장악했다.

플린 우리 삼세판으로 하는 게 어떨까?

막시무스가 플린의 목에 칼을 들이댄다.

라푼젤 플린!

라푼젤이 플린에게 그녀의 머리카락을 던진다.

라푼젤 플린! 조심해요!

그녀가 바위에서 머리카락을 홱 잡아당기고 플린이 그녀의 머리 끝자락을 잡는다. 플린은 격분한 스태빙턴 형제 위의 공중으로 날아간다.

---

parry (공격하는 무기를) 쳐내다/막다
in the process (of doing something) ~하는 중에
fend off ~의 공격을 막다
reflect on ~을 반성하다
en guarde (프랑스어) 방어 자세!
spar (권투에서) 스파링하다, 옥신각신하다
in complete control 완전히 장악한
yank something off ~을 세게 휙 잡아당기다

❶ **I have to got to get me one of these!** 나도 이런 거 하나 꼭 장만해야겠어!
I have to got to는 그냥 짧게 I have to라고만 해도 되는데 '꼭 해야만 하겠다'는 느낌을 최대한 강조하려고 문법을 무시하고 쓴 표현이라고 보면 되겠어요. Get me one of these에서 get me는 get myself와 같고 one of these '이런 물건/것 하나'로 해석하면 되겠네요.

FLYNN   Ha! You should see your faces because you look...

He slams into the **aqueduct**.

FLYNN   (**in pain**) ...**ridiculous**.

Maximus **kicks over** a wooden **dam support** and uses it to **make its way across** the **ravine**. On the aqueduct, Flynn holds Rapunzel's hair.

FLYNN   Come on, Blondie. Jump!

She does. Pascal **holds on for dear life** as they swing down to the floor of the ravine. Rapunzel lands right in front of the Stabbingtons.

Flynn slides down the aqueduct **to her rescue**, carrying her hair as they run for the exit, the brother **right on their tail**.

Just then the dam, **weakened from** the loss of one of its supports, bursts, sending water **cascading** into the cavern. The guards, Stabbingtons and even the horse are **washed away**. Rapunzel and Flynn manage to **outrun** the wall of water and escape into a smaller cavern just as a large stone pillar falls in front of the opening, **trapping them in**.

플린 해 너희가 너네 얼굴 꼴을 좀 봤으면 좋겠다. 왜냐하면 너희 모습이…

그가 수로로 쾅 하고 떨어진다.

플린 (고통스러워하며) …우습게 됐군.

막시무스가 목재 댐 지지대를 박차고 그것을 이용해 협곡을 건너간다. 수로 위에서 플린은 라푼젤의 머리카락을 잡고 있다.

플린 어서요, 금발 아가씨. 뛰어요!

그녀가 뛴다. 그들이 협곡 바닥으로 그네를 뛰듯이 내려갈 때 파스칼이 필사적으로 매달린다. 라푼젤이 스태빙턴 형제 바로 앞에 착지한다.

플린이 그녀를 구하려고 수로 밑으로 미끄러져 내려가고, 그녀의 머리카락을 들고 그들이 출구를 향해 도망치는데, 스태빙턴 형제가 바로 뒤에서 그들을 추격한다.

바로 그때, 받침대가 없어져서 기반이 약해진 댐이 폭발하고, 그 안에 있던 물이 동굴 속으로 폭포처럼 쏟아진다. 근위병들, 스태빙턴 형제와 심지어는 말까지도 물속에 쓸려 내려간다. 라푼젤과 플린은 간신히 폭포수 같은 물보다 빨리 뛰어서 작은 동굴로 탈출에 성공하는데 바로 그때 거대한 돌기둥이 입구 쪽으로 떨어지면서, 그들은 갇힌다.

---

aqueduct 송수로, 수도관

in pain 아픈, 고통으로 괴로워하는

ridiculous 웃기는, 터무니없는

kick something over ~을 차서 넘어뜨리다

dam support 둑/댐 버팀대

make one's way across ~로 건너가다/진출하다

ravine (좁고 험한) 산골짜기, 협곡

hold on for dear life 필사적으로 (죽을 힘을 다해) 매달리다

to one's rescue ~을 구하기 위해

(right) on one's tail 뒤에 바짝 붙어 있는

weakened from ~로 약해진/쇠약해진

cascade 작은 폭포

wash away ~을 유실되게 하다

outrun ~보다 더 빨리/멀리 달리다

trap someone in ~을 가두다, 덫에 빠지게 하다

Eugene Fitzherbert

유진 피츠허버트

🎧 14.mp3

INT. CAVERNS – CONTINUOUS – SEQUENCE 12
Unfortunately, the pillar that trapped them in does nothing to help
keep the water out and it slowly rises up on Flynn and Rapunzel in
the dark cavern. Flynn searches for an exit. He dives down into the
dark water, comes up. Dives again. He **cuts his hand** pushing on the
rocks.

내부. 동굴 – 계속 – 장면 12
불행하게도, 그들을 안에 갇히게 만들었던 기둥이
물의 침범을 막는 것에는 전혀 도움이 되지 못하
고 어두운 동굴 안에 물이 점점 차오르고 있다. 플
린이 출구를 찾으려고 애쓴다. 그가 어두운 물속으
로 다이빙을 했다가 다시 올라온다. 다시 잠수한
다. 그가 벽을 밀치다가 손을 베인다.

바로 이 장면!*

<u>FLYNN</u>	**It's no use,**[1] I can't see anything.	플린 소용없어요. 아무것도 안 보이네요.

Rapunzel looks determined. She takes a deep breath, about to **go under**.

라푼젤이 결심을 한 듯 보인다. 그녀가 심호흡을
하고, 잠수하려고 한다.

<u>FLYNN</u>	Hey, there's no point. It's **pitch black** down there.

플린 이봐요, 소용없다니까요. 그 밑은 암흑이라
고요.

The **finality** of it **registers**. Her eyes fill with tears as hope leaves her.

이젠 더 이상 방법이 없다는 것을 깨닫는다. 희망
이 사라지면서 그녀의 눈에 눈물이 고인다.

<u>RAPUNZEL</u>	This is all my fault. She was right... I never should have done this... I'm so...I'm so sorry, Flynn.

라푼젤 다 내 잘못이에요. 그녀의 말이 옳았어
요… 애초에 이런 짓을 하면 안 되는 거였다고
요… 정말… 정말 미안해요, 플린.

He **softens**, **confesses**.

그가 나지막이, 고백한다.

<u>FLYNN</u>	Eugene.

플린 유진.

<u>RAPUNZEL</u>	What?

라푼젤 뭐라고요?

---

keep someone(thing) out ~을 들어오지 못하게 통제하다
cut one's hand 손을 베다
go under 가라앉다, 파산하다
pitch black 칠흑같이 어두운
finality 변경 불가능한 최후, 최종
register 등록/기재하다, 기록하다
soften 부드럽게 하다
confess 자백하다, 고백하다

❶ It's no use.
소용없어요.
어려운 상황을 맞아 '(아무리 그렇게 해봐야)
소용이 없다, 아무 의미도 없다'는 의미로
쓰이는 표현이에요. 몇 줄 뒤에 나오는 There's
no point.도 같은 의미의 표현이고요.
같은 상황에서 It's useless. 또는 It's
pointless.라고도 많이 쓰지요.

FLYNN	My real name is Eugene Fitzherbert. Someone **might as well** know.	플린	내 진짜 이름은 유진 피츠허버트예요. 누구라도 알아두면 좋을 것 같아서요.

She smiles, **sadly**.

그녀가 슬픈 미소를 짓는다.

RAPUNZEL	I have magic hair that glows when I sing.	라푼젤	내겐 내가 노래를 하면 빛이 나는 마법의 머리카락이 있어요.
FLYNN	(confused) What?	플린	(혼란스러워하며) 뭐라고요?
RAPUNZEL	(lightbulb) I have magic hair that glows when I sing! (singing) FLOWER GLEAM AND GLOW. LET YOUR POWER SHINE...	라푼젤	(번뜩이는 생각) 네겐 내가 노래하면 빛나는 마법의 머리카락이 있어요! (노래) 꽃이여 반짝이며 빛나라, 너의 능력이 빛나게...

She starts singing and dives down! She get out two notes before her mouth goes under (the rest of the song gets **MUFFLED/UNDERWATER**).
HER HAIR GLOWS! It lights up the water, the cavern, absolutely beautiful.
At first Flynn's EYES **BUG OUT**, but then he starts pointing! The glow of her hair has revealed a small escape HOLE in the cavern. Flynn pulls her to it and they... ESCAPE!
Flynn and Rapunzel land on **shore**. (Note: they have two separate conversations here, not listening to the other. Might be able to have them both talking to Pascal in between them (exhausted on the ground).

그녀가 노래를 시작하며 물속으로 뛰어든다! 그녀가 두 음을 내자마자 그녀의 입이 물속으로 들어간다 (나머지 노랫소리는 먹힌다/물속에서).
그녀의 머리카락이 빛난다! 물과 동굴을 너무나도 아름답게 빛나게 한다.
처음에는 플린이 놀라서 눈이 튀어나올 듯이 커졌다가 손가락으로 가리키기 시작한다! 그녀의 머리카락의 빛으로 인해 동굴에서 탈출할 수 있는 구멍이 보인다. 플린이 그녀를 그쪽으로 잡아당기고 그들이... 탈출한다!
플린과 라푼젤이 육지로 나왔다. (주: 그들은 서로의 말을 듣지 않고 혼자서 마구 이야기를 한다. 이 둘 다 그들 사이에 있는 파스칼에게 서로 이야기하는 것일 수도 있다 (땅 위에서 기진맥진한 상태).

RAPUNZEL	We made it.	라푼젤	우리가 해냈어요.
FLYNN	Her hair glows.	플린	그녀의 머리카락이 빛난다.
RAPUNZEL	We're alive. I'm alive.	라푼젤	우린 살았어요. 내가 살았어요.
FLYNN	**I didn't see that coming.**❶	플린	그건 정말 예상 못 했네요.
RAPUNZEL	Eugene...	라푼젤	유진...

---

might as well + 동사 (오히려) ~하는 편이 낫다

sadly 애석하게도, 불행히

lightbulb 백열전구

muffle (소리를) 죽이다/약하게 하다

underwater 물속의, 수중의

at first 처음에는

bug out 도망치다, 내빼다

shore (바다, 호수 따위) 기슭, 해안/해변

❶ **I didn't see that coming.**
전혀 예상하지 못했네.
전혀 예상하지 못했던 일이 벌어졌을 때 쓰는 표현이에요. 항상 그런 것은 아니지만 주로 부정문으로 많이 쓰인답니다. 예를 들어, I got fired. I never saw it coming. '나 해고당했어, 전혀 예상하지 못했는데 말이야' 이렇게요.

FLYNN The hair **actually** glows.

플린 머리카락에서 정말 빛이 나는군요.

RAPUNZEL Eugene?

라푼젤 유진?

FLYNN Why does her hair glow?!?

플린 그녀의 머리카락에서 왜 빛이 나는 거지?!?

RAPUNZEL Eugene!

라푼젤 유진!

FLYNN What!?

플린 뭐요!?

He turns, **GROANS** as he pushes himself up on his **INJURED** HAND. She looks at his hand, smiles.

그가 뒤돌며 다친 손을 짚고 일어서다가 아파서 신음을 낸다. 그녀가 그의 손을 보고 미소 짓는다.

RAPUNZEL It doesn't just glow.

라푼젤 빛나기만 하는 게 아니에요.

Pascal smiles at Flynn.

파스칼이 플린에게 미소 짓는다.

FLYNN Why's he smiling at me?

플린 얘가 왜 나를 보고 웃죠?

---

actually 정말로, 진심으로
groan 신음을 내다
injured 상처를 입은, 다친

Revenge on Flynn Rider

플린 라이더를 향한 복수

🎧 15.mp3

CUT TO:
EXT. TUNNEL EXIT – MEANWHILE – SEQUENCE 12.5
Mother Gothel is watching the TUNNEL EXIT, **DAGGER** in hand.
The DOOR opens.
She moves forward, ready to **strike**, only to discover...
The Stabbington Brothers!
She **freezes**.

장면 전환:
외부. 터널 출구 – 한편 – 장면 12.5
고텔이 단검을 들고 터널 출구를 주시하고 있다.
문이 열린다.
그녀가 앞으로 다가서며 공격할 태세를 갖추는데,
그곳에서 나오는 건 바로… 스태빙턴 형제!
그녀가 얼어붙는다.

바로 이장면!*

STABBINGTON BROTHER   I'll kill him. I'll kill that Rider.
We'll **cut him off** at the kingdom and get
back the crown. Come on!

스태빙턴 형제 그를 죽일 거야. 라이더 녀석을 죽
일 거라고. 왕궁에서 그를 처단하고 왕관을 다시
빼앗는 거야. 자 어서!

Gothel's voice stops him.

고텔의 목소리가 그를 멈추게 한다.

MOTHER GOTHEL Or perhaps you want to stop acting like
wild dogs chasing their tails and think
for a moment?

고텔 그것보다는 어쩌면 너희들이 자기 꼬리를
잡으려고 빙빙 도는 미친개들처럼 행동하기를 멈
추고 생각이라는 걸 좀 하는 게 낫지 않을까?

She steps out from behind a tree, **dangling** the satchel in front of
them.

그녀가 나무 뒤에서 나타나서 그들 앞에서 가방을
흔들고 있다.

They **draw their swords on her**.

그들이 그녀를 향해 칼을 뽑아 든다.

MOTHER GOTHEL Oh, please. There's no need for that.

고텔 오, 제발. 그럴 필요 없어.

She tosses them the satchel. They look inside: the crown. They
smile.

그녀가 그들에게 가방을 던진다. 그들이 가방 안을
본다: 왕관이다. 그들이 미소 짓는다.

---

dagger 단도
strike 공격하다
freeze 얼다, 꼼짝 않다
cut someone/something off ~에서 ~을 잘라내다, ~을 차단하다
dangle 매달리다, 달랑거리다
draw one's sword on someone 칼을 뽑아 적에게 겨누다

MOTHER GOTHEL Well, if that's all you desire, then **be on your way.** I was going to offer you something **worth** one thousand crowns, would have made you rich **beyond belief** and that wasn't even the best part, oh, well, **c'est la vie.** Enjoy your crown.

고텔 뭐 너희들이 원하는 게 그게 전부라면 맘대로 해. 난 너희들에게 왕관 천 개 정도의 가치가 있는 것을 제안하려고 했는데, 상상할 수 없을 정도로 부자가 될만한 것을 말이야. 게다가 그것보다 훨씬 더 좋은 것도 있었는데. 오, 뭐, 인생이 다 그런 거지. 왕관이나 가지고 잘살아 보라고.

They hesitate.

그들이 망설인다.

STABBINGTON BROTHER What's the best part?

스태빙턴 형제 훨씬 더 좋다는 게 뭔데?

MOTHER GOTHEL **It comes with**[1] **revenge on** Flynn Rider.

고텔 플린 라이더에게 복수까지 같이하는 거지.

고텔이 현상 수배 포스터를 들어 올린다. 그들이 서로를 쳐다보며 미소 짓는다.

Gothel holds up the wanted poster. They turn to each other and smile.

---

be on your way 가던 길 계속 가라

worth ~의 가치가 있는

beyond belief 믿을 수 없을 정도로

c'est la vie 그것이 인생이다. 인생이란 게 그런 거다

revenge on + **명사** ~에게 하는 복수

❶ It comes with ~
~이 딸려있다
식당이나 상점에 갔을 때 '~을 사면/주문하면 ~이 같이 나온다 (딸려 나온다)'라는 의미로 쓰는 표현이에요. 예를 들어, The dinner comes with a salad bar. '식사 주문하시면 샐러드 바는 같이 딸려옵니다 (무료로 이용 가능합니다)' 이렇게 쓰여요.

Tangled

BACK TO:

EXT. RIVERBANK – MEANWHILE – SEQUENCE 14
Flynn and Rapunzel sit in front of a **CAMPFIRE, face to face.** Flynn holds her hair. Rapunzel **wraps** her hair around Flynn's hand. Flynn is **clearly nervous.**

FLYNN   So, you're being strangely **cryptic** as you wrap your magic hair around my injured hand. Ouch!

RAPUNZEL   Sorry. Just don't...**don't freak out.**❶

She takes a deep breath.

RAPUNZEL   (SINGING)
FLOWER, GLEAM AND GLOW.
LET YOUR POWER SHINE.
MAKE THE CLOCK REVERSE,
BRING BACK WHAT ONCE WAS MINE.
HEAL WHAT HAS BEEN HURT.
CHANGE THE FATES' DESIGN.
SAVE WHAT HAS BEEN LOST.
BRING BACK WHAT ONCE WAS MINE.
WHAT ONCE WAS MINE

Her hair GLOWS! Like that, his hand stops bleeding! He looks at it – completely healed!

FLYNN   Oooo. Ah.... (about to scream)

다시 돌아가서:

외부. 강둑 – 한편 – 장면 14
플린과 라푼젤이 모닥불 앞에서 서로 얼굴을 마주보며 앉아 있다. 플린은 그녀의 머리카락을 손에 얹어놓는다. 라푼젤이 그녀의 머리로 플린의 손을 감싼다. 플린은 긴장한 모습이 역력하다.

플린   음 그러니까, 당신은 지금 내 다친 손을 당신의 마법의 머리카락으로 감싸면서 아주 요상하고 아리송하게 행동하고 있군요. 아야!

라푼젤   미안해요. 그냥 좀… 너무 놀라지 마세요.

그녀가 깊게 숨을 들이쉰다.

라푼젤   (노래)
꽃이여 반짝이며 빛나라.
너의 능력이 빛을 발해.
시간을 거꾸로 되돌리게 해라.
한때 내 것이었던 것을 다시 돌려주거라.
상처 입은 것을 고쳐라.
운명의 계획을 바꿔라.
잃은 것을 구하라.
한때 내 것이었던 것을 다시 돌려주거라.
한때 내 것이었던 것을

그녀의 머리카락에서 빛이 난다! 바로 그 순간, 그의 손에서 나던 피가 멈춘다! 그는 그것을 바라본다 – 상처가 완전히 나았다!

플린   오오. 아…. (비명을 지르려는 찰나)

---

riverbank 강둑, 강기슭
campfire 모닥불, 캠프파이어
face to face 서로 얼굴을 맞대고
wrap 싸다, 둘러싸다
clearly 뚜렷하게, 분명히
nervous 불안해/초조해하는
cryptic 수수께끼 같은, 아리송한
heal 치유하다, 낫게 하다

❶ **Don't freak out.**
놀라지 말아요.
freak은 명사로는 '괴짜, 괴물, ~광'이라는 뜻이고, 동사로는 엄청나게 놀라거나, 기겁하다, 흥분, 화가 난다는 뜻이 있습니다. 꼭 부정적인 상황에서만 쓰이지는 않으니 맥락과 상황에 따라 의미 판단을 하세요.

바로 이장면!*

RAPUNZEL Please don't freak out.

라푼젤 제발 놀라지 말아요.

FLYNN Ahhh.....I'm not freaking out, are you freaking out? No, I'm just very interested in your hair and the magical qualities that it possesses. How long has it been doing that, exactly?

플린 아… 전 놀란 게 아니고, 당신은 놀랐나요? 아니에요. 전 그저 당신의 머리카락과 그게 머금고 있는 마법적인 특성에 지극한 관심이 있는 것뿐이에요. 그런데 정확히 언제부터 그 머리카락에 그런 능력이 생긴 거죠?

RAPUNZEL Uh...forever, I guess? Mother says when I was a baby people tried to cut it. They wanted to take it for themselves.

라푼젤 음…태어날 때부터, 아마도? 어머니가 그러는데 제가 아기였을 때 사람들이 제 머리카락을 자르려고 했었대요. 그들이 이걸 가지고 싶어 했다고 하더라고요.

Rapunzel pulls back her hair to reveal the dark **strand**.

라푼젤이 자기 머리카락의 어두운 가닥을 보여 주려고 잡아당긴다.

RAPUNZEL But once it's cut, it turns brown and loses its power. A gift like that, it has to be protected. That's why Mother never let me... that's why I never left and...

라푼젤 하지만 이 머리카락을 일단 자르고 나면, 갈색으로 변하고 그 능력을 잃게 돼요. 선물 같은 거라, 이것은 보호되어야만 하죠. 그래서 엄마가 저를 한 번도… 그래서 전 한 번도 떠날 수 없었고…

She **trails off**. Suddenly, Flynn realizes:

그녀의 목소리가 잦아들고, 플린은 알게 된다:

FLYNN You never left that tower.

플린 당신은 그 탑에서 한 번도 나와본 적이 없군요.

She looks up, **vulnerable**.

그녀가 연약한 표정으로 위로 올려다본다.

FLYNN And you're still gonna go back?

플린 그런데도 거기로 돌아가려고요?

RAPUNZEL (sheepish) No. Yes. **It's complicated.**❶

라푼젤 (자신 없는 목소리로) 아니요. 네. 그게 좀 복잡해요.

She pauses. **Takes a moment** to collect her thoughts.

그녀가 멈춘다. 잠시 생각을 정리하고.

RAPUNZEL So, Euguene Fitzherbert, huh?

라푼젤 그러니까, 이름이 유진 피츠허버트라고요, 네?

Flynn **looks away**, **embarrassed**.

플린이 민망한 듯, 고개를 돌린다.

---

strand (실, 전선, 머리카락 등의) 가닥/올/줄
trail off (말소리가) 차츰 잦아들다
vulnerable 상처 입기 쉬운, 취약한, 연약한
sheepish (어리석기) 당황한/멋쩍어하는
take a moment (생각하기 위해) 잠시 시간을 가지다
look away 눈길/얼굴을 돌리다
embarrass 당황스럽게/어색하게 만들다

❶ **It's complicated.**
그게 좀 복잡해.
상대방에게 어떤 상황에 대해 설명을 하려고 하는데 너무 복잡해서 쉽게 설명이 안 될 것 같을 때 쓰는 표현이에요.

| FLYNN | Uh, yeah, well, I'll spare you the **sob story** of poor **orphan** Eugene Fitzherbert. It's a little bit of... it's a little bit of a **downer**. | 플린 어, 네, 그러니까, 내가 눈물 없이는 들을 수 없는 가엾은 고아 유진 피츠허버트에 대한 이야기는 생략할게요. 이게 좀… 좀 우울한 이야기예요. |

He smiles.

그가 미소 짓는다.

| FLYNN | There was this book. A book I used to read every night to all the younger kids – "The Tales of Flynnigan Rider": **swashbuckling rogue**, richest man alive, not bad with the ladies either, not that he'd ever **brag** about it, of course. | 플린 어떤 책이 한 권 있었어요. 매일 밤 내가 어린 꼬마들에게 읽어주곤 하던 책 – "피니건 라이더의 이야기": 거칠 것 없고 허세 가득한 악당, 현존하는 세계 최고의 거부, 여자 다루는 솜씨도 보통이 아닌데, 물론 그는 그런 걸 자랑하고 다니는 그런 스타일은 아니랍니다. |

Rapunzel smiles.

라푼젤이 미소 짓는다.

| RAPUNZEL | Was he a thief too? | 라푼젤 그 사람도 도둑이었나요? |

| FLYNN | Eh, well no. Actually, he had enough money to do anything that he wanted to do, he could go anywhere that he wanted to go. And for a kid with nothing, I don't know... it just seemed like the better option. | 플린 어, 아뇨. 그렇지 않아요. 사실 그는 자신이 원하는 것은 뭐든지 다 할 수 있을 정도로 돈이 많았고 가고 싶은 곳에 다 갈 수 있었죠. 그리고 땡전 한 푼도 없는 아이에겐 글쎄요… 그게 훨씬 더 나은 선택으로 보였겠죠. (도둑이되는게 더 나아보였겠죠.) |

She GIGGLES, there's **romantic tension** here.

그녀가 키득거리고, 남녀 간의 묘한 기운이 흐른다.

| FLYNN | You can't tell anyone about this, okay? It could **ruin my** whole **reputation**. | 플린 이 얘기는 절대 아무한테도 하면 안 돼요. 아셨죠? 내 명성에 심히 먹칠하게 될 수도 있거든요. |

| RAPUNZEL | Ah, we wouldn't want that. | 라푼젤 아, 먹칠하면 절대 안 되죠. |

| FLYNN | Well, **a fake reputation is all a man has.**❶ | 플린 남자라는 동물이 원래 가짜 명성이 없으면 시체거든요. |

Rapunzel LAUGHS.

라푼젤이 웃는다.

| FLYNN | Well, I should, um...I should, I should get some more firewood. | 플린 어, 저는 가서, 음… 가서 장작 좀 더 구해와야겠어요. |

He stands up, heads to the woods. Her voice stops him.

그가 일어서서, 숲으로 향한다. 그녀의 목소리가 그녀를 멈추게 한다.

---

sob story 눈물 나는 이야기

orphan 고아

downer 우울한 경험/일. 진정제

swashbuckling (특히 영화가) 과거를 배경으로 모험, 액션, 등이 넘치는

rogue 악당, 불한당

brag 떠벌리다. (심하게) 자랑하다

romantic tension 연애감정을 느낄 때 생성되는 긴장감

ruin one's reputation ~의 평판을 망치다

❶ **A fake reputation is all a man has.**
남자라는 동물이 원래 가짜 명성이 없으면 시체거든요.
플린이 라푼젤에게 자신의 허영에 대해서 솔직하고 담백하게 밝히는 대사예요. 남자들의 허풍이란 게 다 자존심 때문에 그런 건데 가짜 평판/명성이라도 있어야 자존심을 세우며 살 수 있다는 거겠죠.

RAPUNZEL   Hey?

Flynn turns.

RAPUNZEL   **For the record:**[1] I like Eugene Fitzherbert **much better than** Flynn Rider.

FLYNN   Well, then you'd be the first, but thank you.

Flynn **EXITS**.

Rapunzel sits there, thinking, then hears someone...

라푼젤 저기요?

플린이 돌아본다.

라푼젤 그냥 알아두라고 하는 말인데요: 전 플린 라이더보다 유진 피츠허버트가 훨씬 더 맘에 들어요.

플린 어, 그런 사람은 당신이 처음이에요. 하지만 고마워요.

플린이 나간다.

라푼젤이 생각에 잠겨 그 자리에 앉아 있다가, 인기척을 느낀다.

---

much better than ~보다 낫다
exit 나오다

> **❶ for the record**
> 참고로 말하는데
> '기록으로 남겨도 될 만큼 공식적인'이라는 뜻으로, 문장 앞에 와서 '분명히 말하자면, 확실히 짚고 가자면'이라는 의미도 있습니다. 후자는 막역한 관계에서 사용할 수 있고, 앞에 Just를 붙여 Just for the record 라고 쓸 수 있습니다.

The Sound of Complete and Utter Betrayal

완전하고 궁극적인 배신의 소리

🎧 17.mp3

SEQUENCE 13

장면 13

MOTHER GOTHEL Well, I thought he'd never leave.

고텔 흐음, 녀석이 절대 안 가는 줄 알았네.

Rapunzel turns to find: GOTHEL!

라푼젤이 뒤돌아보는데: 고텔이다!

바로 이장면!*

RAPUNZEL	Mother?	라푼젤 어머니?
MOTHER GOTHEL	Hello, Dear.	고텔 안녕, 우리 딸.
RAPUNZEL	But, I...I...I don't...I mean, how did you find me?	라푼젤 그런데, 전, 전, 그러니까 제 말은, 저를 어떻게 찾으셨어요?

Mother Gothel hugs her.

고텔이 그녀를 껴안는다.

MOTHER GOTHEL	Oh, it was easy, really. I just listened for the sound of complete and **utter betrayal** and followed that.	고텔 아, 쉬웠어, 정말. 난 그저 완전하고 궁극적인 배신 소리에 귀를 기울이면서 그 소리를 따라온 것뿐이란다.
RAPUNZEL	Mother–	라푼젤 어머니–
MOTHER GOTHEL	We're going home, Rapunzel. Now.	고텔 집으로 가자, 라푼젤. 어서.
RAPUNZEL	You don't understand. I've been on this **incredible journey** and I've seen and learned so much. I even met someone.	라푼젤 어머니는 이해 못 하실 거예요. 전 정말 너무나도 멋진 여행을 하고, 많은 것을 보고 배웠어요. 특별한 사람까지 만났어요.
MOTHER GOTHEL	(pulling her away) Yes, the wanted thief, I'm so proud. Come on, Rapunzel.	고텔 (그녀를 잡아 끌어당기며) 그래, 현상 수배 중인 도둑, 참 자랑스럽구나. 자 어서, 라푼젤.

utter (강조) 완전한, (소리를) 내다, 말을 하다
betrayal 배신, 배반
incredible 믿을 수 없는, 믿기 힘든
journey (특히 멀리 가는) 여행/여정

<u>RAPUNZEL</u>	No, Mother, wait. I think he...I think he likes me.	라푼젤　아니에요, 어머니, 잠시만요, 제 생각엔 그가… 제 생각엔 그가 저를 좋아하는 것 같아요.
<u>MOTHER GOTHEL</u>	Likes you? Please, Rapunzel, that's **demented**...	고텔　너를 좋아한다고? 오 제발, 라푼젤, 네가 정신이 나갔나 보구나…
<u>RAPUNZEL</u>	But Mother, I–	라푼젤　하지만 어머니, 전–

Mother Gothel **throws her hands up**.   고텔이 양손을 내던지듯이 쳐든다.

<u>MOTHER GOTHEL</u>	(singing) THIS IS WHY YOU NEVER SHOULD HAVE LEFT. DEAR, THIS WHOLE ROMANCE THAT YOU'VE **INVENTED** JUST PROVES YOU'RE TOO NAIVE TO BE HERE. WHY WOULD HE LIKE YOU? COME ON NOW – REALLY! LOOK AT YOU – YOU THINK THAT HE'S **IMPRESSED**? DON'T BE A **DUMMY**– COME WITH **MUMMY**. MOTHER–	고텔　(노래) 이래서 애초에 내가 널 두고 가지 않았어야 하는 건데. 얘야, 네가 만들어 낸 이 모든 연애 이야기가 네가 여기에 있기에는 너무 순진하다는 것을 증명하지. 저놈이 너를 왜 좋아하겠니? 제발 좀 – 정말! 네 모습을 봐 – 네 생각엔 저놈이 감동했을 것 같니? 멍청이처럼 굴지 마– 엄마랑 가자. 엄마가–
<u>RAPUNZEL</u>	(standing up to her) No.	라푼젤　(그녀에게 대항하며) 싫어요.
<u>MOTHER GOTHEL</u>	(**shift** in tone; **bitterly**) No? Oh. I see how it is. (singing) RAPUNZEL KNOWS BEST. RAPUNZEL'S SO **MATURE** NOW– SUCH A **CLEVER GROWN-UP** MISS. RAPUNZEL KNOWS BEST– FINE, IF YOU'RE SO SURE NOW, GO AHEAD, THEN GIVE HIM THIS.	고텔　(어조를 바꾸며; 매섭게) 싫다고? 오, 이제야 알겠군. (노래) 라푼젤이 제일 잘 알아. 라푼젤이 이제 완전히 철이 들어서– 아주 똑똑한 아가씨가 됐네. 라푼젤이 제일 잘 알아– 그래 좋아, 네가 그렇게까지 확신한다면 이걸 그에게 한번 줘 보렴.

---

demented 정신 이상인, 미친

throw one's hands up 양손을 내던지듯 쳐들다

invent 발명하다, (사실이 아닌 것을) 지어내다

impressed 인상 깊게 생각하는, 감동을 받은

dummy 가짜의, 인체 모형, 마네킹

mummy 엄마 (아이들이 쓰는 말)

shift (장소를) 옮기다, 이동하다, (태도를) 바꾸다

tone 어조, 말투

bitterly 비통하게, 격렬히

mature 어른스러운, 분별 있는, 성숙한

clever 영리한, 똑똑한

grown-up 다 큰, 어른이 된

She holds up the satchel and pulls out the crown.

그녀가 가방을 들어 올려 왕관을 꺼내 든다.

RAPUNZEL   How did you—

라푼젤   그걸 어머니가 어떻게–

MOTHER GOTHEL (singing)
THIS IS WHY HE'S HERE!
DON'T LET HIM **DECEIVE** YOU!
GIVE IT TO HIM, WATCH, YOU'LL SEE!

고텔 (노래)
이것 때문에 그가 여기에 온 거야!
그에게 속아 넘어가지 마!
이걸 그에게 주고 한번 봐라. 그럼 알게 될 거야!

She tosses Rapunzel the crown.

그녀가 라푼젤에게 왕관을 던진다.

RAPUNZEL   I will!

라푼젤   그렇게 할게요!

MOTHER GOTHEL (singing)
TRUST ME, MY DEAR,
(she **snaps**!)
THAT'S HOW FAST HE'LL LEAVE YOU.
I WON'T SAY I TOLD YOU SO – NO,
RAPUNZEL KNOWS BEST!
SO IF HE'S SUCH A **DREAMBOAT**,
GO AND **PUT HIM TO THE TEST**.

고텔 (노래)
내 말을 믿어라, 얘야.
(그녀가 손가락으로 딱 소리를 낸다)
그가 '딱' 소리처럼 빨리 널 떠날 거야.
내가 그랬잖니 라고 말하진 않으마 – 안 할게.
라푼젤이 제일 잘 알아!
그래, 그럼 그가 그렇게 멋진 남자라면,
그를 한번 시험해보라고.

RAPUNZEL   Mother, wait!

라푼젤   어머니, 잠시만요!

MOTHER GOTHEL (singing)
IF HE'S LYING,
DON'T COME CRYING.
MOTHER KNOWS BEST...

고텔 (노래)
만약 그가 거짓말을 하는 거라면,
울면서 오지는 말거라.
엄마가 제일 잘 알아…

Mother Gothel **slinks** back into the forest, leaving Rapunzel alone holding the satchel.
She stands there with the crown for a long beat, then, hears...

고텔이 가방을 든 라푼젤을 홀로 두고 살금살금 다시 숲으로 들어간다.
오랜 정적이 흐르는 동안 그녀가 왕관을 들고 거기에 서 있다가 소리를 듣는다…

FLYNN (O.S.)   So, can I ask you something? Is there any chance that I'm going to get super **strength** in my hand? Because I'm not going to lie, that would be **stupendous**.

플린 (화면 밖) 저, 제가 뭣 좀 물어봐도 될까요? 혹시 내 손에 엄청난 힘이 생길 가능성이 있을까요? 왜냐하면 솔직히 말이에요, 우와 그러면 정말 엄청날 거예요.

---

deceive 속이다, 기만하다
snap 딱/툭 하고 부러뜨리다, (감정 등이) 갑자기 폭발하다
dreamboat 〈구식, 비격식〉 아주 매력적인 남자
put someone to the test ~을 시험대에 올리다
slink 살금살금/슬그머니 움직이다
strength 힘, 기운, 견고성
stupendous 엄청나게 큰, 거대한

Flynn has returned towards the campsite. Rapunzel has her back turned to him.

FLYNN   Hey, you alright?

Rapunzel turns... hands empty.

RAPUNZEL   (covering) Sorry, yes, just, uh, **lost in thought** I guess.

Flynn puts the wood down and starts **tending to** the fire.

FLYNN   I mean, because, here's the thing: **super-human good looks**, I've always had them, **born with it**. But super-human strength, can you imagine the **possibilities** of this?

As he continues in the background, Rapunzel looks up to an orange tree at the edge of the campsite. There, in a knot on the trunk, she has hidden the satchel.
In the distance, Mother Gothel watches this all... and smiles. The Stabbington Brothers move forward towards Flynn. Gothel **holds them back.**❶

MOTHER GOTHEL **Patience**, Boys. All good things to those who wait.

플린이 모닥불로 돌아왔다. 라푼젤이 그에게 등을 돌리고 있다.

플린 저기, 괜찮아요?

라푼젤이 돌아보고… 손에는 아무것도 없다.

라푼젤 (숨기며) 미안해요. 네, 그냥, 어, 아마 제가 잠시 딴생각을 했나 봐요. 그만.

플린이 장작을 내려놓고 모닥불이 잘 타고 있는지 살피기 시작한다.

플린 제 말은, 그러니까, 바로 이거예요: 초인간적으로 잘생긴 외모, 그런 건 제가 원래 가지고 있는데, 태생이 그러니까요. 하지만 초인간적인 힘, 이게 얼마나 많은 일을 가능하게 할지 상상이 돼요?

그가 뒤쪽에서 계속 주저리주저리 거리고 있는 동안, 라푼젤이 야영장 모퉁이 쪽에 있는 오렌지 나무를 올려다본다. 바로 거기에, 나무 몸통에 있는 매듭 속에 그녀가 가방을 숨겨놨다.
멀리서, 고텔이 이 모습을 모두 바라보며 미소 짓고 있다. 스태빙턴 형제가 플린에게 다가온다. 고텔이 그들을 붙잡는다.

고텔 참으라고, 이 보게들. 기다리는 자에게 복이 있나니.

---

lost in thought 딴생각에 빠져 있는
tend to something ~을 돌보다/보살피다
super-human 초인적인
good looks 잘 생긴 용모, 미모
born with something ~을 가지고 태어나다
possibility 가능성
in the distance 저 멀리, 먼 곳에
patience 참을성, 인내력, 인내심

❶ **hold someone/something back**
~을 저지/제지하다
이 표현은 뒤에 from someone/something을 넣어서 '~가 ~을 하지 못하게 또는 다가가지 못하게 막다/저지/제지하다'라는 형식으로도 많이 쓰여요. 예를 들어, I had to hold my daughter back from the ice-cream. '그 아이스크림을 먹지 못하게 난 내 딸을 막아야만 했다' 이렇게요.

EXT. CAMPSITE – NEXT MORNING – SEQUENCE 15.1
Flynn sleeps, peacefully. Then, a SINGLE **DROPLET** lands on his forehead. Another droplet. Then another. His eyes open.

FLYNN'S POV: THE HORSE stands right above him, dripping wet, like a **crazed** person.

FLYNN   Well, I hope you're here to **apologize**.

ON RAPUNZEL: Sleeping across the way. Flynn's SCREAM wakes her. She jumps up.

BACK TO FLYNN AND THE HORSE

The horse is DRAGGING FLYNN away! Rapunzel dives in, grabs Flynn's arms. It's a tug-of-war between Rapunzel and the horse with Flynn as the rope!

FLYNN   AHHH. No, no! Put me down. Stop it! No! **Let me go.❶**

RAPUNZEL   **Gimme** him!

FLYNN   Ah! Ah! Stop! Stop! Stop! Ah!!

Flynn's boot pops off, sending him flying. Maximus **charges** Flynn. Rapunzel stands in front of the horse, stops him.

RAPUNZEL   Whoa, whoa, whoa, whoa, whoa, whoa, whoa. Whoa. **Easy** boy, easy. **Settle down.** Whoa. Easy boy, easy, easy.

The horse **succumbs** to Rapunzel's charms.

외부. 야영장 – 다음날 아침 – 장면 15.1
플린이 평화롭게 잠자고 있다. 그때, 그의 이마에 물 한 방울이 떨어진다. 다시 한 방울. 그리고 또 한 방울. 그가 눈을 뜬다.

플린의 시점: 말이 그의 바로 위에 서 있다. 마치 미친 사람처럼 흠뻑 젖은 모습으로.

플린   음. 네가 사과하러 온 것이기를 바래.

라푼젤의 모습: 반대편에서 자고 있다. 플린의 비명이 그녀를 깨운다. 그녀가 펄쩍 뛰어오른다.

다시 플린과 말의 모습

말이 플린을 어딘가로 끌고 가고 있다! 라푼젤이 다이빙을 해서 뛰어들어 플린의 팔을 잡는다. 플린이 마치 로프인 듯 라푼젤과 말이 그를 양쪽에서 잡고 줄다리기를 한다!

플린   아아. 안 돼. 안 돼! 날 내려줘. 그만하라고! 날 놔줘.

라푼젤   그를 내놔!

플린   아! 아! 그만! 그만! 멈춰! 아!

플린의 부츠 한쪽이 벗겨져 튕겨 날아간다. 막시무스가 플린을 향해 돌진한다. 라푼젤이 말 앞으로 막아선다.

라푼젤   워, 워, 워, 워, 워, 워, 워. 워. 진정해. 얘야. 진정하라고. 흥분을 가라앉혀. 워. 진정해. 얘야. 진정해.

말이 라푼젤의 매력에 반해 수그러든다.

---

droplet 작은 (물)방울
crazed (격렬한 감정에 사로잡혀) 날뛰는/발광하는
apologize 사과하다
gimme 〈구어〉 give me의 구어적 표기법
charge 돌격하다. 공격하다
easy (명령문으로) 조심하여, 안정을 찾아
settle down 편안히 앉다/눕다. 진정되다
succumb 굴복하다. 무릎을 꿇다

❶ **Let me go.**
날 놓아줘.
상대방이 나를 붙잡고 있을 때 '나를 붙잡고 있는 그 손을 떼라/놔라'라는 의미로 쓰는 표현이에요. 같은 상황에서 Let go of me! 라고 말하기도 합니다.

바로 이장면!*

| RAPUNZEL | That's it. Now sit. | 라푼젤 | 그래 바로 그거야. 자 이제 앉아. |

The horse doesn't.

말이 앉지 않는다.

| RAPUNZEL | Sit. | 라푼젤 | 앉아. |

He sits.

그가 앉는다.

| FLYNN | What? | 플린 | 뭐야 이거? |

| RAPUNZEL | Now drop the boot. Drop it. | 라푼젤 | 이제 부츠를 내려놔. 내려놓으라고. |

He does.

그가 그렇게 한다.

| RAPUNZEL | Oh, you're such a good boy. Yes you are. | 라푼젤 | 오, 아주 착한 아이로구나. 그래 착하네. |

The horse **wags his tail**.

말이 꼬리를 흔든다.

| RAPUNZEL | Oh, you all tired from chasing this bad man all over the place? | 라푼젤 | 오, 이 나쁜 인간을 사방팔방으로 쫓아다니느라 피곤했지? |

| FLYNN | Excuse me? | 플린 | 뭐라고요? |

| RAPUNZEL | Nobody **appreciates** you, do they? Do they? | 라푼젤 | 아무도 당신을 반기지 않아요, 그렇죠? 그렇죠? |

| FLYNN | Oh, come on! He's a bad horse. | 플린 | 오, 정말 왜 이래요! 이놈이 나쁜 말이라고요. |

| RAPUNZEL | Oh, he's **nothing but** a big sweetheart. Isn't that right... (reading) ...Maximus? | 라푼젤 | 오, 얘는 그냥 덩치 큰 착한 아이일 뿐이에요. 안 그러니... (읽으며) 막시무스? |

| FLYNN | **You've got to be kidding me.**❶ | 플린 | 아, 진짜 장난 아니네. |

| RAPUNZEL | Look, today is kind of the biggest day of my life. And **the thing is** I need you not to **get** him **arrested**. | 라푼젤 | 봐봐, 오늘이 내 인생에 있어서 최고로 중요한 날이라고 볼 수 있거든. 그런데 있잖아, 네가 저 남자가 체포되지 않게 도와주면 좋겠어. |

---

wag one's tail 꼬리를 휘젓다
appreciate 진가를 알아보다, 고마워하다
nothing but ~ 오직/단지 ~일 뿐인
the thing is ~ 실은, 문제는
get arrested 체포되다

❶ **You've got to be kidding me.**
아 진짜 장난 아니네.
정말 기도 안 차는 믿기 어려운 일이 벌어졌을 때 '설마, 이건 정말 말도 안 돼'라는 의미로 쓰는 표현이에요. 속된 우리말로 '헐', '장난 아니네', '대박' 등과 비슷한 표현이겠네요.

The horse **snorts**.

말이 콧방귀를 뀐다.

RAPUNZEL Just for twenty four hours and then you can chase each other **to your heart's content.** Okay? (then) And it's also my birthday....**just so you know.**❶

라푼젤 딱 24시간만 그렇게 해 줘 그 후에는 둘이 원하는 대로 마음껏 서로 추격하고 다니라고. 알았지? (잠시 후) 그리고 또 오늘이 내 생일이기도 하거든… 그냥 네가 알았으면 해서.

Even the horse GROANS at the pressure. She pushes the horse towards Flynn. They can't even **make eye contact.** She grabs Flynn's hand. Grabs the horse's. **Forces** a handshake.
Bells sound. **Intrigued**, Rapunzel follows them, leaving Flynn and Maximus alone. Without warning, Maximus **punches Flynn in the stomach**. He **drops like a stone.**

그녀의 압박에 말조차도 끙끙대며 난감해한다. 그녀가 말을 플린 쪽으로 민다. 그들은 서로 눈도 못마주친다. 그녀가 플린의 손을 잡는다. 말의 손도 잡는다. 악수를 강요한다.
종소리가 울린다. 관심을 가지며 라푼젤이 그 소리를 따라가고 플린과 막시무스 둘만 남는다. 경고없이 막시무스가 플린의 배를 가격한다. 그가 바로 나가떨어진다.

FLYNN Oh!

플린 오!

---

snort 코웃음을 치다, 콧방귀를 뀌다
to someone's heart's content 마음껏, 실컷
make eye contact 눈을 마주치다
force 물리력, 폭력, (~을 하도록) ~를 강요하다
intrigued 아주 흥미로워/궁금해하는
punch someone in the stomach ~의 배를 주먹으로 때리다
drop like a stone 돌멩이가 물에 가라앉듯이 푹 주저앉다

❶ **Just so you know.**
그냥 네가 알았으면 해서.
상대방에게 필요한 어떤 정보를 넌지시 알려주거나 나의 감정을 전할 때 '그냥 네가 모를 수도 있을 것 같아서', '네가 알아두면 좋을 것 같아서'라는 의미로 문장의 앞이나 뒤에 첨가하는 표현이에요. 예를 들어, Just so you know, I didn't mean it. '네가 알면 좋을 것 같아서 하는 말인데, 내가 한 말 진심이 아니었어.' 이렇게 쓰지요.

Everything I Dreamed of

내가 꿈꿔왔던 모든 것

🎧 19.mp3

SEQUENCE 15.5 – EXT: KINGDOM
Once in the city, Rapunzel is **awestruck** by what she sees:
People are everywhere – walking, talking, hanging out their laundry.
It's magical.
Flynn rips down a wanted poster and crumples it up. He and the
horse **get into a tussle**, then notice Pascal giving them a warning
glance. They both straighten up, following Rapunzel into town.

She looks at the town when suddenly a cart of goats comes **zipping by**
running over her hair. She gasps and jumps out of the way only to walk
backwards into a man and his **gaggle** of geese walking through her hair.

RAPUNZEL Excuse me. Sorry.

She moves to get out of their way, but is suddenly stopped by her
hair - someone is stepping on it. This could be a problem in a
populated city. She gathers up her hair in her arms and looks to
Flynn, **she is having second thoughts about this.** ❶

Flynn notices a nearby group of girls **braiding each other's hair**. He
gives a whistle over to them. They look up and see Rapunzel and
their eyes light up. The girls go to work, styling Rapunzel's hair into
an **intricate** braid.

RAPUNZEL Thank you.

Rapunzel hugs the little girls and then continues exploring the
kingdom. In the marketplace, Rapunzel tries a pastry for the first
time, **relishing** the experience.

Behind the stage, Rapunzel is **mesmerized** by a MURAL of the King
and Queen holding a baby girl. The baby and mother both have
striking green eyes.

장면 15.5 - 외부: 왕국
마을에 도착하자, 라푼젤은 그 모든 광경을 보고
경이로워한다:
여기저기 많은 사람 - 걸어 다니고, 대화를 나누고,
빨래를 건다. 마법 같다.
플린이 현상 수배 포스터를 뜯어 마구 구겨버린다.
그와 말이 몸싸움을 벌이다가, 파스칼이 경고하는
눈초리로 쳐다보는 것을 알아챈다. 모두 다시 고분
고분하게 라푼젤을 따라 마을로 들어간다.

그녀가 마을을 보고 있는데 갑자기 염소들을 태운
수레가 그녀의 머리카락을 밟으며 쌩하고 지나간
다. 그녀가 깜짝 놀라 뛰며 옆으로 비키려고 하는
데 한 남자가 그가 몰고 가던 거위 떼와 함께 그녀
의 머리카락을 밟고 지나간다.

라푼젤 실례합니다. 미안해요.

그녀가 그들이 지나갈 수 있도록 다시 옆으로 비키려
는데 그녀의 머리카락 때문에 더 움직일 수가 없다 -
누군가가 그녀의 머리카락을 밟고 있다. 사람이 많은
도시에서는 이런 문제가 생길 수 있다. 그녀가 자신의
머리카락을 모아서 그녀의 팔에 올려놓고 플린이 도
와주기를 기대하다가 다시 생각을 고쳐먹는다.

플린이 주위에 있던 여자아이들이 서로의 머리카
락을 땋아주는 모습을 발견한다. 그가 그들에게 휘
파람을 분다. 그들이 올려다보고 라푼젤을 보며 눈
빛이 반짝거린다. 그 여자아이들이 정교한 모양으
로 라푼젤의 머리카락을 땋으며 한껏 멋을 내준다.

라푼젤 고마워.

라푼젤이 꼬마 여자아이들을 안아준 후 계속해서
왕국 모험을 이어간다. 시장에서, 라푼젤은 태어나
서 처음으로 패스트리 빵을 먹으며 그 즐거운 시
간을 만끽한다.

무대 뒤에서, 라푼젤은 왕과 왕비가 아기를 안고 있
는 그림의 벽화를 보고 넋을 잃는다. 그 아기와 어
머니 둘 다 굉장히 매력적인 초록색 눈을 가졌다.

---

awestruck 경이로워하는, 위엄에 눌린

get into a tussle 격투를 벌이다

zip by 핑 소리를 내며 지나가다

gaggle 시끌벅적한 무리/사람들, 거위 떼

braid someone's hair 머리카락을 한 가닥으로 땋다

intricate 복잡한, 엉클어진

relish (어떤 것을 대단히) 즐기다/좋아하다

mesmerize 마음을 사로잡다, 완전 넋을 빼놓다

❶ **She is having second thoughts about this.** 그녀는 다시 생각을 고쳐먹었다.
이미 했던 선택에 대해서 그것을 바꿔야 할지
말아야 할지 고민하게 될 때 have second
thoughts라는 표현을 써요. 우리말로는
'재고하다'라는 의미로 주로 해석되지요. 예를
들어, I'm having second thoughts about
marrying Daniel. '다니엘과 결혼하는 것에
대해 다시 한번 생각 중이야/망설여지네'
이렇게 쓰인답니다.

LITTLE GIRL   It's for the lost princess.

Flynn turns to see Rapunzel starting a dance. Flynn gets a flag from a little boy to give to Rapunzel.

LITTLE BOY   Here you go.

Rapunzel and Flynn are **caught up in** the dance as it begins. As they dance, we **INTERSPERSE** moments from the rest of their day in town (a MONTAGE to song).

Rapunzel sees a group of people doing **chalk drawings** in the plaza and is mesmerized. Flynn hands her several sticks of chalk and she joins the others.

Rapunzel and Flynn visit a dress shop where Rapunzel tries on a beautiful dress. Flynn sees Rapunzel at her most beautiful... and **his jaw drops**. Two guards approach the window of the dress shop but an aware Maximus steps in front of them to **block the view** inside and protect Flynn.

Rapunzel eats cake, the **icing** getting all over her face. When Flynn points it out, she **smears** icing on his face – laughing, Flynn **chases after** her.

Rapunzel's chalk painting **draws a crowd**. It's huge – **encompassing** the whole plaza.

As the dance **concludes**, the crowds head down to the **docks** to **view** the lanterns as they **ascend** into the sky.

DANCE LEADER   To the boats!

EXT. CANALS – SEQUENCE 16
Maximus stands on the dock, watching as Flynn and Rapunzel **drift** off in a gondola.

FLYNN   Hey, Max?

어린 소녀 이건 잃어버린 공주를 위한 거예요.

플린이 돌아보는데 라푼젤이 춤을 추기 시작했다. 플린이 라푼젤에게 주기 위해 꼬마 남자아이에게 깃발을 받는다.

어린 소년 여기요.

라푼젤과 플린은 춤 삼매경에 빠졌다. 그들이 춤을 추는 동안, 영상으로 마을에서 보낸 하루의 일들을 배치해 보여준다. (음악에 맞춰 몽타주)

라푼젤은 한 무리의 사람들이 광장에서 분필로 그림을 그리는 것을 넋을 잃고 보고 있다. 플린은 그녀에게 분필을 몇 자루 가져다주고 그녀도 그들과 함께 그림을 그린다.

라푼젤과 플린은 드레스 가게에 같이 가고 라푼젤은 거기에서 아름다운 드레스를 입어 본다. 플린이 라푼젤의 너무나도 아름다운 모습을 보고… 턱이 빠지도록 감탄한다. 근위병 둘이 드레스 가게의 창가 쪽으로 접근해오자 그것을 알아챈 막시무스가 그들 앞으로 가로막아서며 내부를 못 보게 막아 플린을 보호한다.

라푼젤이 케이크를 먹는데 그녀의 얼굴이 케이크 크림으로 범벅이 된다. 플린이 그 사실을 알려주자, 그녀가 크림을 그의 얼굴에 발라버린다 – 웃으며, 플린이 그녀를 뒤쫓아간다.

라푼젤의 분필 그림이 멋져서 그것을 보려고 군중이 몰려든다. 거대하다 – 광장 전체를 모두 에워쌌다.

춤이 끝나갈 때쯤 사람들은 등불이 하늘로 솟아오르는 것을 보려고 부두 쪽으로 향한다.

춤 리더 배 타러 갑시다!

외부. 수로 – 장면 16
막시무스가 부두에 서서 플린과 라푼젤이 곤돌라를 타고 가는 것을 보고 있다.

플린 이봐, 막스?

---

caught up in ~에 휩쓸린/휘말린

intersperse (~속에/사이에) 배치하다, 섞다

chalk drawing 백묵화

one's jaw drops 놀라서 입을 크게 벌리다

block the view 시야를 가로막다

icing (케이크에 장식용으로 쓰는) 당의

smear (부드러운 물질을) 마구 바르다/문지르다

chase after ~을 쫓다

draw a crowd 사람들을 끌다

encompass (많은 것을) 포함/망라하다, 아우르다

conclude 결론/판단을 내리다

dock 부두, 선창, (배를) 부두에 대다

view (특히 세심히 살피며) 보다

ascend (격식) 오르다, 올라가다

canal 운하, 수로

drift (물, 공기에) 떠가다, 표류하다

97

He tosses him a bag of apples that spill out **at his feet**. Maximus **gives him a look**.

플린이 사과가 담긴 봉지를 그에게 던지고 사과들이 그의 발아래 흩어지며 떨어진다. 막시무스가 그를 기분 나쁘게 쳐다본다.

FLYNN   What!? I bought them! (then) Most of them.

플린 뭐? 그것들 내가 산 거야! (그리고는) 다는 아니지만, 대부분은 산 거라고.

Flynn rows them along the canals, rowing past a bunch of boats in the harbor... leaving everyone behind.

플린이 수로를 따라 항구에 있는 많은 배를 지나며 노를 저어 간다… 모두를 뒤에 남겨두고.

바로 이장면!*

RAPUNZEL   Where are we going?

라푼젤 우리 어디로 가는 거예요?

FLYNN   Well, best day of your life, I **figured** you should have a **decent** seat.

플린 흠, 당신 생애 최고의 날인데, 좀 괜찮은 자리를 마련해야 할 것 같아서요.

They are parked, totally **private**.

아무도 없는 조용한 곳에 배를 정박했다.

FLYNN   You okay?

플린 괜찮아요?

RAPUNZEL   I'm terrified.

라푼젤 두려워요.

FLYNN   Why?

플린 왜요?

RAPUNZEL   I've been looking out a window for eighteen years dreaming about what it might feel like when those lights rise in the sky. What if it's not everything I dreamed it would be?

라푼젤 난 18년 동안 매일 같이 창밖을 바라보며 저 불빛들이 하늘로 올라가는 걸 보면 과연 어떤 느낌일까 하는 꿈을 꿔왔거든요. 만약 이것이 내가 늘 꿈꿔왔던 그것이 아니면 어떻게 하죠?

FLYNN   It will be.

플린 당신이 꿈꿔왔던 것이 맞을 거예요.

RAPUNZEL   And **what if** it is? What do I do then?

라푼젤 꿈꿔왔던 꿈이 맞으면요? 그러면 그다음에 난 뭘 해야 하죠?

FLYNN   Well, that's the good part I guess. You **get to go find**[1] a new dream.

플린 글쎄, 그게 좋은 점 같은데요. 이젠 새로운 꿈을 찾아 나설 수 있게 되니까요.

---

at one's feet 발밑에
give someone a look ~를 쳐다보다, 째려보다
figure (~일 거라고) 생각/판단하다
decent (수준, 질이) 괜찮은, 제대로 된
private 사유의, 사적인
what if ~면 어쩌지?, ~라면 어떻게 될까?
get to + 동사 ~하게 되다, ~할 기회를 얻다

❶ go find
가서 찾아보다.
많은 학습자들이 'go + 동사'를 'go to + 동사'에서 to가 생략된 것으로 알고 있는데 사실은 중간에 to가 생략된 것이 아니라 and가 생략된 것이랍니다. 예를 들어, Go ask him '가서 그에게 물어봐'는 Go to ask him의 줄인 표현이 아니라 Go and ask him에서 and가 생략된 것이죠.

INT. CASTLE

The King and Queen stand in the **throne** room. The Queen **straightens** her husband's **medallion**. She looks up and **wipes a tear** from his **cheek**. The two open the doors and walk out onto the **balcony**. A lantern is there, **pre-lit**. Below them, a **vast** crowd waits.

They **release** their lantern. Below them, the crowd lights their lanterns.

내부. 성

왕과 왕비가 왕좌가 있는 방에 서 있다. 왕비가 그녀 남편의 목에 거는 보석을 똑바로 해주고 있다. 그녀가 위를 올려다보며 볼에 흐르는 눈물을 닦아낸다. 그 둘이 문들을 열고 발코니를 걸어 나온다. 미리 켜놓은 등불이 거기에 있다. 그 아래로는 수많은 사람이 기다리고 있다.

그들이 등불을 날려 보낸다. 그들의 아래에서, 모여있는 사람들도 모두 각자의 등불을 켠다.

---

throne 왕좌, 왕위

straighten 똑바르게 되다/하다, (자세를) 바로 하다

medallion (목걸이에 거는) 큰 메달 모양의 보석

wipe a tear 눈물을 닦다

cheek 볼, 뺨

balcony 발코니

pre-lit (불/조명으로) 이미 밝은 상태인

vast (범위, 크기, 양 등이) 어마어마한/막대한

release 날려 보내다

99

A Different World
달라진 세상

🎧 20.mp3

EXT. CANALS
Rapunzel sees a glow reflected in water. She looks up and sees the first lantern. She almost **tips** the boat with **excitement**.

MUSIC BEGINS (covered by beautiful images of Rapunzel, Flynn, and the lanterns).

외부. 수로
라푼젤이 물 위에 반사되는 불빛을 본다. 그녀가 고개를 들어 첫 번째 등불이 떠지는 것을 본다. 그녀가 너무 흥분한 나머지 배가 거의 뒤집힐 뻔한다.

음악이 흐르기 시작한다. (라푼젤, 플린, 그리고 등불들의 환상적인 이미지와 함께 흐르는 음악)

바로 이장면!*

RAPUNZEL (V.O.) (singing)
ALL THOSE DAYS WATCHING FROM THE WINDOWS,
ALL THOSE YEARS OUTSIDE LOOKING IN,

She moves to the front of the boat to **get a better look**.

라푼젤 (목소리만) (노래)
수많은 날들을 창문에서 바라보며,
그 길고 긴 세월 동안 밖에서 안을 들여다보며,

그녀가 등불이 더 잘 보기 위해서 배의 앞쪽으로 옮겨온다.

RAPUNZEL
ALL THAT TIME,
NEVER EVEN KNOWING
JUST HOW **BLIND** I'VE BEEN
NOW I'M HERE
BLINKING IN THE STARLIGHT,
NOW I'M HERE,
SUDDENLY I SEE
STANDING HERE,
IT'S OH, SO CLEAR
I'M WHERE **I'M MEANT TO BE**❶

Rapunzel sees the full night sky: now filled with flying lanterns.

라푼젤 그 모든 시간 동안
알지도 못한 채
내가 도대체 얼마나 눈먼 사람처럼 살았는지
이제 여기에 있네
별빛을 바라보며 눈을 깜빡이며,
이제 이곳에 왔네,
순간 깨달았네
여기에 서 있으니,
너무 명백하게 알 수 있네
원래 내가 있어야 할 곳에 와 있다는 것을

라푼젤이 날아다니는 등불들로 가득 찬 밤하늘 전체를 본다.

---

tip (뾰족한) 끝, 기울이다
excitement 흥분, 신남
all those days 그 당시 항상, 매일 같이
get a better look 더 잘 볼 수 있도록 하다
all that time 그 기간 내내
blind 눈이 먼, ~을 못 보는, 맹목적인
blink 눈이/을 깜빡이다, (불빛을) 깜박거리다
in the starlight 별빛 속에

❶ **be동사 + meant to + 동사**
~하기로 되어 있다, ~할 예정/운명이다
마치 원래부터 그렇게 되어야만 하는 운명처럼 받아들여지는 일을 표현할 때 위의 조합을 사용해요. 예를 들어, I feel like I was meant to be here. '난 여기에 있어야 할 운명이었던 것 같아', We were meant to be together. '우린 함께할 운명이었던 거야' 이렇게 쓰이지요.

RAPUNZEL (V.O.) AND AT LAST, I SEE THE LIGHT
AND IT'S LIKE **THE FOG HAS LIFTED**
AND AT LAST, I SEE THE LIGHT,
AND IT'S LIKE SKY IS NEW
AND IT'S WARM AND REAL AND
BRIGHT
AND THE WORLD HAS SOMEHOW
SHIFTED
ALL AT ONCE,❶
EVERYTHING LOOKS DIFFERENT
NOW THAT I SEE YOU

라푼젤 (목소리만) 이제 마침내, 난 빛을 보네
마치 안개가 걷힌 것 같은 느낌이야
이제 드디어, 난 빛을 보네,
마치 하늘이 새로운 하늘로 바뀐 것 같아
따뜻하고 현실이고 밝게 빛나네
어떻게 된 건진 모르겠지만 세상이 변했네
완전히 한꺼번에,
모든 것이 달라 보인다네
이제 나 당신을 바라보니

Rapunzel turns to see Flynn holding two lanterns in his hands. He smiles at her, holds one out. She rushes over to him and takes the lantern. She takes out the satchel and hands it to him.

라푼젤이 두 손에 등불 두 개를 들고 있는 플린을 보려고 몸을 돌린다. 그가 그녀에게 미소를 보내며 등불 하나를 건네려 한다. 그녀가 그에게로 달려가 등불을 건네받는다. 그녀가 가방을 꺼내어 그에게 건네준다.

RAPUNZEL I have something for you too. I should have given it to you before but I was just scared. And the thing is, I'm not scared any more. You know what I mean?

라푼젤 저도 당신에게 드릴 게 있어요. 벌써 드렸어야 했는데, 제가 좀 두려웠거든요. 그런데 중요한 건, 이제 더 이상 두렵지 않다는 거예요. 무슨 말인지 이해되죠?

Flynn smiles.

플린이 미소 짓는다.

FLYNN I'm starting to.

플린 이제부터 이해되기 시작한 것 같아요.

---

the fog has lifted 안개가 걷혔다
bright 밝은, 눈부신, 빛나는

❶ **all at once**
갑자기, 돌연
어떤 일이 갑자기/돌연 일어날 때 쓰는 표현으로 suddenly와 동의표현이에요. 문맥에 따라서는 '모두 한꺼번에/동시에'라는 의미로 쓰일 수도 있고요. 예를 들어, Don't try to do everything all at once! '모든 것을 다 한꺼번에 하려고 하지 말아라' 이렇게요.

At Last, I See the Light

이제 마침내, 빛을 보네

🎧 21.mp3

He tosses the satchel to the side, he **could care less**. They release the lantern and it joins the others. Flynn **gazes at** Rapunzel.

플린이 가방을 옆에 별 관심 없는 듯 던져둔다. 그들이 등불을 날려 보내자 그들의 동불이 다른 등불들과 같이 섞인다. 플린이 라푼젤을 지긋이 바라본다.

바로 이장면!*

FLYNN (V.O.) (singing)
ALL THOSE DAYS
CHASING DOWN A **DAYDREAM**,
ALL THOSE YEARS
LIVING IN A **BLUR**,
ALL THAT TIME,
NEVER **TRULY** SEEING
THINGS **THE WAY THEY WERE**❶

플린 (목소리만) (노래)
수많은 날들을
몽상을 쫓으며,
길고 긴 세월을
희미함 속에 살아가며,
그 모든 시간 동안,
단 한 번도 진심으로 이해한 적이 없었네
세상의 원래 모습을

Rapunzel puts her hand on his arm as she points out a **particular** lantern. Flynn looks at her hand, touching his.

라푼젤이 특정한 등불 하나를 가리키며 그의 팔에 그녀의 손을 올린다. 플린이 그녀의 손을 보니 그의 손에 닿아 있다.

FLYNN (V.O.) NOW SHE'S HERE,
SHINING IN THE STARLIGHT,
NOW SHE'S HERE,
AND SUDDENLY I KNOW
IF SHE'S HERE,
IT'S **CRYSTAL CLEAR-**
I'M WHERE I MEANT TO GO

플린 (목소리만) 이제 그녀가 여기에 있네
별빛 속에서 반짝이며,
이제 그녀가 여기에 있으니,
순간 알게 되었네
그녀가 여기에 있다면,
너무나도 명백하네-
내가 가야 할 곳에 내가 지금 와 있다는 것이

RAPUNZEL/FLYNN (singing) AND AT LAST I SEE THE LIGHT,

라푼젤/플린 (노래) 이제 마침내 빛을 보네.

FLYNN (singing) AND IT'S LIKE THE FOG HAS LIFTED

플린 (노래) 마치 안개가 걷힌 것 같아

RAPUNZEL/FLYNN (singing) AND AT LAST I SEE THE LIGHT,

라푼젤/플린 (노래) 이제 드디어 빛을 보니,

could care less 별로 관심이 없다
gaze at 응시하다
chase down 추구하다
daydream 백일몽, 몽상
blur 희미한 것/흐릿한 것, 흐릿하게 만들다
truly 정말로, 진심으로
particular 특정한
crystal clear 수정같이 맑은, 아주 분명한

❶ **the way they were**
원래 있던 모습 그대로
'the way + 주어 + be동사'는 '원래/있는 모습 그대로'라는 의미로 쓰이는 표현이에요. 예를 들어, I like the way you are. '난 너의 모습 그대로가 좋아', Accept me the way I am. '나를 내 모습 그대로 받아들여라' 이렇게 쓸 수 있어요.

RAPUNZEL   (singing) AND IT'S LIKE THE SKY IS NEW

Flynn puts his hand on hers. She turns to look at him. Suddenly they are facing each other in the boat, holding hands.

RAPUNZEL/FLYNN   (singing)
AND IT'S WARM AND REAL AND BRIGHT
AND THE WORLD HAS SOMEHOW SHIFTED

The boat floats slowly towards the far shore, near where they entered the kingdom.

RAPUNZEL/FLYNN   (singing)
ALL AT ONCE,
EVERYTHING IS DIFFERENT
NOW THAT I SEE YOU...
NOW THAT I SEE YOU

라푼젤 (노래) 마치 하늘이 새로운 하늘로 바뀐 것 같아.

플린이 그의 손을 그녀의 손위에 올려놓는다. 그녀가 고개를 돌려 그를 본다. 그 순간 그들은 배 위에서 서로의 손을 잡고 서로를 바라보고 있다.

라푼젤/플린 (노래)
따뜻하고 현실이고 밝게 빛나네
어떻게 된 건진 모르겠지만 세상이 변했네

배가 천천히 저 먼 해안가, 그들이 왕국으로 들어왔던 곳 쪽으로 떠가고 있다.

라푼젤/플린 (노래)
완전히 한꺼번에,
모든 것이 달라졌네
이제 나 당신을 바라보니…
이제 나 당신을 바라보니

Flynn **tucks** her hair behind her ear. They get closer, closer. They **lean** in and...
Just as they**'re about to**[1] kiss, Flynn sees them...they are standing at the **shoreline**:
A STABBINGTON BROTHER!

The brother **waves**, **sarcastic**. Flynn backs away from Rapunzel **at the last second**.

RAPUNZEL   Is everything okay?

FLYNN   Huh? Oh yes...yes, of course. I just...

He starts rowing towards shore.

FLYNN   I'm sorry, everything is fine. There's just something I have to **take care of**.

플린이 그녀의 머리카락을 그녀의 귀 뒤로 넘겨준다. 그들이 점점 더 서로에게 다가간다. 그들이 서로에게 몸을 숙이며…
그들이 키스하려는 찰나, 플린이 그들을 본다…그들이 해안가에 서 있다:
스태빙턴 형제다!

그들이 비아냥거리듯 손을 흔든다. 플린이 마지막 순간에 라푼젤에게서 물러선다.

라푼젤 모두 괜찮은 건가요?

플린 응? 아, 그럼요… 그럼요, 전 그냥…

그가 해안 쪽으로 노를 젓기 시작한다.

플린 미안해요, 다 괜찮아요. 단지 제가 좀 해결해야 할 게 있어서요.

---

tuck (끝부분을 단정하게) 밀어 넣다, (작은 공간에) 집어넣다

lean 기울이다, 기대다, (몸을) 숙이다

shoreline 물가, 해안가/선

wave 파도, 물결, (손, 팔을) 흔들다

sarcastic 빈정대는, 비꼬는

at the last second 마지막 순간에

take care of something ~을 돌보다, ~에 신경을 쓰다

❶ be동사 + about to + do something
막 ~하려는 참이다.
'막 ~하려던 참이었다/찰나였다'라는 의미로 주로 be동사가 과거형으로 쓰이는 경우가 많아요. 예를 들어, I was just about to call you. '지금 막 너에게 전화하려던 참이었어', She was about to leave when I got there. '내가 거기 도착했을 때 그녀는 떠나려던 참이었다' 이렇게 말이죠.

RAPUNZEL   Okay.

FLYNN   **I'll be right back.**[1]

Flynn EXITS, leaving Rapunzel **confused** on the boat.

RAPUNZEL   (to Pascal) It's alright, Pascal.

라푼젤 네.

플린 금방 돌아올게요.

플린이 떠나고, 라푼젤은 배 위에서 심란한 듯 남
아 있다.

라푼젤 (파스칼에게) 괜찮아, 파스칼.

---

confused 혼란스러운

[1] **I'll be right back.**
금방 돌아올게.
화장실에 가거나 볼일이 있어서 잠시 자리를
비울 때, 금방 돌아오겠다고 하며 쓰는
표현인데, 같은 상황에서 'I'll be back in a
second/minute/moment'도 자주 쓴답니다.

A Fair Trade?

공정한 거래?

🎧 22.mp3

EXT. SHORELINE – MOMENTS LATER – SEQUENCE 18
One of the Stabbington Brothers (no eye-patch) waits. Flynn
ENTERS FRAME, tosses the satchel on the ground.

외부. 해안가 – 잠시 후 – 장면 18
스태빙턴 형제 중 한 명이 (안대를 하지 않은 사람) 기다린다. 플린이 화면 안에 들어오고 가방을 땅에 던져 준다.

FLYNN Ah, there you are. I've been searching
everywhere for you guys since we got
separated. Hey, the **sideburns** are **coming in**
nice, huh? Gotta be excited about that.

플린 자, 여기 있어. 우리가 헤어진 뒤로 난 너희들 찾느라 사방을 다 뒤지고 다녔어. 야, 너 구레나룻 멋지게 길렀구나. 응? 정말 신나겠다.

He says nothing, keeps **sharpening** knife. Flynn tosses him the
satchel.

그가 아무 말 없이, 칼을 갈고 있다. 플린이 그에게 가방을 던져 준다.

FLYNN **Anyhow**, I just wanted to say: I shouldn't have
split, the crown is all yours, I'll miss you but I
think **it's for the...best...** [1]

플린 아무튼, 내가 하고 싶은 말은: 내가 그때 떠나지 말았어야 했다는 거야. 왕관은 너희들이 다 가져. 나도 너희들 보고 싶겠지만 이게. 최선일 것 같은데...

Flynn turns to go... and **crashes** right **into** the other Stabbington
Brother (with eye patch).

플린이 가려고 뒤돌아서는데… 그 순간 또 다른 스태빙턴 형제 중 한 명에게(안대를 한 사람) 꽝 부딪힌다.

바로 이장면!*

STABBINGTON BROTHER **Holding out on** us again, eh,
Rider?

스태빙턴 형제 또 우리한테 숨기려고 하는구먼. 응, 라이더?

Flynn stops.

플린이 멈춘다.

FLYNN What?

플린 뭐?

STABBINGTON BROTHER We heard you found something.
Something much more **valuable**
than a crown.

스태빙턴 형제 네가 뭔가를 찾았다고 들었어. 왕관보다 훨씬 더 값이 나가는 걸 말이야.

---

sideburn 구레나룻

come in 보이게 되다, 나타나다

sharpen 날카롭게 갈다/깎다

anyhow 아무튼

split (작은 부분들로) 나누다, (어떤 장소에서) 떠나다

crash into ~와 충돌하다

hold out on ~에게 비밀로 하다

valuable 소중한, 귀중한, 값비싼

> ❶ **It's for the best.** 최선의 선택이야.
> 지금은 안 좋을 것 같을지 몰라도 결국은 이것이 가장 좋은 결과를 얻기 위한 최선의 선택이다라는 의미로 쓰는 표현이에요. 원하지 않는 선택을 해야만 하는 어쩔 수 없는 상황에서 주로 등장하지요. 예를 들어, I don't want to leave you, but perhaps it's for the best. '난 당신을 떠나고 싶지 않지만, 어쩌면 이게 최선일지도 몰라요.' 이런 식으로 말이죠.

He kicks the crown as he walks closer to Flynn.

STABBINGTON BROTHER We want her instead.

Flynn's face drops. Suddenly he realizes what's happening.

BACK AT THE BOAT:
Rapunzel waits for Flynn. She's getting **restless**. She hears **rustling**, gets up.

RAPUNZEL (joking) I was starting to think you **ran off** with the crown and left me.

REVEAL: THE STABBINGTON BROTHERS.

STABBINGTON BROTHER He did.

RAPUNZEL What? No. He wouldn't.

STABBINGTON BROTHER See for yourself.❶

They point out to the water – Flynn is sailing away in a boat!

RAPUNZEL Eugene? (then, frantic) Eugene!

But he doesn't even turn around.

STABBINGTON BROTHER A fair trade: a crown for the girl with the magic hair. How much do you think someone would pay to stay young and healthy forever?

Rapunzel can't believe it. The Stabbingtons **lunge for** her, but she **evades** their grasp and **runs for** the forest.

RAPUNZEL No. Please, no. No!

그가 플린에게로 가까이 다가오며 왕관을 발로 찬다.

스태빙턴 형제 우린 이것 대신 그녀를 원해.

플린이 고개를 떨군다. 그 순간 무슨 일어나고 있는지 깨닫는다.

다시 배 위 장면:
라푼젤이 플린을 기다린다. 그녀가 초조해하고 있다. 바스락거리는 소리를 듣고 그녀가 일어난다.

라푼젤 (농담조로) 전 당신이 저만 두고 왕관을 들고 달아났다고 생각하고 있었잖아요.

등장: 스태빙턴 형제

스태빙턴 형제 그렇게 했어.

라푼젤 뭐라고요? 아니에요. 그는 그럴 사람이 아니에요.

스태빙턴 형제 네가 직접 봐라.

그들이 물가 쪽을 가리킨다 – 플린이 배를 타고 어딘가로 가고 있다!

라푼젤 유진? (그리고는, 몹시 흥분하여) 유진!

그러나 그는 돌아보지도 않는다.

스태빙턴 형제 공정한 거래지: 마법의 머리카락을 가진 여자를 주고 왕관을 가져간다. 영원히 젊고 건강하게 살 방법이 있다면 네 생각엔 사람들이 얼마에 그걸 사려고 할 것 같니?

라푼젤은 믿을 수가 없다. 스태빙턴 형제가 그녀를 향해 돌진한다. 하지만 그녀가 그들의 움켜쥐려는 손을 피해 숲으로 달아난다.

라푼젤 안 돼, 제발, 안 돼, 안 돼!

---

one's face drops 〈구어〉 실망한 기색을 보이다
restless (지루하거나 따분해서) 가만히 못 있는, 들썩이는,
rustling 바스락거리는 소리
run off 달려 나가다, 도망가다
lunge for ~을 향해 돌진하다
evade (어떤 일이나 사람을) 피하다/모면하다
run for + 명사 ~로 달려가다

❶ **See for yourself.**
네가 직접 봐라.
See for oneself는 '직접 보다/확인하다'라는 의미로 쓰이는 숙어예요. 예를 들어, If you don't believe me, see for yourself! '내 말을 못 믿겠다면 네가 직접 봐라!', I saw it myself, '내가 내 두 눈으로 그것을 직접 확인했다' 이렇게 쓰이지요.

Her hair **snags on** a **log**, she can hear them getting closer. And then...
THUMP, THUMP! CRASH, CRASH!

MOTHER GOTHEL (O.S.)   Rapunzel!

RAPUNZEL Mother!?

Rapunzel walks out of the **tree line** and sees Gothel standing there, holding a **tree branch**, the Stabbington Brothers **unconscious** at her feet.

그녀의 머리가 나무에 걸리고 말았다. 그들이 점점 다가오는 소리가 들린다. 그리고는…
쿵, 쿵! 쾅, 쾅!

고텔 (화면 밖) 라푼젤!

라푼젤 어머니!?

라푼젤이 나무숲에서 걸어 나오며 고텔이 나뭇가지를 잡고 서 있는 모습을 보는데, 그녀의 발밑에 스태빙턴 형제가 의식을 잃고 쓰러져 있다.

---

snag on ~에 걸려 찢어지다
log 통나무
thump 세게 두드리다
tree line 수목 한계선
tree branch 나뭇가지
unconscious 의식이 없는

Mother Gothel Knows
고텔은 알고 있다

🎧 23.mp3

MOTHER GOTHEL Oh, my precious girl.

RAPUNZEL Mother.

They **embrace**.

MOTHER GOTHEL Are you alright? Are you hurt?

RAPUNZEL Mother, how did you–

MOTHER GOTHEL I **was so worried about you,**[1] dear! So I followed you. And I saw them **attack** you and... Oh my, let's go, let's go, before they come to.

She **rushes off**. But Rapunzel doesn't move. She looks back towards Flynn, still sailing away.
Nothing. He keeps sailing **further** away. She turns towards her mother, now waiting at the **border** of the woods.

Gothel **opens her arms, inviting** Rapunzel to run to Mother as she always has. And Rapunzel does. Gothel embraces her. Rapunzel **sobs**.

RAPUNZEL You were right, Mother. You were right about everything.

Gothel smiles over Rapunzel's shoulder.

MOTHER GOTHEL I know, darling. I know.

고텔 오, 내 소중한 딸.

라푼젤 어머니.

그들이 포옹한다.

고텔 너 괜찮니? 다친 거니?

라푼젤 어머니, 도대체 어떻게–

고텔 내가 너무 걱정이 됐단다. 아가! 그래서 내가 너를 따라왔지. 그리고 그들이 널 공격하는 것을 보고… 오 맙소사, 가자, 어서 가자꾸나, 그들이 오기 전에.

그녀가 서둘러 자리를 뜨려고 한다. 하지만 라푼젤은 움직이지 않는다. 그녀가 뒤돌아서 여전히 배를 타고 멀어지고 있는 플린을 바라본다.
아무 반응도 없다. 그가 계속 더 멀어지고 있다. 그녀가 그녀의 어머니에게로 돌아서는데, 어머니는 숲의 가장자리에서 기다리고 있다.

고텔이 늘 그래 왔듯이 그녀가 달려와 안기기를 바라며 팔을 벌린다. 그리고 라푼젤이 그렇게 한다. 고텔이 그녀를 안는다. 라푼젤이 흐느낀다.

라푼젤 당신이 옳았어요, 어머니. 어머니 말씀이 다 옳았어요.

고텔이 라푼젤의 어깨너머로 미소 짓는다.

고텔 알지, 아가, 알고말고.

---

embrace 〈격식〉 껴안다, 포옹하다
attack 공격하다, 폭행하다, 공격, 폭행
rush off 황급히 떠나다
further (far의 비교급) 더 멀리에
border 국경/경계 (지역)
open one's arms 팔을 벌리다
invite 초대/초청하다
sob 흐느끼다, 흐느껴 울다

❶ be동사 + worried about
~에 대해 걱정하다.
이 표현은 수동형으로 쓰이지만 '~에 대해서 걱정된다'라고 해석하기보다는 많은 경우에 '~에 대해 걱정하다'라고 해석하는 것이 더 일반적이에요. 예를 들어, '우린 너에 대해 걱정하고 있단다'라는 표현을 할 때 We are worrying about.라고 표현하기보다는 We are worried about you. 라고 하는 것이 자연스럽답니다.

110

They **retreat** into the woods.

BACK ON SHORE
We **circle** around, past the shore, into the water, and to the front of the boat that Flynn is sailing on. He's **tied up** and unconscious – the crown on his lap.
The boat **hits** a dock, **alerting** TWO GUARDS who look down and see him! They **spring into action**❶ as Flynn **awakens**.

GUARD　　Look! The crown!

FLYNN　　(Confused) Rapunzel? (Concerned) Rapunzel!?

And watching it all nearby: the HORSE – **lone witness** to everything. The guards arrest Flynn as he struggles to get free.

FLYNN　　No, no, no...wait, wait...guys, guys! Rapunzel!!!

The Horse watches as Flynn is dragged away. He turns and looks out towards the forest and takes off.

그들이 숲으로 숨어든다.

다시 해안가
카메라가 원형으로 돌며 해안가를 비추고 물 위를 비춘 후, 플린이 타고 있는 배의 앞부분을 비춘다. 그는 줄로 묶여 있고 의식을 잃은 상태다 – 그의 무릎 위에 왕관이 있다.
배가 부두에 도착하자 경계하던 근위병 둘이 내려다보고 그를 발견한다! 그들이 재빨리 행동을 취하려 하고 그 순간 플린이 정신을 차린다.

근위병　봐요! 왕관이에요!

플린　(혼란스러워하며) 라푼젤? (근심하며) 라푼젤?

이 모든 것을 가까이에서 지켜보고 있던 이가 있었으니: 말 – 모든 것을 지켜본 유일한 목격자
근위병들이 플린을 체포하고 플린은 벗어나려고 발버둥 친다.

플린　안 돼, 안 돼, 안 돼…잠깐, 잠깐…이봐요, 이 보라고! 라푼젤!!!

말이 플린이 끌려가는 모습을 본다. 그가 돌아서 숲 쪽을 바라본 후 출발한다.

---

retreat 후퇴/철수하다
circle (특히 공중에서) 빙빙 돌다
tie something up (도망가지 못하게) 묶어 놓다
hit (어떤 장소에) 닿다/이르다
alert (위험 등을) 알리다, 경계 태세
awaken (잠에서) 깨다/깨우다
lone 혼자인, 단독의
witness 목격자, 목격하다

❶ **spring into action**
갑자기 행동/작동하기 시작하다
사람이나 기계 등이 갑자기 움직이기 시작할 때 혹은 어떤 행동/작동을 하기 시작할 때 쓰는 표현이에요. 예를 들어, Lynn was always the first one to spring into action. '린은 항상 가장 먼저 행동하는 사람이었어', They were ready to spring into action. '그들은 행동을 개시할 준비가 되어있었어' 이렇게 쓸 수 있지요.

The Dark, Selfish, and Cruel World

어둡고, 이기적이고, 잔인한 세상

🎧 24.mp3

바로 이장면!*

INT. DUNGEON – SEQUENCE 20.5 Flynn sits **sullenly** in his **cell**. Guards approach carrying **shackles**.	내부. 지하 감옥 – 장면 20.5 플린이 감옥 안에 시무룩하게 앉아 있다. 근위병들이 가방을 들고 다가온다.
CAPTAIN Let's get this over with,① Rider.	대장 어서 이 일을 마무리 짓자, 라이더.
FLYNN Where are we going?	플린 어디로 가는 거죠?
There's no response. Flynn puts his hand to his neck.	응답이 없다. 플린이 그의 목에 손을 얹는다.
FLYNN Oh.	플린 오.
INT. TOWER – MEANWHILE Mother Gothel sits with Rapunzel on her bed, pulling flowers out of her hair.	내부. 탑 – 한편 고텔이 침대에 라푼젤과 함께 앉아서 그녀의 머리에서 꽃을 빼내고 있다.
MOTHER GOTHEL There, it never happened.	고텔 자, 아무 일도 없었던 거야.
She heads for the door, **dumps a load of** Rapunzel's stuff (flowers, etc.) in the GARBAGE.	그녀가 문 쪽으로 다가가 라푼젤의 물건 한 꾸러미(꽃, 동등)를 휴지통에 쏟아붓는다.
MOTHER GOTHEL Now wash up for dinner. I'm making hazelnut soup.	고텔 이제 씻고 저녁 먹을 준비해라. 헤이즐넛 수프 만들어 줄게.
Rapunzel sits on the bed, eyes **downcast**.	라푼젤은 풀이 죽어 침대에 앉아 있다.
MOTHER GOTHEL I really did try Rapunzel. I tried to warn you what was out there. The world is dark, and selfish, and cruel. If it finds even the **slightest** ray of sunshine...it destroys it.	고텔 내가 정말 애썼어, 라푼젤. 밖에 나가면 뭐가 있는지 너에게 경고하려고 애썼다고. 세상은 어둡고 이기적이고 잔인해. 그 속에서 조금이나마 햇살이 비추려고 하면… 그것조차 파괴하지.

---

dungeon 지하 감옥
sullenly 시무룩하게, 뚱하게
cell 감방, 수도실, 암자
shackles 족쇄, 쇠고랑
dump (쓰레기 등을) 버리다
a load of 많은, 한 짐의
downcast 눈을 내리뜬, 풀이 죽은
slightest 최소의

① Let's get this over with.
빨리 이 일을 끝내자.
별로 유쾌하지 않거나 자신이 원하는 일이 아닌 것을 할 때는 그 일이 빨리 끝났으면 좋겠지요? 그럴 때 '일단 어서 이 일을 끝내도록/마치도록 하자'라는 의미로 쓰는 표현이에요. 특히 시험을 앞둔 학생들이 참 많이 쓰는 표현이죠.

Mother Gothel exits the room. Rapunzel opens her hands to reveal the FLAG from her day in the Kingdom. She studies the symbol of the sun on the flag.

Pascal **snuggles up** next **to** her **sympathetically**. Rapunzel **flops down** on the bed.

Rapunzel looks up at the ceiling, staring **intently** at her paintings. She looks at the flag, then back to her paintings.

A large portion of the drawings disappear (**in her mind's eye**), leaving only: THE SYMBOL OF THE KINGDOM! It's been hidden in the **negative space** of her paintings **all along!**❶

RAPUNZEL   (Startled gasp)

Rapunzel closes her eyes, then she opens them.

In FLASHBACK:
She remembers a **mobile**, hanging above a crib, and two parents, the king and queen reaching their arms out towards her.
She recalls images of the King and Queen on the mosaic.
Her green eyes mirror the eyes of the baby they hold in their arms.
Then the memory of the CROWN ON HER OWN HEAD two days ago!
Disoriented, Rapunzel falls back into the dresser.

고텔이 방을 나간다. 라푼젤이 손을 펴니 그 날 왕국에서 받았던 깃발이 드러난다. 그녀가 깃발 위에 그려진 태양 문양을 눈여겨본다.
파스칼이 그녀를 위로하려는 듯 그녀 품으로 파고든다. 라푼젤이 침대에 털썩 드러눕는다.
라푼젤이 천장을 올려다보며 그녀의 그림들을 뚫어지게 응시한다. 그녀가 깃발을 들여다본 후 다시 그녀의 그림을 올려다본다.

그림 대부분이 사라지고 (그녀의 마음속 눈에서), 유일하게 남은 것은: 왕국의 상징! 그 오랜 세월 동안 계속 그 상징이 그녀의 그림 속의 눈에 띄지 않는 곳에 숨어 있었던 것이다!

라푼젤 (놀라서 숨이 턱 막힌다)

라푼젤이 그녀의 눈을 감았다가, 다시 뜬다.

회상 장면:
그녀는 아기침대 위에 달아 놓았던 모빌을 기억한다, 왕과 왕비가 그녀를 향해 손을 뻗고 있다.
그녀가 모자이크에 있던 왕과 왕비의 이미지를 떠올린다.
그녀의 초록 빛깔 눈이 그들이 팔에 안고 있는 아기의 눈과 닮았다.
그리고는 이틀 전 그녀 자신의 머리 위의 왕관에 대한 기억!
혼란에 빠져, 라푼젤이 화장대 쪽으로 쓰러진다.

---

snuggle up to ~에게 바짝 다가붙다, ~을 끌어안다
sympathetically 동정/공감하여
flop down 털썩 주저앉다
intently 골똘하게, 오로지
in one's mind's eye 마음속으로, 상상으로
negative space 여백
mobile 이동식의
disoriented 혼란에 빠진, 갈피를 잡지 못하는

❶ **all along**
내내, 죽
맨 처음부터 '시종일관/죽/내내'라는 의미로 쓰이는 표현이에요, 예를 들어, I've said it all along. '내가 처음부터 내내 그렇다고 얘기했잖아', You knew everything all along! '넌 처음부터 계속 모든 것을 알고 있었구나!' 이렇게 씁니다.

The Truth Revealed

밝혀진 진실

🎧 25.mp3

INT. DUNGEON

The guards walk Flynn down a hallway, passing a nearby CELL holding the STABBINGTON BROTHERS!
Flynn sees them, **breaks from** the guards. He grabs the nearby Stabbington Brother (without eye-patch) pulls his head **violently against** the **bars**.

FLYNN	How did you know about her!? Tell me, NOW!

STABBINGTON BROTHER	It wasn't us. It was the old lady.

FLYNN	Old lady?

Flynn's hand drops. **It starts dawning on him...** ❶ just as the Guards pull him away.

FLYNN	Wait, no wait. Wait! You don't understand, she's **in trouble**! Wait!

INT. TOWER

Gothel looks up the stairs towards Rapunzel's bedroom.

MOTHER GOTHEL Rapunzel?

Mother Gothel looks up to Rapunzel's **loft**, **no answer**.

MOTHER GOTHEL Rapunzel, what's going on up there?

Rapunzel is **breathing hard**.

MOTHER GOTHEL Are you alright?

내부, 지하 감옥

근위병들이 복도에서 플린을 데리고 가는데, 스태빙턴 형제가 갇혀 있는 방을 지나간다.
플린이 그들을 보고, 근위병들을 뿌리친다. 그가 더 가까운 쪽에 있던 스태빙턴 형제 중 한 명(안대를 하지 않은 이)을 잡고 그의 머리를 쇠창살 쪽으로 격렬하게 잡아당긴다.

플린 너희 그녀에 대해서 어떻게 알았어!? 말해, 당장!

스태빙턴 형제 우리가 그런 게 아냐. 그 할망구가 그런 거지.

플린 할망구?

플린이 손을 내려놓는다. 뭔가 감이 잡히기 시작한다… 그 순간 근위병들이 그를 끌어낸다.

플린 잠깐, 안 돼, 잠깐. 잠깐! 네가 몰라서 그래, 그녀가 곤경에 처했다고! 잠깐만!

내부, 탑

고텔이 라푼젤의 침실 쪽 계단을 올려 본다.

고텔 라푼젤?

고텔이 라푼젤의 침실을 올려 보는데, 아무런 응답이 없다.

고텔 라푼젤, 위에서 무슨 일 있는 거니?

라푼젤이 거칠게 숨을 쉬고 있다.

고텔 괜찮니?

---

break from ~으로 부터 벗어나다
violently 격렬하게, 맹렬히
against ~에 가까이, ~에 붙여
bars 철창, 창살
in trouble 곤경에 빠져서, 난처하여
loft (교회, 농장, 공장 건물의) 위층/상층
no answer 무응답
breathe hard 거칠게 숨을 쉬다

❶ **It starts dawning on him.**
그는 뭔가 감이 잡히기 시작한다.
dawn on someone은 그동안 생각이 미치지 못했던 무엇인가에 대해서 불현듯 깨닫게 될 때 '~에게 분명해지다/감이 오다' 또는 '~을 알아차리다/깨닫다'라는 의미로 쓰이는 표현이에요. 예를 들어, Suddenly It dawned on me that I had forgotten to call him. '그에게 전화하는 걸 깜박했다는 걸 불현듯 깨달았다.' 이렇게 쓰인답니다.

Mother Gothel walks up the **steps** to Rapunzel's loft.
Rapunzel pulls back the curtains and **steps out**.

고텔이 라푼젤의 방으로 가는 계단을 올라간다.
라푼젤이 커튼을 다시 가리고 밖으로 나간다.

바로 이장면!*

RAPUNZEL   (to herself) I'm the lost princess.

라푼젤 (자신에게) 내가 바로 그 잃어버린 공주
야.

MOTHER GOTHEL Oh, please **speak up**, Rapunzel. You
know how I hate the mumbling.

고텔 오, 제발 말 좀 크게 하렴, 라푼젤. 내가 웅얼
거리는 거 싫어하는 거 알잖니.

Rapunzel repeats, **strongly**:

라푼젤이 다시 한번 반복한다. 강하게:

RAPUNZEL   I am the lost princess, aren't I?

라푼젤 내가 그 잃어버린 공주예요. 그렇지 않나요?

Gothel freezes. Rapunzel steps forward, **standing up to her**[1] mother
for the first time.

고텔이 얼어붙는다. 라푼젤이 앞으로 다가와 난생
처음으로 그녀의 어머니에게 저항한다.

RAPUNZEL   Did I mumble, Mother?

라푼젤 제가 웅얼거렸나요, 어머니?

She looks up at her.

라푼젤이 그녀를 올려본다.

RAPUNZEL   Or should I even call you that?

라푼젤 아니면 제가 당신을 어머니라고 부르는
게 맞긴 한 건가요?

MOTHER GOTHEL Rapunzel, do you even hear yourself?
Why would you ask such a **ridiculous**
question?

고텔 라푼젤, 대체 무슨 소리를 하는 거니? 너 그
런 말도 안 되는 질문을 왜 하는 거니?

RAPUNZEL   It was you! It was all you!

라푼젤 당신 짓이었어요! 이 모든 게 다 당신 짓
이었다고요!

MOTHER GOTHEL Everything I did was to protect you.

고텔 난 단지 널 보호하기 위해서 그랬던 것뿐이
야.

Rapunzel pushes past her mother and goes down the stairs.

라푼젤이 그녀의 어머니를 밀치고 계단을 내려간
다.

MOTHER GOTHEL Rapunzel!

고텔 라푼젤!

---

steps 계단
step out 나가다
speak up 더 크게 말하다
strongly 튼튼하게, 강하게
ridiculous 우스꽝스러운

❶ stand up to someone
~에게 저항하다/맞서다
이 표현은 주로 나보다 더 강한 존재에게
저항하고 맞설 때 쓰는 표현이에요. 예를 들어,
We need to stand up to those bullies.
'우리는 학급 친구들을 괴롭히는 그 녀석들에게
맞서야 한다', I don't have guts to stand
up to my boss. '난 직장 상사에게 맞설만한
배짱이 없어' 이런 표현을 할 때 쓰지요.

RAPUNZEL	I have spent my entire life hiding from people who would use me for my power.	라푼젤 난 내 마법의 힘을 사람들이 사용하게 될까 봐 꼭꼭 숨어서 평생을 보냈다고요.
MOTHER GOTHEL	Rapunzel!	고텔 라푼젤!
RAPUNZEL	When I should have been hiding from you.	라푼젤 난 다른 사람들이 아니라 바로 당신에게서 숨었어야 하는 거였어요.
MOTHER GOTHEL	Where will you go?	고텔 어딜 가려고 그래?

Who's the Bad Guy?
악당은 누구인가?

🎧 26.mp3

바로 이장면!*

INT. DUNGEON
Flynn **struggles with** the guards.

MOTHER GOTHEL (O.C.) He won't be there for you.

RAPUNZEL (O.C.) What did you do to him?

MOTHER GOTHEL (O.C.) That **criminal** is to be **hanged for** his **crimes**.

Outside the window, Flynn sees the **gallows**.

INT. TOWER
Rapunzel looks down – she can't believe it.

RAPUNZEL No...

Gothel approaches Rapunzel.

MOTHER GOTHEL Now, now. It's alright. Listen to me. All of this is as it should be.

Gothel **PATS** her on the head, **condescending**. Rapunzel catches Gothel's arm. Gothel tries to **pull back** but she won't let her.

RAPUNZEL No. You were wrong about the world and you were wrong about me and I will never let you use my hair again.

내부. 지하 감옥
플린이 근위병들에게서 벗어나려고 발버둥 치고 있다.

고텔 (화면 밖) 그는 널 위해 기다리고 있지 않을 거야.

라푼젤 (화면 밖) 그에게 무슨 짓을 한 거예요?

고텔 (화면 밖) 그 녀석은 교수형에 처해야 해.

창문 밖으로, 플린의 눈에 교수대가 보인다.

내부. 탑
라푼젤이 내려다본다 – 그녀는 이것을 믿을 수가 없다.

라푼젤 아니야…

고텔이 라푼젤에게 다가간다.

고텔 자, 자. 괜찮아. 내 얘길 들어 보렴. 모든 것이 원래 있어야 할 곳으로 되돌아온 것이란다.

고텔이 비웃듯이, 그녀의 머리를 토닥거린다. 라푼젤이 고텔의 팔을 잡는다. 고텔은 팔을 빼려고 하지만 라푼젤이 놓지 않는다.

라푼젤 아니에요. 당신의 세상은 틀렸어요. 그리고 나에 대한 생각도 틀렸어요. 그리고 난 절대 다시는 당신이 내 머리카락을 이용하게 하지 않을 거예요.

---

struggle with ~와 씨름하다
O.C. 〈영화 용어〉 카메라/화면 밖으로 벗어나서 보이지 않는 (= off camera)
criminal 범죄의, 범죄자
hang for something ~때문에 교수형에 처하다
crime 범죄, 범행
gallows 교수대
pat 가볍게 톡톡 치다
condescending 거들먹거리다

pull back 후퇴하다, 물러나다

Gothel frees herself from Rapunzel's grasp, but she stumbles backward, falling into her mirror and **shattering** it.
Rapunzel heads for the window, her back to Gothel.

MOTHER GOTHEL You want me to be the bad guy? Fine. Now I'm the bad guy.

고텔이 라푼젤이 잡고 있던 손에서 벗어나지만, 뒤로 휘청거리다가, 그녀의 거울 위로 쓰러지고 거울은 산산조각이 난다.
라푼젤이 창문 쪽으로 향하고, 그녀의 뒷모습은 고텔을 향한다.

고텔 내가 악당이 되길 원하는 거지? 좋아. 그럼 내가 악당을 해 주지.

INT. DUNGEON

The guards drag Flynn down the hallway. On a window sill he sees: A CERAMIC UNICORN.

In front of them, a door slams shut. Then **all around** them, doors slam. They are trapped.

CAPTAIN What's this?

He **bangs on** one of the doors.

CAPTAIN Open up!

In the door **portal**, the DRUNK THUG appears.

DRUNK THUG What's the **password**?

CAPTAIN What?

DRUNK THUG Nope!

CAPTAIN Open this door!

DRUNK THUG It's not even close....

CAPTAIN You have three seconds. ONE! TWO! THREE?[1]

내부. 지하 감옥

근위병들이 복도에서 플린을 질질 끌고 간다. 창틀에서 그를 보는 자: 세라믹 유니콘.

그들 앞에서, 문이 '쾅' 닫힌다. 그리고는 그들의 주변에 있는 모든 문들이 '쾅' 닫힌다. 그들은 갇혔다.

대장 이게 어찌 된 일이지?

그가 문 하나를 세게 두드린다.

대장 열어!

문 입구에, 술 취한 건달이 나타난다.

술 취한 건달 암호가 뭘까요?

대장 뭐야?

술 취한 건달 틀렸음!

대장 이 문을 열어!

술 취한 건달 비슷하지도 않구먼…

대장 3초 주겠다. 하나! 둘! 셋?

---

shatter 산산이 부서지다, 산산조각이 나다
all around 모든 사람에게, 도처에
bang on ~을 세게 두들기다
portal (건물의 웅장한) 정문/입구
password 암호, 비밀번호

❶ You have three seconds. ONE! TWO! THREE?
3초의 시간을 주겠다. 하나! 둘! 셋?
상대방에게 몇 초의 여유를 주겠다고 하면서 카운트다운을 시작할 때 쓸 수 있는 표현이에요. 문장의 시작을 You have로 할 수도 있고, I'll give you ~로 할 수도 있답니다. 예를 들어, You have five seconds 혹은 I'll give you five seconds 라고 하면서 카운트다운을 시작하는 거죠.

All around Flynn his guards are pulled away one by one by the Pub Thugs until Flynn is left standing there with the Captain. He waves. Attila appears behind the Captain and knocks him out with Rapunzel's frying pan.

FLYNN　　Frying pans – **who knew,**[1] right?

플린의 주변에 있던 모든 근위병들이 술집에 있던 건달들에 의해 한 명씩 잡혀 나가다가 결국 플린과 대장 둘만 남게 된다. 플린이 손을 흔든다. 아틸라가 대장의 뒤에 나타나서 라푼젤의 프라이팬으로 내리쳐 그를 쓰러뜨린다.

플린　프라이팬이라 – 누가 짐작이나 했겠어, 그렇지?

The guards **break the door down.**

근위병들이 문을 부순다.

GUARD　　AHHHHH!

근위병　아아아!

THUGS (BIG NOSE, VLADIMIR, ATTILA, HOOKHAND AND DRUNK)　AHHHHH!

건달들 (큰 코, 블라디미르, 아틸라, 갈고리 손과 술 취한 건달) 아아아!

FLYNN　　AHHHHH!

플린　아아아!

They escape, followed by the guards. Suddenly, the guards **stop short.** In front of them is the Mime Thug. **Distracted by** his **performance,** they don't see Vladimir headed right for them. He **barrels** over them, leaving their helmets spinning **in midair.** The mime **bows.**

그들이 탈출하고, 근위병들은 그들을 쫓는다. 그런데 갑자기 근위병들이 가다가 멈춘다. 그들 앞에 마임을 하는 건달이 나타났다. 그의 공연에 정신이 혼미해져서 블라디미르가 그들을 향해 돌진하고 있는 것을 보지 못한다. 그가 그들 위로 질주하자 그들의 헬멧이 공중에서 빙빙 돌며 나부낀다. 마임 건달이 인사를 한다.

THUGS (BIG NOSE, VLADIMIR, ATTILA, HOOKHAND AND DRUNK)　AHHHHH!

건달들 (큰 코, 블라디미르, 아틸라, 갈고리 손과 술 취한 건달) 아아아!

GUARD　　AHHHHH!

근위병　아아아!

---

break something down ～을 때려 부수다
stop short (하던 일을) 갑자기 뚝 멈추다/중단하다
distracted by something ～에 정신이 팔리다
performance 공연, 연주회
barrel 〈비격식〉 (통제가 안 되게) 쏜살같이 달리다
in midair 공중에 떠 있는
bow (고개를) 숙이다, (허리를 굽혀) 절하다

❶ **Who knew?**
누가 알았겠니?
특정 사실에 대해서 아무도 상상 또는 추측할 수 없었다는 표현이에요. 쉽게 말해, Nobody knew. 라는 뜻이지요. 형식을 조금 바꿔서 같은 의미로 Who would've known? 이라고 표현할 수도 있어요.

Run Maximus, Run!

달려라 막시무스, 달려!

🎧 27.mp3

EXT. PRISON COURTYARD
Hookhand Thug and Flynn run out to see an army of guards charging towards them from across the courtyard.

HOOKHAND THUG (to Flynn) Head down.

FLYNN　Head down.

HOOKHAND THUG Arms in.

FLYNN　Arms in.

HOOKHAND THUG Knees apart.

FLYNN　Knees apart. Knees apart?!? Why, why do I need to keep my knees apart – AAHHH.

He's **catapulted** through the air, landing neatly on Maximus' back. There's a moment of **recognition**.

FLYNN　Max! You brought them here. Thank you. No really, thank you. I feel maybe this **whole time❶** we've just been misunderstanding **one another** and we're really just, yeah...you're right, we should go.

The two **dodge** arrows as they **make their way** up onto a **parapet** and then over the rooftops of the city. The guards **pursue** them **all the way** to the gates of the city.

외부, 감옥 안뜰
갈고리 손 건달과 플린이 뛰어나가자 뜰 반대편으로부터 그들을 향해 돌진해 오는 근위병 부대가 보인다.

갈고리 손 건달 (플린에게) 고개 숙여.

플린 고개 숙여.

갈고리 손 건달 팔은 안쪽으로.

플린 팔은 안쪽으로.

갈고리 손 건달 무릎은 벌리고.

플린 무릎은 벌린다. 무릎을 벌리라고?!? 왜, 왜 무릎을 벌려야 하는 거지 – 아아아.

그는 공중에 내던져졌다가, 막시무스의 등에 사뿐히 내려앉는다. 서로를 알아보는 순간이다.

플린 막스! 네가 그들을 여기 데려왔구나. 고마워. 아냐 정말, 고마워. 아마 우리가 지금껏 계속 서로를 오해하고 있었던 것 같은데 사실 알고 보면 우리는 말이야, 정말이지… 그래 네가 맞아, 우린 어서 가야지.

그들이 화살을 피하면서 난간으로 올라간 후 마을의 옥상이라 부를 만한 곳에 오른다. 근위병들이 그들을 끝까지 추격해서 마을 입구에 다다랐다.

---

catapult (Y자 모양의 새총), 투석기, (갑자기) 내던지다
recognition 알아봄, 인식, (존재, 사실) 인정/승인
one another 서로
dodge (몸을) 재빨리/휙 움직이다/피하다
make one's way 나아가다, 가다
parapet (다리, 옥상 등 가장자리의) 난간
pursue 추구하다, 밀고 나가다
all the way 내내, 완전히, 온 힘을 다해

❶ **the whole time** 꼬박, 내내, 시종, 죽
처음부터 지금까지 계속해서 무엇을 했다는 의미로 '죽, 내내, 시종일관' 등의 의미를 가진 표현이에요. 이전 장면에서 나왔던 all along과 거의 비슷한 의미랍니다. 예를 들어, He kept complaining the whole time. '그는 내내 불평을 했다', I knew the whole time who was guilty. '누가 유죄인지 난 처음부터 알고 있었다' 이렇게 쓰이지요.

FLYNN   Max. Max! MAX!

플린 막스, 막스! 막스!

The gates start to close. Flynn and the horse **make it through** just **in the nick of time.**[1]

입구가 닫히기 시작한다. 플린과 말이 간신히 그 문을 통과한다.

The doors close behind them, holding the guards back. Flynn and the horse race across the bridge towards the forest and Rapunzel.

그들의 뒤로 문이 닫히고, 근위병들은 뒤에 남아있다. 플린과 말이 다리를 건너 숲과 라푼젤을 향해 달려간다.

FLYNN   Ok, Max, let's see how fast you can run.

플린 좋아, 막스. 네가 얼마나 빨리 달릴 수 있는지 한번 보자고.

They race through the **woods**.

그들이 숲을 가로지르며 달려간다.

---

make through ~을 통과하다, 성취하다, 헤쳐 나가다
woods 숲 (forest보다는 작은 규모), 수풀

❶ in the nick of time
아슬아슬하게 때를 맞추어
더 늦으면 난처한 상황이 될 수도 있었는데 겨우 아슬아슬하게 시간 안에 도착하거나 무엇을 해냈을 때 쓰는 표현이에요. 예를 들어, We arrived in the nick of time. '우린 마감/종료 시간 전에 겨우 간신히 도착했다' 이렇게 쓰여요. 비슷한 표현으로 just in time이나 at the last moment와 같은 문구들이 많이 쓰입니다.

124

![Disney Princess Tangled logo]

If Only You'd Just Let Me Heal Him...

단지 내가 그를 치유하게만 해준다면…

🎧 28.mp3

BACK TO:
EXT. TOWER – CONTINUOUS – SEQUENCE 24
Outside, Flynn **EMERGES** (on horse) from the caves. He runs to the tower!

되돌아 가서:
외부. 탑 – 계속 – 장면 24
밖에서, 플린이 동굴에서 (말을 타고) 등장한다. 그가 탑으로 달려간다!

FLYNN   Rapunzel!? Rapunzel, let down your hair!

플린 라푼젤!? 라푼젤, 당신의 머리카락을 내려 줘요!

The window opens and her hair **FLOWS** to the ground. He smiles and climbs the tower.

창문이 열리고 그녀의 머리가 땅으로 흘러내려온다. 그가 미소 지으며 탑을 오른다.

FLYNN   Rapunzel! I thought I'd never see you again.

플린 라푼젤! 당신을 다시는 못 볼 줄 알았어요.

REVEAL: Rapunzel, tied up and **gagged**.

드러낸다: 라푼젤, 몸이 묶이고 입에 재갈을 물린 상태다.

RAPUNZEL   (muffled) Eugene!

라푼젤 (먹힌 소리로) 유진!

MOTHER GOTHEL appears behind him and **stabs** him. He **collapses**.

고텔이 그의 등 뒤에서 나타나 그를 찌른다. 그가 쓰러진다.

RAPUNZEL   (muffled) Eugene!

라푼젤 (먹힌 소리로) 유진!

바로 이장면!*

MOTHER GOTHEL Now, look what you've done, Rapunzel.

고텔 자, 네가 무슨 짓을 한 건지 보거라, 라푼젤.

GOTHEL drags him across floor and **chains** him to the **banister** as she speaks:

고텔이 그를 반대편 바닥으로부터 끌고 와서 하던 말을 계속하며 그를 난간에 체인으로 묶는다:

MOTHER GOTHEL But don't worry dear, our secret will die with him. And **as for** us, we are going where no one will ever find you again.

고텔 하지만, 걱정 말거라, 아가, 우리의 비밀은 그와 함께 죽게 될 것이니까. 그런 한편 우리는, 아무도 너를 찾을 수 없는 곳으로 갈 거야.

---

emerge (어둠 속이나 숨어있던 곳에서) 나오다, 모습을 드러내다

flow 흐르다, 흘러내리다, 흐름

gag (사람 입에 물리는) 재갈, (입에) 재갈을 물리다

stab (칼과 같이 뾰족한 것으로) 찌르다

collapse 붕괴되다, 무너지다, (의식을 잃고) 쓰러지다

chain (사슬로) 묶다/매다, 사슬, 쇠줄

banister 난간

as for ~에 대해서 말하자면

RAPUNZEL Eugene!

GOTHEL drags Rapunzel across the floor, kicking Pascal **aside**.

MOTHER GOTHEL Rapunzel, really. **Enough already.** ❶ Stop fighting me.

RAPUNZEL No! I won't stop! For **every minute of** the rest of my life I will fight. I will never stop trying to get away from you. But if you let me save him, I will go with you.

FLYNN (gasping) No! No, Rapunzel!

She'll do anything. Pascal looks at her, concerned.

RAPUNZEL I'll never run. I'll never try to escape. Just let me heal him and you and I will be together. Forever. Just like you want. Everything will be the way it was. I promise. Just like you want. Just let me heal him.

Gothel chains Flynn to the wall.

MOTHER GOTHEL In case you get any ideas about following us.

Gothel smiles, **unties** her. Rapunzel runs to Flynn.

RAPUNZEL Eugene!

Rapunzel **kneels down** next to Flynn. She pulls his hand away from his side, revealing a deep **gash**.

RAPUNZEL Oh, I'm so sorry. Everything is going to be okay, though.

라푼젤 유진!

고텔이 바닥 저편으로 라푼젤을 끌고 가며, 파스칼을 발로 걷어찬다.

고텔 라푼젤, 정말이지. 이젠 할 만큼 했잖니. 내게 대들지 말거라.

라푼젤 아니요! 전 그만두지 않을 거예요! 앞으로 내 인생이 끝나는 그 시점까지 단 한순간도 쉬지 않고 싸울 거예요. 당신에게서 벗어나는 노력을 절대 멈추지 않을 거라고요. 하지만 내가 저 사람을 구하게 해 주신다면, 당신을 따라가겠어요.

플린 (숨을 헐떡거리며) 안 돼! 안 돼요, 라푼젤!

그녀는 그 무엇이든 다 할 태세다. 파스칼이 근심스러운 표정으로 그녀를 바라본다.

라푼젤 절대 도망치지 않을게요. 다시는 탈출하려고 하지도 않을 거예요. 내가 저 사람을 치유할 수 있게만 해 주면 당신과 나는 함께 할 거예요. 영원히. 당신 원대로 말이에요. 모든 것이 예전 그대로 돌아갈 거예요. 약속할게요. 바로 당신이 원하는 대로, 제발 제가 그를 치유할 수 있게만 해 주세요.

고텔이 플린을 벽에 사슬로 묶는다.

고텔 혹시라도 네가 우리를 따라올 생각을 할까 봐서.

고텔이 미소 지으며, 그녀를 풀어 준다. 라푼젤이 플린에게 달려간다.

라푼젤 유진!

라푼젤이 플린 옆에 무릎을 꿇고 앉는다. 그녀가 그의 옆구리에서 손을 떼자, 칼에 깊이 찔린 상처가 나타난다.

라푼젤 오, 정말 미안해요. 하지만 이제 다 괜찮아질 거예요.

---

aside 한쪽으로, (길을) 비켜
every minute of ~의 모든 순간
untie (묶여 있는 것을) 풀다
kneel down 꿇어앉다
gash 깊은 상처, 깊이 베이다

❶ **Enough already!**
이제 그만 좀 해!
상대방이 하는 것에 대해서 이미 질릴 정도로 충분히 했으니 이젠 좀 멈춰 달라고 하는 의미로 쓰는 표현이에요. 짜증스러우니 그만 좀 하라는 거지요. 예를 들어, No more excuses. Enough already! '변명 좀 그만해. 정말 짜증나는구먼!' 이런 상황에서 쓰인답니다.

FLYNN	No, Rapunzel.	플린	안 돼요, 라푼젤.

RAPUNZEL I promise, you have to trust me.

라푼젤 약속할게요. 저를 믿어야만 해요.

She puts her hair on the **wound**.

그녀가 상처에 그녀의 머리카락을 올려놓는다.

FLYNN No.

플린 안 돼요.

RAPUNZEL Come on, just **breathe**.

라푼젤 자, 그냥 숨만 쉬면 돼요.

FLYNN I can't let you do this.

플린 당신이 이렇게 하도록 내버려 둘 수 없어요.

RAPUNZEL And I can't let you die.

라푼젤 저도 당신이 죽도록 내버려 둘 수 없어요.

FLYNN But if you do this...

플린 하지만 당신이 이렇게 하면…

RAPUNZEL Shhhh...

라푼젤 쉬쉬…

FLYNN ... then you... will die.

플린 …그러면 당신은 죽게 될 거예요.

RAPUNZEL Hey, it's going to be alright.

라푼젤 이봐요, 문제없을 거예요.

Flynn smiles. She takes a deep breath, about to sing.

플린이 미소 짓는다. 그녀가 심호흡을 한 후, 노래하려는 순간.

FLYNN (**weakly**) Rapunzel, wait.

플린 (힘없이) 라푼젤, 잠시만요.

He touches her cheek, **lovingly**, then, **out of nowhere...** [0]
He grabs a **shard** of glass from the floor and **slices** right **through** her HAIR!
Her hair falls to the floor.

그가 애정을 담아, 그녀의 뺨을 만진다. 그러다가, 느닷없이…
그가 바닥에서 유리 조각 하나를 잡아서 그녀의 머리카락을 싹둑 잘라 버린다!
그녀의 머리카락이 바닥으로 떨어진다.

RAPUNZEL Eugene?

라푼젤 유진?

MOTHER GOTHEL No!

고텔 안 돼!

---

wound 상처, 부상
breathe (동사) 숨을 쉬다
weakly 힘없이
lovingly 귀여워하여
shard 조각, 파편
slice through ~을 가르다

> ❶ **out of nowhere**
> 어디선지 모르게, 난데없이, 불쑥, 갑자기
> '갑자기, 불쑥'이라는 의미를 가진 영어 표현 중에
> 가장 쉽고 익숙한 표현은 suddenly이지요.
> 그런데, 일상적으로 suddenly 이외에도 전혀
> 예상하지 못한 순간에 '갑자기, 뜻밖에'라는
> 의미로 자주 쓰이는 표현들이 있는데 그중 하나가
> out of nowhere이고, 또 out of the blue와
> out of thin air도 함께 기억해 두시면 좋아요.

The hair **immediately** starts to **turn brown**. Gothel realizes what has happened.

MOTHER GOTHEL Oh, no!

She starts to gather the hair to her.

MOTHER GOTHEL No...no...

She looks at herself in the broken mirror as she **rapidly ages**.

MOTHER GOTHEL No, what have you done?
What have you done? No, no!
NOOOOOOOOOOO!!!!!!!

Gothel pulls her **cloak** over her face, hiding her **hideous appearance**. She stumbles backwards. Pascal opens the shutters. Gothel falls backwards out the window, **disintegrating** as she falls. Her empty cloak lands at the bottom of the tower.

그녀의 머리카락이 바로 갈색으로 변하기 시작한다. 고텔은 무슨 일이 일어났는지 깨닫는다.

고텔 오, 안 돼!

그녀가 머리카락을 주워 담기 시작한다.

고텔 안 돼⋯. 안 돼⋯

그녀가 깨진 거울에 자신의 모습을 들여다보니 그녀가 순식간에 늙고 있다.

고텔 안 돼. 대체 너 무슨 짓을 한 거야? 무슨 짓을 한 거냐고? 안 돼, 안 돼 안 돼!!!!!

고텔이 자신의 추한 모습을 숨기기 위해 망토로 얼굴을 가린다. 그녀가 휘청거리며 뒷걸음친다. 파스칼이 문을 연다. 고텔이 뒤로 넘어져 창문 밖으로 떨어지며, 형체 없이 사라진다. 탑의 바닥에는 텅 빈 그녀의 망토만이 내려앉는다.

---

immediately 즉각, 즉시
turn brown 갈색으로 변하다
rapidly 급속히, 빨리, 신속히
age 나이가 들다, 노화하다, 나이
cloak 망토
hideous 흉측한, 흉물스러운
appearance (겉)모습, 외모
disintegrate 해체/분해되다, 산산조각이 나다

바로 이 장면!

SEQUENCE 25
Rapunzel turns back to Flynn, he's dying. Rapunzel lifts his head.

RAPUNZEL No, no, no. Eugene. Look at me Eugene, look at me, I'm right here. Don't go.
Stay with me, Eugene!

She grabs his hand, **desperately clutching** it against **what's left of** her hair.

RAPUNZEL (singing)
FLOWER GLEAM AND GLOW
LET YOUR POWER SHINE

FLYNN Rapunzel...

RAPUNZEL (singing)
MAKE THE CLOCK REVERSE, BRING BACK WHAT ONCE WAS MINE

RAPUNZEL What?

He touches her face **one final time** and smiles.

FLYNN You were my new dream.

RAPUNZEL (crying) And you were mine.

Slowly, he **leans his head back**. Flynn is gone. She **cradles** his head in her lap.

장면 25
라푼젤이 다시 플린에게 돌아서는데, 그는 죽어가고 있다. 라푼젤이 그의 머리를 들어 올린다.

라푼젤 안 돼, 안 돼, 안 돼. 유진. 나를 봐요, 유진, 나를 봐요, 저 여기 있어요. 죽으면 안 돼요. 저와 함께 있어요, 유진!

그녀가 그의 손을 잡으니, 그의 손은 그녀의 남아 있는 머리카락을 필사적으로 움켜잡고 있다.

라푼젤 (노래)
꽃이여 반짝이며 빛나라.
너의 능력이 빛을 발하게 하라.

플린 라푼젤…

라푼젤 (노래)
시간을 거꾸로 되돌리게 해라. 한때 내 것이었던 것을 다시 돌려주거라.

라푼젤 네?

그가 그녀의 얼굴을 마지막으로 어루만지며 미소 짓는다.

플린 당신이 저의 새로운 꿈이었어요.

라푼젤 (흐느끼며) 그리고 당신은 제 꿈이었지요.

서서히, 그는 그의 머리를 뒤로 젖힌다. 플린은 저 세상으로 갔다. 그녀는 그의 머리를 그녀의 무릎 위에 놓으며 부드럽게 안는다.

---

desperately 절망적으로, 필사적으로
clutch 꽉 움켜쥐다
what's left of something ~의 나머지
one final time 마지막 한 번
lean one's head back 머리를 뒤로 기대듯이 젖히다
cradle 요람, 아기침대, (부드럽게) 잡다/안다

RAPUNZEL	(singing) HEAL WHAT HAS BEEN HURT CHANGE the FATES' DESIGN SAVE WHAT HAS BEEN LOST BRING BACK WHAT ONCE WAS MINE WHAT ONCE WAS MINE	라푼젤 (노래) 상처 입은 것을 고쳐라 운명의 계획을 바꿔라 잃은 것을 구하라 한때 내 것이었던 것을 다시 돌려주거라 한때 내 것이었던 것을

A single tear falls from her face. It lands on Flynn, and begins to glow. The glowing continues to grow and grow.
Rapunzel can't believe it. Finally, Flynn's eyes pop open.

그녀의 얼굴에서 눈물 한 방울이 떨어진다. 그 눈물이 플린 위로 떨어지며 빛나기 시작한다. 그 빛이 계속해서 점점 더 밝아진다.
라푼젤은 믿기지 않는다. 마침내, 플린의 눈이 떠진다.

FLYNN	Rapunzel?	플린 라푼젤?
RAPUNZEL	Eugene?	라푼젤 유진?

Flynn smiles. They embrace.

플린이 미소 짓는다. 그들이 서로를 포옹한다.

FLYNN	Did I ever tell you **I've got a thing for brunettes?**❶	플린 혹시 제가 갈색 머리카락을 가진 여성을 좋아한다고 얘기한 적 있던가요?
RAPUNZEL	Eugene!	라푼젤 유진!

Rapunzel GIGGLES. The two embrace, lean in toward one another for...
THE MOST AMAZING, MAGICAL, FIRST KISS **OF ALL-TIME.**

라푼젤이 피식 웃는다. 둘이 껴안으며, 서로를 향해 다가가는데…
역대 가장 아름답고, 마법같은 첫 키스.

CUT TO: INT. PALACE – CONTINUOUS
THE DOORS OPEN, revealing... An EMPTY THRONE room. No one is there. Suddenly:
FOOTSTEPS! The KING and QUEEN enter. Her parents. **Stunned,** the Queen **takes off** her crown.
She approaches Rapunzel. She reaches out to **caress** her daughter's cheek.
The Queen pulls Rapunzel toward her and they embrace. Rapunzel reaches up and touches her father's face.
The King wraps his arms around both wife and daughter and the happy family sinks to the floor. Rapunzel smiles as her family shares a happy **reunion.**

장면 전환: 내부. 궁정 – 계속
문들이 열린다. 드러내며… 텅 빈 왕위실. 아무도 없다. 그 순간
발걸음 소리 왕과 왕비가 들어온다. 그녀의 부모님. 깜짝 놀라며 왕비가 그녀의 왕관을 벗는다.
그녀가 라푼젤에게 다가간다. 그녀가 자기 딸의 볼을 만지려 손을 뻗는다.
왕비가 라푼젤을 그녀에게로 끌어당기며 그들은 서로를 포옹한다. 라푼젤이 손을 뻗어 아버지의 얼굴을 만진다.
왕이 팔을 벌려 그의 아내와 딸을 감싸 안으며 행복한 가족이 이래로 서서히 내려간다.
라푼젤의 가족이 행복하게 재회하며 그녀는 미소 짓는다.

---

of all-time 역대, 지금껏
footsteps 발소리, 발자국
be동사 + stunned 정신이 멍해진, 망연자실한
take something off (옷 등을) 벗다/벗기다
caress 어루만지다, 애무하다, 애정 표시
reunion (오랫동안 못 본 사람들의 친목을 위한) 모임

❶ **I've got a thing for brunettes.**
난 갈색 머리 여성을 좋아해.
'(흑)갈색 머리의 백인 여성'을 brunette이라고 부른다는 것을 먼저 알아두시고, 이 문장은 I've got a thing for로 시작하는데, 이것은 '난 ~을 좋아한다'라는 의미로 I have a thing for로 바꿔 쓸 수도 있어요. 예를 들어, I've got (또는 I have) a thing for older girls. '난 연상의 여자를 좋아해' 이렇게 쓰이지요.

Finally Home
마침내 집으로

🎧 30.mp3

바로 이장면!

INT. CATHEDRAL – SOME TIME LATER – SEQUENCE 26
As Rapunzel continues her embrace with her parents, we hear Flynn's voice...

<u>FLYNN (V.O.)</u> Well, you can imagine what happened next...

EXT. CASTLE – LATER
Rapunzel and Flynn dance as before, now in the middle of a GIANT **CELEBRATION**.

<u>FLYNN (V.O.)</u> The Kingdom **rejoiced for** their lost princess had returned. The party lasted an entire week and **honestly**, I don't remember most of it.

ON THE PIANO THUG

<u>FLYNN</u> Dreams came true all over the place. That guy **went on to** become the most famous concert pianist in the world **if you can believe it.**❶

ON THE UGLY GUY

<u>FLYNN</u> And this guy? Well, he **eventually found true love.**

ON THE MIME

내부. 대성당 – 얼마 후 – 장면 26
라푼젤이 부모님과의 포옹을 계속하는 가운데 플린의 목소리가 들린다.

플린 (목소리만) 뭐, 그 다음엔 어떻게 됐을지 상상이 될 거예요…

외부. 성 – 나중에
라푼젤과 플린은 전처럼 춤을 추고 있다. 그런데 이번에는 거대한 축제의 한가운데서 추고 있다.

플린 (목소리만) 잃어버렸던 공주가 돌아온 것에 왕국은 환호했죠. 파티는 일주일 내내 계속되었는데 솔직히 말해서, 전 대부분 기억이 나질 않아요.

피아노 치는 건달을 비추며

플린 사방에서 꿈이 실현되었죠. 믿길지는 모르겠지만 저 남자가 세상에서 가장 유명한 콘서트 피아니스트가 되었답니다.

추남을 비추며

플린 그리고 이 남자는? 그가 마침내 진정한 사랑을 만났네요.

마임하는 건달을 비추며

---

cathedral 대성당
celebration 기념/축하 행사
rejoice 〈격식〉 크게/대단히 기뻐하다
for 〈구식 또는 문예체〉 (왜냐하면) ~니까
honestly 솔직히, 정말로, 진짜로
go on to ~으로 나아가다, (다음 항목으로) 넘어가다
eventually 결국
find true love 진정한 사랑을 찾다

❶ **if you can believe it**
믿길지는 모르겠지만
상대방이 도무지 믿지 못할 정도로 엄청나거나 기이한 것을 말할 때 이 표현을 쓰는데, 비슷한 상황에서 believe it or not도 자주 쓰이는 표현이랍니다. 예를 들어, This is all yours, believe it or not. '이 모든 것이 다 네 거야, 믿기지는 않겠지만' 이렇게 쓰이지요.

FLYNN	As for this guy, I assume he's happy. He's never told me **otherwise**.	플린 이 남자에 대해 말하자면, 아마도 행복한 것으로 추정돼요. 왜냐하면, 나한테 안 그렇다고 말한 적이 없으니까요.
ON MAX		막스를 비추며
FLYNN	Thanks to Maximus, crime in the kingdom disappeared almost **overnight**. As did most of the apples.	플린 막시무스 덕분에, 왕국의 범죄가 거의 하룻밤 만에 다 사라졌어요. 그런데 사과도 대부분 다 사라졌답니다.
ON THE CHAMELEON		카멜레온을 비추며
FLYNN	Pascal never changed.	플린 파스칼은 변함없이 늘 똑같고요.
ON RAPUNZEL		라푼젤 모습
FLYNN	At last Rapunzel was home and she finally had a real family. She was a princess worth waiting for. Beloved by all, she lead her Kingdom with all the **grace** and wisdom that her parents did before her.	플린 마침내 라푼젤은 집으로 돌아왔고 드디어 진짜 가족이 생겼어요. 그녀는 기다릴만한 가치가 있는 공주였죠. 모두의 사랑을 받으며 그녀는 자기 부모님처럼 품위와 지혜로 왕국을 다스렸답니다.

ON FLYNN.
He 'steals' Rapunzel's crown.

FLYNN	And as for me... well, I started going by Eugene again, stopped **thieving** and basically turned it all around.	플린 그리고 제 이야기를 하자면… 흠, 전 다시 유진이라는 이름으로 불리기 시작했고, 도둑질을 끊었고 간단히 말해 모든 것이 다 바뀌고 좋아졌어요.

He puts it back on her head and they kiss. We pull back to an **overhead shot** of the kingdom, lanterns filling the sky.

그가 왕관을 그녀의 머리에 다시 씌워주고 그들이 키스한다. 왕국을 오버헤드 샷으로 찍으며 멀어지고, 등불이 온 하늘을 가득 채운다.

FLYNN	But I know what the big question is: did Rapunzel and I ever get married? Well, **I am pleased to**[1] tell you that after years and years of asking, and asking, and asking... I finally said yes.	플린 여러분들이 정말 궁금해하는 것이 뭔지 저도 알아요: 라푼젤과 제가 결국 결혼을 했나요? 글쎄 뭐, 수년 동안 계속해서 조르고 또 조르고 또 졸라서… 결국 제가 그러자고 했죠.

---

otherwise 그 외에는, 달리

overnight 밤사이에, 하룻밤 동안

grace 우아함

thieve 훔치다

overhead shot 〈영화 용어〉 연기자 혹은 연기 행위의 수직 상부에서 촬영한 장면

❶ I am pleased to~
~해서 기쁘다.
대화할 때 꽤 정중하면서도 상대방을 기분 좋게 하는 마법의 표현이죠. to 뒤에 다양한 동사가 올 수 있는데요. 위 대화처럼 tell 그리고 answer, see, hear 등 많은 동사를 붙여 쓸 수 있습니다.

RAPUNZEL   Eugene...

FLYNN   All right, I asked her.

RAPUNZEL   And we're **living happily ever after.**❶

FLYNN   Yes we are.

The DRUNK THUG dressed as **Cupid** rises into the sky, carried **aloft** by lanterns.

THE END.

라푼젤 유진…

플린 네 좋아요, 사실은 제가 그녀에게 구애했죠.

라푼젤 그리고 우리는 그 후로 오래오래 행복하게 잘 살고 있답니다.

플린 네, 맞아요.

큐피드 복장을 한 술 취한 건달이 등불과 함께 하늘로 높이 날아오른다.

끝.

Cupid 큐피드(로마 신화에서 활과 화살을 들고, 날개가 달린 예쁜 아기 모습을 한 사랑의 신)

aloft 〈격식〉 하늘 (위로) 높이

❶ **live happily ever after**
그 후로 오래오래 행복하게 잘 살았답니다.
해피엔딩 동화 이야기의 결말 부분에 관용적으로 나오는 표현이에요. 문장을 완성된 형태로 만들면, 주로 And they all lived happily ever after, '그 후로 그들은 모두 오래오래 행복하게 잘 살았답니다' 이렇게 쓰이는 경우가 많지요.

〈라푼젤〉의 30장면만 익히면
영어 왕초보도 영화 주인공처럼 말할 수 있다!

영어 고수들은 영화로 영어 공부한다!
재미는 기본! 생생한 구어체 표현과 정확한 발음까지 익힐 수 있는
최고의 영어 학습법! 영화 한 편으로 영어 고수가 된다!

하루 한 장면, 30일 안에 영화 한 편을 정복한다!
필요 없는 장면은 걷어내고 실용적인 표현이 가득한 30장면만 공략한다!
30일이면 영어 왕초보도 영화 주인공처럼 말할 수 있다!

디즈니 애니메이션으로 현지에서 쓰는 생생한 표현을 익힌다!
21미터 금발 소녀의 짜릿한 모험! 〈라푼젤〉 대본으로
미국 현지에서 쓰는 생생한 표현을 익힌다!

구성 | 스크립트북 + 워크북 + mp3 CD 1장   값 18,000원

ISBN 979-11-5924-166-6

30장면으로 끝내는

스크린 영어회화

Disney
라푼젤

해설 라이언 강

길벗
이지:톡

이 책은 스크립트북과 워크북, 전 2권으로 구성되어 있습니다. 이 책은 워크북으로 전체 대본에서 뽑은 30장면을 집중 훈련할 수 있습니다.

Day 01

The Lost Princess
사라진 공주

어느 한 아름답고 평화로운 왕국   에 너무나도 어여쁘고 귀여운 공주님이 태어났어요. 그녀의 이름은 라푼젤입니다. 귀한 딸을 얻은 왕과 왕비가 행복한 나날을 보내던 중 그들에게 엄청난 비극이   닥칩니다. 이 아기를 정체를 알 수 없는   여인이 데리고 달아났네요. 아무리 찾고   또 찾아도 아기의 행방을   알 수 없게 되자 왕국에는 큰 슬픔이 드리우고 이제 공주는 점점 잊혀진 존재가 되어가고 있었죠. 사라진 공주는 지금 어디에 있는 걸까요?

Warm Up! 배워볼 표현   오늘 등장하는 표현들입니다. 어떤 표현이 들어가야 할지 생각해 보세요.

- The Kingdom   , 온 나라가 샅샅이 찾다.
- Gothel raised the child   , 고델은 그 아이를 자신의 아이처럼 키웠다.
- _____ what once was mine. 한때 내 것이었던 것을 돌려주거라.
- She was determined to _____ , 그녀는 그것을 복수 결가라고로 결심했다.
- The outside world is a dangerous place _____ horrible, selfish people.
  바깥세상은 끔찍하고 이기적인 사람들로 가득 찬 위험한 곳이란다.

바로 이 장면!   오디오 파일을 듣고 3번 따라 말해보세요.

FLYNN
플린
The Kingdom searched and **searched** but they could not find   Princess.
온 나라가 다 찾아보고고 온 찾아다녔지만 공주를 찾을 수가 없었습니다.

FLYNN
플린
For deep within in the forest, in a hidden tower, Gothel raised   child **as her own.**
그 숲에서 깊은 곳, 숨겨진 탑에서, 고델이 자신의 아이처럼 그 아이를 키우고 있었기 때문이죠.

LITTLE GIRL
어린 소녀
SAVE WHAT HAS BEEN LOST. **BRING BACK** WHAT ONCE   MINE. WHAT ONCE WAS MINE.
잃어버린 것을 구하라. 한때 내 것이었던 것 돌려주거라 내 것이었던 것을.

FLYNN
플린
Gothel had found her new magic flower, but this time, she was

장면 파헤치기
'바로 이 장면!'에서 뽑은
핵심 표현들을 친절한
설명과 유용한 예문을 통해
깊이 있게 알아봅니다.

영화 속 패턴 익히기
영화에 나오는 패턴을 활용하여
다양한 표현을 만들 수 있습니다.
Step1에서 기본 패턴을 익히고,
Step2에서 패턴을 응용하고,
Step3에서 실생활 대화에서
패턴을 적용하는 훈련을 합니다.

확인학습
오늘 배운 표현과 패턴을
확인해 보는 코너입니다.
문제를 풀며 표현들을 완벽히
내 것으로 만드세요.

Disney
PRINCESS

Tangled

The Lost Princess

사라진 공주

어느 한 아름답고 평화로운 왕국^{kingdom}에 너무나도 어여쁘고 귀여운 공주님이 태어났어요. 그녀의 이름은 라푼젤이랍니다. 귀한 딸을 얻은 왕과 왕비가 행복한 나날을 보내던 중 그들에게 엄청난 비극이^{tragedy} 닥칩니다. 이 아기를 정체를 알 수 없는^{unidentified} 여인이 데리고 달아났네요. 아무리 찾고^{searched} 또 찾아도 아기의 행방을^{whereabouts} 알 수 없게 되자 왕국에는 큰 슬픔이 드리우고 이제 공주는 점점 잊혀진 존재가 되어가고 있었죠. 사라진 공주는 지금 어디에 있는 걸까요?

Warm Up! 오늘 배울 표현

오늘 등장하는 표현들입니다. 어떤 표현이 들어가야 할지 생각해 보세요.

* The Kingdom _____. 온 나라가 찾아다녔다.

* Gothel raised the child _____. 고텔은 그 아이를 자신의 아이처럼 키웠다.

* _____ what once was mine. 한때 내 것이었던 것을 돌려주거라.

* She was determined to _____. 그녀는 그것을 꼭꼭 숨겨두리라고 결심했다.

* The outside world is a dangerous place _____ horrible, selfish people.
바깥세상은 끔찍하고 이기적인 사람들로 가득 찬 위험한 곳이란다.

FLYNN
플린

The Kingdom searched and **searched** but they could not find the Princess. ❶

온 나라가 다 찾아다니고 또 찾아다녔지만 공주를 찾을 수가 없었답니다.

FLYNN
플린

For deep within the forest, in a hidden tower, Gothel raised the child **as her own**. ❷

왜냐하면 숲속 깊은 곳, 숨겨진 탑에서, 고텔이 자신의 아이처럼 그 아이를 키우고 있었기 때문이죠.

LITTLE GIRL
어린 소녀

SAVE WHAT HAS BEEN LOST. **BRING BACK** WHAT ONCE WAS MINE. ❸ WHAT ONCE WAS MINE.

잃었던 것을 구하라, 한때 내 것이었던 것을 돌려주거라, 한때 내 것이었던 것을.

FLYNN
플린

Gothel had found her new magic flower, but this time, she was determined to **keep it hidden**. ❹

고텔은 새로운 마법의 꽃을 찾았어요. 하지만 이번에는, 꼭꼭 숨겨두리라고 결심했죠.

LITTLE GIRL
어린 소녀

Why can't I go outside?

왜 나는 밖에 나가면 안 되는 거예요?

MOTHER GOTHEL
고텔

The outside world is a dangerous place **filled with** horrible, selfish people. ❺ You must stay here, where you're safe. Do you understand, Flower?

바깥세상은 끔찍하고 이기적인 사람들로 가득 찬 위험한 곳이란다. 네가 안전하게 있을 수 있는 이곳에 있어야만 해. 알겠니, 우리 꽃님이?

LITTLE GIRL
어린 소녀

Yes, Mommy.

네, 엄마.

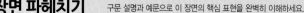
❶ **The Kingdom searched and searched but they could not find the Princess.**
온 나라가 다 찾아다니고 또 찾아다녔지만 공주를 찾을 수가 없었답니다.

find는 우연히 무엇을 찾게 되거나 발견할 때 find를 쓰지만, 잃어버린 것을 찾으려고 수색할 때는 search를 써야
한답니다. '찾다'라고 할 때 찾아 헤매고 수색한다는 어감이 있을 때는 단어 선택을 잘해 주세요.

* Tom **searched** for the emails he got from his boss. 톰은 그의 상사에게 받았던 이메일을 찾아 보았다.
* I've **searched** desperately for those files. 난 필사적으로 그 파일들을 찾으려 했어.

❷ **Gothel raised the child as her own.** 고텔이 그 아이를 자신의 아이처럼 키웠어요.

as one's own은 '자기 자신의 것처럼'이라는 뜻이에요. 원래는 자신의 것이 아니지만 자신의 것처럼 무엇인가를
소중히 여기고 다룰 때도 쓰이고, 남의 것을 마치 나의 것처럼 위장하는 경우에도 쓰는 표현이랍니다.

* I love my pet **as my own**. 난 내 강아지를 내 자식처럼 사랑해.
* Don't steal someone else's work and claim it **as your own**.
  남이 한 일을 훔쳐서 마치 자신이 한 것처럼 우기지 말아라.

❸ **BRING BACK WHAT ONCE WAS MINE.** 한때 내 것이었던 것을 돌려주거라.

bring something back은 '다시 가져다주다, 돌려주다, 되찾게 하다, ~을 기억나게/떠오르게 하다' 등의 의미로 쓰는
표현이에요. 이 장면에서는 '돌려주다'라는 의미로 쓰였네요.

* **Bring** my love **back** to me. 내 사랑을 되찾게 해줘요.
* This place **brings back** my childhood memories. 이 장소는 나의 어린 시절을 떠오르게 해.

❹ **She was determined to keep it hidden.** 그녀는 그것을 꼭꼭 숨겨두리라고 결심했죠.

Keep something hidden은 무엇인가를 '몰래 꼭꼭 감추어 두거나 숨겨 두다'라는 뜻으로 쓰이는 패턴이에요. 〈keep
something + 형용사/명사〉로 '어떤 상태를 지속하다'라는 의미의 패턴으로 활용하면 좋아요. ★영화 속 패턴 익히기

❺ **The outside world is a dangerous place filled with horrible, selfish people.**
바깥세상은 끔찍하고 이기적인 사람들로 가득 찬 위험한 곳이란다.

be filled with something은 '~로 가득 차다'라는 의미예요. 어떤 공간이 무엇으로 '가득 차다'라는 의미를 표현할
때 쓴답니다. 중간에 up을 넣어서 fill up with라고 활용하면 '한가득 채우다'라는 의미의 패턴으로 쓸 수 있어요.

★영화 속 패턴 익히기

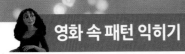
🎧 01-2.mp3

keep something hidden

~을 계속 숨기다/감추다.

Step 1 기본 패턴 연습하기

1 I couldn't **keep the tears hidden**. 나는 눈물을 감출 수 없었다.

2 A lot of people choose to **keep their cash hidden** in their home.
   많은 사람이 현금을 집에 숨겨 둔다.

3 We will show you how to **keep your ID number hidden**.
   당신의 아이디 번호를 어떻게 감춰 둬야 하는지 보여 드리겠습니다.

4 I want to ＿＿＿＿＿ my posts ＿＿＿＿＿＿＿ from the public.
   내가 올린 글을 사람들이 못 보게 숨겨 두고 싶어요.

5 You need to ＿＿＿＿＿＿＿＿＿＿＿＿＿. 이 정보는 몰래 감춰 두어야만 해.

Step 2 패턴 응용하기 | keep something + 형용사/명사

1 **Keep it a secret**. 이것을 비밀로 해라.

2 You need to **keep your nose clean**.
   말썽부리지 말고 계속 얌전히 있어야 해. (keep your nose clean은 '말썽부리지 마라'는 의미의 관용표현)

3 Alright, let's **keep it moving**. 좋아, 그럼 계속 진행해 보자고.

4 I always try to ＿＿＿＿＿＿＿＿＿＿. 난 늘 바쁘게 살아가려고 노력해.

5 This scarf will ＿＿＿＿＿＿＿＿＿ all winter long.
   이 목도리가 당신을 올겨울 내내 따뜻하게 해 줄 거예요.

Step 3 실생활에 적용하기

A 왜 그 가수는 대중에게서 그녀의 얼굴을 계속 숨기는 걸까?

B I guess she is just too shy.

A Maybe she is trying to be mysterious.

A Why do you think that singer keeps her face hidden from the public?

B 아마 부끄러움을 많이 타서 그런 것 아닐까?

A 어쩌면 신비주의 전략일지도 몰라.

정답 Step 1 4 keep / hidden 5 keep this information hidden Step 2 4 keep myself busy 5 keep you warm

be filled with something

~로 가득 차다.

Step 1 기본 패턴 연습하기

1 She **was filled with horror** when she looked at Jason. 그녀는 제이슨을 보자 공포로 가득 찼다.

2 The room **is filled with smoke**. 그 방은 연기로 가득 찼어.

3 My Christmas **is filled with joy and laughter**. 기쁨과 웃음이 넘치는 크리스마스였어요.

4 After he broke up with Laura, his heart _____.
로라와 작별한 후 그의 마음은 슬픔으로 가득했다.

5 I hope your day _____. 당신의 하루가 사랑으로 가득하기를.

Step 2 패턴 응용하기 | fill up with something

1 How often do you **fill up with gas**? 차에 가솔린을 얼마나 자주 넣나요? (주유를 얼마나 자주 하나요?)

2 The container is **filled up with water**. 그 용기는 물로 가득 채워졌어.

3 She was completely **filled up with energy**. 그녀는 에너지로 넘쳤지.

4 My shopping cart was _____. 내 쇼핑 카트는 음식으로 가득 채워졌다.

5 I don't want to _____. 난 정크푸드로 내 위장을 채우고 싶지 않아.

Step 3 실생활에 적용하기

A 너 왜 이렇게 화가 많이 났니?

B I just got fired.

A Take a deep breath and relax.

A Why are you filled with so much anger?

B 방금 회사에서 해고당했어.

A 숨을 크게 들이마시고 진정해.

정답 Step 1 4 was filled with sadness 5 is filled with love Step 2 4 filled up with food 5 fill myself up with junk food

11

A | 영화 속 대화를 완성해 보세요.

FLYNN

The Kingdom ❶_____ and searched but they could not find the Princess.

온 나라가 다 찾아다니고 또 찾아다녔지만 공주를 찾을 수가 없었답니다.

FLYNN

For deep within in the forest, in a ❷_____, Gothel raised the child ❸_____.

왜냐하면 숲속 깊은 곳, 숨겨진 탑에서, 고텔이 자신의 아이처럼 그 아이를 키우고 있었기 때문이죠.

LITTLE GIRL

❹_____ HAS BEEN LOST. ❺_____ WHAT ONCE WAS MINE. WHAT ONCE WAS MINE.

잃었던 것을 구하라. 한때 내 것이었던 것을 돌려주거라. 한때 내 것이었던 것을.

FLYNN

Gothel had found her new magic flower, ❻_____ _____, she was determined to ❼_____.

고텔은 새로운 마법의 꽃을 찾았어요. 하지만 이번에는, 꼭꼭 숨겨두리라고 결심했죠.

LITTLE GIRL

Why can't I ❽_____?

왜 나는 밖에 나가면 안 되는 거예요?

MOTHER GOTHEL

The outside world is a dangerous place ❾_____ horrible, selfish people. You must ❿_____ _____, where you're safe. Do you understand, Flower?

바깥세상은 끔찍하고 이기적인 사람들로 가득 찬 위험한 곳이란다. 네가 안전하게 있을 수 있는 이곳에 있어야만 해. 알겠니. 우리 꽃님이?

LITTLE GIRL

Yes, Mommy. 네, 엄마.

정답 A

❶ searched

❷ hidden tower

❸ as her own

❹ save what

❺ bring back

❻ but this time

❼ keep it hidden

❽ go outside

❾ filled with

❿ stay here

B | 다음 빈칸을 채워 문장을 완성해 보세요.

1 나는 눈물을 감출 수 없었다.

I couldn't _____.

2 이것을 비밀로 해라.

_____ a secret.

3 난 늘 바쁘게 살아가려고 노력해.

I always try to _____.

4 그 방은 연기로 가득 찼어.

The room _____ smoke.

5 당신의 하루가 사랑으로 가득하기를.

I hope your day _____.

정답 B

1 keep the tears hidden

2 keep it

3 keep myself busy

4 is filled with

5 is filled with love

The Floating Lights in the Sky
하늘 위로 떠다니는 불빛들

너무나도 사랑하는 아기 공주 라푼젤을 잃고 실의에 빠진^{in despair} 왕국의 왕과 왕비는 언젠가는^{some day} 공주가 다시 그들의 품으로 돌아오길 바라며 매년 그녀의 생일이 되면 하늘에 수많은 등불들을^{lanterns} 쏘아 올렸답니다. 고텔에게 납치되어^{kidnap} 멀고 먼 외딴 탑에 갇혀 살고 있는 라푼젤은 그러한 사실은 전혀 모른 채 아름다운 등불들을 바라보며 꿈을 꾸지요. 언젠가는 그 등불들을 보러 밖으로 나가는 꿈을 말이에요. 홀로 지루한 일상^{mundane life} 속에 청소하고 책을 읽고 그림을 그리고 기타도 치고 또다시 똑같은 일들을 반복하며 살고 있는데, 친구라고는 유일하게 단 한 명? 혹은 한 마리? 인간이 아니에요. 파스칼이라는 카멜레온이 전부랍니다. 아, 얼마나 따분한 일상일까요?

 Warm Up! 오늘 배울 표현　　오늘 등장하는 표현들입니다. 어떤 표현이 들어가야 할지 생각해 보세요.

* START ON THE _____ . 집안일부터 시작해.

* AND SWEEP 'TIL THE FLOOR'S _____ . 바닥이 완전히 깨끗해질 때까지 쓸지.

* AND MOP AND _____ . 걸레로 닦고 광을 내지.

* AND _____ 그렇게 하고 나면

* _____ SEVEN-FIFTEEN. 한 7시 15분 정도가 되지.

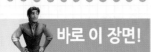
RAPUNZEL
라푼젤

SEVEN AM, THE USUAL MORNING LINE-UP
오전 7시, 늘 똑같은 오전 일상

START ON THE **CHORES**,❶
집안일을 시작하지.

AND SWEEP 'TIL THE FLOOR'S **ALL CLEAN**.❷
바닥이 완전히 깨끗해질 때까지 쓸지.

POLISH AND WAX, DO LAUNDRY, AND MOP AND **SHINE UP**,❸
문지르고 왁스질하고, 빨래하고, 걸레로 닦고 광을 내지.

SWEEP AGAIN AND **BY THEN**-❹
다시 쓸어, 그러면-

IT'S LIKE SEVEN-FIFTEEN.❺
한 7시 15분 정도가 되지.

AND SO I'LL READ A BOOK, OR MAYBE TWO OR THREE.
그리고 책을 한 권 아니면 두세 권 읽을 거야.

I'LL ADD A FEW NEW PAINTINGS TO MY GALLERY.
내 갤러리에 몇 개의 그림을 더 추가하고.

I'LL PLAY GUITAR, AND KNIT AND COOK,
기타를 치고 뜨개질도 하고 요리도 하고.

AND BASIC'LY
그리고 뭐

JUST WONDER, WHEN WILL MY LIFE BEGIN?
그냥 궁금해하지. 내 인생은 언제 시작될까?

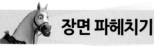

❶ START ON THE CHORES. 집안일부터 시작해.

청소, 빨래, 설거지 등 집안에서 하는 잔일을 표현할 때 보통 chores라고 말해요. 이 단어는 주로 단수보다는 복수로 쓰이는 경우가 많습니다. 비슷한 표현으로 errand가 있는데, errand는 우체국에 가거나 세탁소에 가는 등의 집 밖에서 이루어지는 잔일을 표현할 때 주로 쓰인다는 것도 같이 알아두시면 좋겠네요.

* I like doing **chores**. 난 집안일 하는 것을 좋아해.
* Kids usually don't like doing **chores**. 아이들은 보통 집안일 하는 것을 싫어하지.

❷ AND SWEEP 'TIL THE FLOOR'S ALL CLEAN. 바닥이 완전히 깨끗해질 때까지 쓸지.

All clean은 완전히 깨끗한 상태를 말하는 것인데, 이 표현에서처럼 all을 강조부사로 사용하는 경우가 많답니다. 이 용법은 주로 구어체에서 많이 쓰여요.   ★영화 속 패턴 익히기

❸ AND MOP AND SHINE UP. 걸레로 닦고 광을 내지.

청소나 설거지, 세수하는 것을 표현할 때 구어체에서 동사 뒤에 전치사 up을 넣어서 숙어처럼 쓰는 경우들이 있는데 더러운 것을 아주 말끔하고 깨끗하게 다 씻어낸다는 어감을 만들어 줍니다.

* Did you **wash up**? 세수했니?
* I need to **clean up** my room. 난 내 방 청소해야 해.

❹ AND BY THEN- 그렇게 하고 나면 / 그때쯤이면 / 그때까지는

어떤 일에 대해서 기한을 명시할 때, '늦어도 ~까지는/즘에는'이라는 뜻으로 'By + 시간/날짜'를 쓰는데요. By then을 쓰는 경우는, 이 표현 앞에 어떤 상황을 서술한 후 '그때쯤에는/그때까지는/그렇게 하고 나면'이라는 의미가 된답니다.

* We'll be gone **by then**. 그때쯤이면 우린 이미 가고 없을 거야.
* Come back around 7. I'll be done **by then**. 7시쯤에 다시 오세요. 그때쯤이면 다 끝났을 테니까요.

❺ IT'S LIKE SEVEN-FIFTEEN. 한 7시 15분 정도가 되지.

구어체에서 어떤 상황을 묘사할 때 '마치 ~와 같다' 또는 예를 들거나 하면서 '거 뭐냐, 있잖아, 그러니까'와 같은 뜻으로 It's like를 쓰는 경우가 많지만, 숫자 앞에 쓰여 about과 같은 의미로 '한 ~정도'로 쓰이는 경우 또한 많답니다.   ★영화 속 패턴 익히기

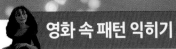

🎧 02-2.mp3

all + 형용사 　　　　　　　　　완전히/몹시/아주 ~한

Step 1 　기본 패턴 연습하기

1 He was **all excited**. 그는 몹시 흥분했었어.

2 I am **all ready** to go. 난 완전히 갈 준비가 되었다.

3 That's an **all-important** question. 그것은 정말 중요한 질문이야.

4 It's _____. 아주 좋아.

5 They had a great time and went home _____.
그들은 즐겁게 놀고 완전히 녹초가 돼서 집으로 갔다.

Step 2 　패턴 응용하기 │ all the more 더욱더, 한층 더, 오히려

1 It is **all the more** important to be here today. 오늘 여기에 와있다는 것이 더욱더 중요하다.

2 This is **all the more** impressive when you think about their backgrounds.
이것은 그들의 배경을 생각해 보면 한층 더 감동적이다.

3 That's what makes it **all the more** interesting. 그것으로 인해 이것이 오히려 더 흥미로워진다.

4 This fact makes the accident _____ terrifying.
이 사실 때문에 이 사고가 더 끔찍하다는 것이다.

5 The message in the movie was _____ for being based on a
true story. 이 영화는 실화를 배경으로 했기 때문에 메시지가 더욱더 강력하다.

Step 3 　실생활에 적용하기

A I broke up with my boyfriend yesterday.	A 나 어제 남자친구랑 헤어졌어.
B Ah, I'm so sorry.	B 아, 안타깝다.
A 완전히 세상에 나 홀로 있는 것만 같아.	A It feels like I'm all alone in the world.

정답 　Step 1 4 all good 5 all exhausted 　Step 2 4 all the more 5 all the more powerful

It's like

~한, 마치 ~와 같은

Step 1 기본 패턴 연습하기

1 **It's like** winter out here. 여기에 나와보니 마치 겨울 같구나.

2 **It's like** we are in heaven. 마치 천국에 있는 것만 같아.

3 **It's like** midnight. 한 자정쯤 된 것 같네.

4 No one talks to me. _____ I'm invisible.
아무도 나에게 말을 걸지 않네. 마치 내가 투명인간이 된 것 같아.

5 Sam knows everything. _____. 샘은 모르는 게 없어. 마치 천재 같아.

Step 2 패턴 응용하기 | It was like ~

1 **It was like** five in the morning. 한 새벽 다섯 시쯤 된 것 같았어.

2 **It was like** a dream. 마치 꿈만 같았지.

3 **It was like** she and I had nothing in common. 마치 그녀와 난 공통점이 하나도 없는 것 같았어.

4 Sienna was so beautiful. _____ she was from out of this world.
시에나는 너무 아름다웠어. 마치 이 세상 사람이 아닌 것 같더라고.

5 He wouldn't listen. _____ to a wall.
그는 들으려고도 하지 않더라고. 마치 벽을 보고 얘기하는 것만 같았어.

Step 3 실생활에 적용하기

A How do you feel?

B 마치 집에 온 것만 같아요.

A I'm glad you feel that way.

A 기분이 어때?

B It's like I'm home.

A 그렇다니 참 다행이구나.

정답 Step 1 4 It's like 5 It's like, he's a genius Step 2 4 It was like 5 It was like talking

확인학습 문제를 풀며 오늘 배운 표현을 완벽히 내 것으로 만드세요.

A | 영화 속 대화를 완성해 보세요.

RAPUNZEL

SEVEN AM, THE USUAL MORNING LINE-UP
오전 7시, 늘 똑같은 오전 일상

START ON THE ❶_____, 집안일을 시작하지.

AND ❷_____ 'TIL THE FLOOR'S ❸_____.
바닥이 완전히 깨끗해질 때까지 쓸지.

POLISH AND WAX, ❹_____, AND
MOP AND ❺_____, 문지르고 왁스질하고, 빨래하고, 걸레로
닦고 광을 내지.

SWEEP AGAIN AND ❻_____ – 다시 쓸어, 그러면–

❼_____ SEVEN-FIFTEEN. 한 7시 15분 정도가 되지.

AND SO I'LL READ A BOOK, OR ❽_____
_____. 그리고 책을 한 권 아니면 두세 권 읽을 거야.

I'LL ADD A FEW NEW PAINTINGS TO MY GALLERY.
내 갤러리에 몇 개의 그림을 더 추가하고

I'LL ❾_____, AND KNIT AND COOK,
기타를 치고 뜨개질도 하고 요리도 하고

AND BASIC'LY 그리고 뭐

JUST WONDER, WHEN WILL ❿_____?
그냥 궁금해하지, 내 인생은 언제 시작될까?

정답 A

❶ CHORES
❷ SWEEP
❸ ALL CLEAN
❹ DO LAUNDRY
❺ SHINE UP
❻ BY THEN
❼ IT'S LIKE
❽ MAYBE TWO OR THREE
❾ PLAY GUITAR
❿ MY LIFE BEGIN

B | 다음 빈칸을 채워 문장을 완성해 보세요.

1 난 완전히 갈 준비가 되었다.
I am _____ to go.

2 그것으로 인해 이것이 오히려 더 흥미로워진다.
That's what makes it _____ interesting.

3 마치 천국에 있는 것만 같아.
_____ we are in heaven.

4 새벽 다섯 시쯤이었어.
_____ five in the morning.

5 그는 들으려고도 하지 않더라고. 마치 벽을 보고 얘기하는 것만 같았어.
He wouldn't listen. _____ to a wall.

정답 B

1 all ready
2 all the more
3 It's like
4 It was like
5 It was like talking

18

Rapunzel Trapped in the Tower

탑 안에 갇힌 라푼젤

마녀 고텔이 자신의 어머니라고 속고 있는 라푼젤은 밖에 나가고 싶어도 고텔의 반대로 인해 절대 나가지 못하고 높은 탑 속에 갇혀^{trapped} 살고 있어요. 그에 반해 고텔은 나가고 싶을 때는 언제든 외출을 하는 데 그럴 때마다 라푼젤의 긴 머리카락을 도르래처럼^{pulley} 이용해서 탑을 오르내린답니다. 착하디 착한 라푼젤은 늘 고텔이 요구하면 아무 불평 없이^{without a word of complaint} 그녀의 머리카락을 내려주죠. 그런데, 심보가 고약한^{ill-natured} 고텔은 자기의 영원한 아름다움을 위해 순수한 라푼젤을 곁에 두고 이용만 하려고 하네요.

 Warm Up! 오늘 배울 표현   오늘 등장하는 표현들입니다. 어떤 표현이 들어가야 할지 생각해 보세요.

* Rapunzel, how you manage to do that _____ without fail?
  라푼젤, 넌 어떻게 매일 단 한 번도 실수하지 않고 이걸 할 수가 있는 거니?

* Then I don't know why it _____. 그럼 왜 이렇게 오래 걸리는지 모르겠구나.

* _____! 장난이야! / 재미로 놀리는 거야!

* Stop _____. 모든 걸 너무 진지하게 받아들이지 좀 말아라.

* Mother's feeling a little _____. 엄마가 좀 피곤하구나.

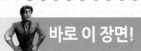
RAPUNZEL
라푼젤

Hi, Welcome home, Mother.

집에 돌아오신 걸 환영해요, 어머니.

MOTHER GOTHEL
고텔

Rapunzel, how you manage to do that **every single day** without fail,❶ it looks absolutely exhausting, darling.

라푼젤, 넌 어떻게 매일 단 한 번도 실수하지 않고 이걸 할 수가 있는 거니, 정말 너무 힘들어 보이는구나, 얘야.

RAPUNZEL
라푼젤

Oh, it's nothing.

오, 전혀 힘들지 않아요.

MOTHER GOTHEL
고텔

Then I don't know why it **takes so long**.❷ Oh darling, I'm just teasing!

그럼 왜 이렇게 오래 걸리는지 모르겠구나. 오, 우리 아가, 엄마가 그냥 너 놀리는 거야!

RAPUNZEL
라푼젤

Alright, so... Mother!? As you know, tomorrow is a very big day--

좋아요, 그런데… 어머니!? 아시다시피, 내일은 정말 중요한 날인데…

MOTHER GOTHEL
고텔

Rapunzel - look in that mirror. You know what I see? I see a strong, confident, beautiful young lady. Oh, look! You're here too. **I'm just teasing!**❸ Stop **taking everything so seriously**.❹

라푼젤, 저 거울 속을 보렴. 내 눈에 뭐가 보이는지 아니? 아주 강인하고, 자신감 있고, 아름다운 젊은 여인의 모습이 보이는구나. 오, 봐봐! 너도 있구나. 장난이야! 모든 걸 너무 진지하게 받아들이지 좀 말아라.

RAPUNZEL
라푼젤

Okay, so, Mother, as I was saying tomorrow is...

네, 그래서, 어머니, 아까 말한 것처럼 내일은…

MOTHER GOTHEL
고텔

Rapunzel? Mother's feeling a little **rundown**.❺ Would you sing for me, dear? Then we'll talk?

라푼젤? 엄마가 좀 피곤하구나. 날 위해 노래를 좀 불러 주겠니, 얘야? 그러고 나서 이야기를 나누면 어떨까?

RAPUNZEL
라푼젤

Oh! Of course, Mother.

오, 물론이죠, 어머니.

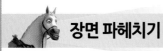
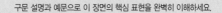
❶ **Rapunzel, how you manage to do that every single day without fail?**
라푼젤, 넌 어떻게 매일 단 한 번도 실수하지 않고 이걸 할 수가 있는 거니?

Everyday가 '매일'이라면 그것을 더 강조해서 '매일 매일'이라고 표현하고 싶을 때는 every single day라고 해요.
Day뿐만 아니라 다른 명사를 수식할 경우에도 사용 가능한데, 예를 들어, every single person이라고 하면 '(단 한
명도 빠짐없이) 모두'라는 뜻입니다.

* She loves **every single** one of you. 그녀는 너희 모두를 다 사랑한단다.
* I think about you **every single** moment of my life. 내 인생의 단 한 순간도 널 잊은 적이 없어.

❷ **Then I don't know why it takes so long.** 그럼 왜 이렇게 오래 걸리는지 모르겠구나.

Take의 의미는 그야말로 무궁무진하죠. 그 많은 의미 중에서 take가 시간과 같이 쓰일 경우에는 '(얼마만큼의)
시간이 걸리다'라는 뜻이 되죠. 특히 take long은 숙어로 자주 쓰이는데 '시간이 오래 걸리다'라는 의미입니다.

★영화 속 패턴 익히기

❸ **I'm just teasing!** 장난이야! / 재미로 놀리는 거야!

상대방에게 짓궂은 장난을 친 후 '장난/농담이야'라고 할 때, I was just kidding 혹은 I was just joking이라는
문장으로 표현하는 경우가 많은데, 그것 이외에도 그냥 재미로 놀리는 거니 심각하게 받아들이지 말라는 의미로
I'm just teasing!도 자주 쓰는 표현이랍니다.

* Stop **teasing** me! 그만 좀 놀려!
* Girls hate to be **teased**. 소녀들은 놀림 받는 것을 싫어한다.

❹ **Stop taking everything so seriously.** 모든 걸 너무 진지하게 받아들이지 좀 말아라.

요즘 많이 쓰는 말 중에 '농담으로 한 얘기에 죽자고 달려드네'라는 표현이 있죠? 그와 같은 의미로 농담한 건데
너무 심각하게 받아들이지 말라고 할 때는 위의 문장으로 표현한답니다.

★영화 속 패턴 익히기

❺ **Mother's feeling a little rundown.** 엄마가 좀 피곤하구나.

'피곤하다'는 의미의 표현 중 가장 일반적이고 쉬운 단어는 tired이고, 조금 더 나아가서 많이 피곤할 때는
exhausted도 많이 쓰는데요, 이 단어들 외에도 구어체로 자주 쓰이는 것들이 있어요. Burned-out, worn-out,
beaten과 같은 표현들인데, rundown도 그중 하나랍니다.

* Joe said I was looking **rundown**. 죠가 나보고 많이 피곤해 보인다고 하더라고.
* I'm feeling **rundown** because I didn't get any sleep last night. 어젯밤에 한숨도 못 자서 피곤해.

🎧 03-2.mp3

take (so) long　　　　　　　　(아주) 오래 걸리다.

Step 1　기본 패턴 연습하기

1　This is **taking longer** than I thought. 내 생각보다 오래 걸리네.

2　It won't **take long** to make dinner. 저녁 만드는 데 시간 오래 걸리지 않을 거야.

3　How **long** does it **take** to get there? 거기까지 가는데 시간이 얼마나 걸리죠?

4　What's _____? 너 왜 이렇게 오래 걸리니?

5　Don't worry. It won't _____. 걱정 마. 오래 안 걸릴 거니까.

Step 2　패턴 응용하기 ｜ take + 기간

1　It **takes two hours** to clean my house. 우리 집 청소하는 데 2시간 걸려요.

2　It **took almost an hour** to update my laptop. 내 노트북 업데이트하는 데 거의 2시간 걸렸어.

3　It **takes time**. 시간이 좀 걸리는 일이야. / 시간이 해결해 줄 거야.

4　It only _____ on foot. 걸어서 5분밖에 안 걸려요.

5　How many _____ to fix it? 그것을 고치려면 며칠 정도 걸리죠?

Step 3　실생활에 적용하기

A 야 좀. 너 너무 오래 걸린다.	A Come on. You're taking too long.
B Relax. We're not even that late.	B 재촉하지 좀 마라. 아직 그렇게 늦지도 않았잖아.
A Yes, we are! Hurry up!	A 늦었다고! 서둘러!

정답　Step 1　4 take you so long　5 take long　Step 2　4 takes five minutes　5 days does it take

take something seriously

~을 진지하게/심각하게 받아들이다.

Step 1 **기본 패턴 연습하기**

1 Don't **take it too seriously!** 너무 심각하게 받아들이지 말아라!

2 You **take everything so seriously.** 넌 모든 것을 너무 심각하게 받아들여.

3 We need to **take this more seriously.** 우린 이 일을 더 진지하게 받아들여야 해요.

4 Why do I ＿＿＿＿＿＿＿＿＿＿＿＿＿? 난 왜 늘 이렇게 심각한 걸까?

5 Let's not ＿＿＿＿＿＿＿＿＿＿＿＿＿! 인생을 너무 심각하게 받아들이지 말자!

Step 2 **패턴 응용하기** | take something personally

1 Don't **take it personally!** 기분 나쁘게 받아들이지 말아요!

2 I **took it personally** when he said that. 그가 그렇게 말했을 때 난 기분이 나빴다.

3 Try not to **take it personally!** 개인적으로 받아들이지 않도록 하세요!

4 I hope you won't ＿＿＿＿＿＿＿＿＿＿＿. 기분 나쁘게 받아들이진 않았으면 좋겠네요.

5 I didn't ＿＿＿＿＿＿＿＿＿＿＿＿＿＿＿. 그가 한 발언에 대해 그리 기분 나쁘게 생각하진 않았어.

Step 3 **실생활에 적용하기**

A 넌 왜 그렇게 모든 일을 진지하게 생각하니?	A Why do you have to take everything so seriously?
B Because I'm a serious guy.	B 왜냐하면 난 진지한 남자니까.
A I think you are a bit too serious.	A 내 생각에 넌 좀 너무 심각해.

정답 Step 1 4 take things too seriously 5 take life too seriously Step 2 4 take it personally 5 take his remark too personally

A | 영화 속 대화를 완성해 보세요.

RAPUNZEL　❶_____, Mother.
집에 돌아오신 걸 환영해요, 어머니.

MOTHER GOTHEL　Rapunzel, how you manage to do that ❷_____
_____ without fail, it looks absolutely
❸_____, darling. 라푼젤, 넌 어떻게 매일 단 한 번도 실수하지
않고 이걸 할 수가 있는 거니, 정말 너무 힘들어 보이는구나, 얘야.

RAPUNZEL　Oh, it's nothing. 오, 전혀 힘들지 않아요.

MOTHER GOTHEL　Then I don't know why it ❹_____
Oh darling, I'm just teasing!
그럼 왜 이렇게 오래 걸리는지 모르겠구나. 오, 우리 아가, 엄마가 그냥 너 놀리는 거야!

RAPUNZEL　Alright, so... Mother!? As you know, ❺_____
_____-- 좋아요, 그런데… 어머니!? 아시다시피, 내일은 정말
중요한 날인데…

MOTHER GOTHEL　Rapunzel - look in ❻_____. You
know what I see? I see a strong, confident,
beautiful young lady. Oh, look! You're here too.
❼_____! Stop ❽_____
_____. 라푼젤, 저 거울 속을 보렴. 내 눈에 뭐가 보이는지
아니? 아주 강인하고, 자신감 있고, 아름다운 젊은 여인의 모습이 보이는구나. 오, 봐봐!
너도 있구나. 장난이야! 모든 걸 너무 진지하게 받아들이지 좀 말아라.

RAPUNZEL　Okay, so, Mother, as I was saying tomorrow is...
네, 그래서, 어머니, 아까 말한 것처럼 내일은…

MOTHER GOTHEL　Rapunzel? Mother's feeling a little ❾_____.
Would you ❿_____, dear? Then
we'll talk? 라푼젤? 엄마가 좀 피곤하구나. 날 위해 노래를 좀 불러 주겠니, 얘야?
그러고 나서 이야기를 나누면 어떨까?

RAPUNZEL　Oh! Of course, Mother. 오, 물론이죠, 어머니.

B | 다음 빈칸을 채워 문장을 완성해 보세요.

1 너 왜 이렇게 오래 걸리니?
What's _____?

2 시간이 좀 걸리는 일이야. / 시간이 해결해 줄 거야.
It _____.

3 걸어서 5분밖에 안 걸려요.
It only _____ on foot.

4 넌 모든 것을 너무 심각하게 받아들여.
You _____.

5 기분 나쁘게 받아들이진 않았으면 좋겠네요.
I hope you won't _____.

Rapunzel's Birthday Wish
라푼젤의 생일 소원

어떤 이유에선지 매년 라푼젤의 생일이 되면 하늘 위로 수많은 등불들이 떠오르네요. 라푼젤은 이 황홀하고^{fascinating} 아름다운 광경을 꼭 세상 밖으로 나가서 보고야 말겠노라고 다짐을 하죠^{be determined}. 고텔이 반대할 것을 알지만 혹시 간곡히 부탁하면^{plead} 들어주지 않을까 하여 정말 어렵게 말을 꺼냅니다^{bring up the subject}, '등불을 볼 수 있도록 저를 데려가 주시면 안 될까요?'라고. 고텔이 과연 그녀의 부탁을 들어줄까요? 라푼젤을 꼭꼭 숨겨둬야 하는 고텔은 못 들은 척 하며 오히려 왜 이렇게 말을 웅얼거리냐고^{mumble} 짜증을 내는군요.

 Warm Up! 오늘 배울 표현   오늘 등장하는 표현들입니다. 어떤 표현이 들어가야 할지 생각해 보세요.

* _____. 그럴 리가 없어.

* That's _____ about birthdays. 생일이라는 게 그래서 좀 특이하다니까요.

* I'm _____. 이제 제가 18살이 돼요.

* Rapunzel, please _____ the mumbling. 라푼젤, 제발 중얼거리지 좀 말아라.

* _____ I feel about the mumbling. 중얼거리는 것에 대해 내가 어떻게 생각하는지 너도 잘 알잖니.

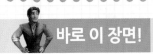
RAPUNZEL
라푼젤

So mother, earlier I was saying tomorrow is a pretty big day and you didn't really respond, so I'm just going to tell you it's my birthday! Tada!

저 어머니, 아까 제가 내일이 아주 중요한 날이라고 이야기했는데 어머니께서 별 반응이 없으셔서 말인데요, 그냥 말할게요, 제 생일이에요! 짜잔!

MOTHER GOTHEL
고텔

No, no, no. **Can't be!**❶ I distinctly remember. Your birthday was last year.

아니, 아니, 아니. 그럴 리가 없어! 내가 분명하게 기억하는데, 네 생일은 작년이었단다.

RAPUNZEL
라푼젤

That's **the funny thing** about birthdays❷ - they're kind of an annual thing. Mother. I'm **turning eighteen**.❸ And I wanted to ask...what I really want for this birthday... actually, I've wanted it for quite a few birthdays now--

생일이라는 게 좀 특이해서 - 그게 그러니까 매년 있는 그런 거예요. 어머니. 이제 제가 18살이 돼요. 그래서 부탁드리고 싶은데…제가 이번 생일에 정말 원하는 건… 사실, 꽤 오랫동안 생일 때마다 원했던 것이기도 한데요-

MOTHER GOTHEL
고텔

Okay, okay, Rapunzel, please **stop with** the mumbling.❹ **You know how** I feel about the mumbling...❺ blah, blah, blah, it's very annoying, I'm just teasing, you're adorable, I love you so much, darling.

그래, 그래, 라푼젤, 제발 중얼거리지 좀 말아라. 중얼거리는 것에 대해 내가 어떻게 생각하는지 너도 잘 알잖니… 중얼, 중얼, 중얼, 정말 짜증 난다고, 아냐 그냥 장난으로 놀린 거야, 넌 사랑스럽단다, 난 널 너무 사랑해, 아가야.

RAPUNZEL
라푼젤

I want to see the floating lights.

전 공중에 떠다니는 등불들을 보고 싶어요.

MOTHER GOTHEL
고텔

What?

뭐라고?

RAPUNZEL
라푼젤

Oh, well, I was hoping you would take me to see the floating lights.

아, 그러니까, 어머니께서 떠다니는 등불들을 보러 저를 데리고 가 주시면 좋겠다고 생각했다고요.

26

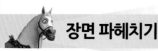
❶ Can't be! 그럴 리가 없어!

상대방이 한 말에 대해서 그럴 리가 없다고 반박할 때 쓰는 표현이에요. 완전한 문장으로 쓰면 That can't be possible! 혹은 That can't be true!인데 문장의 앞뒤 부분을 생략하여 간결하고 임팩트 있게 활용을 하는 것이죠.

* A: Laura is here! 로라가 왔어!
* B: **Can't be!** She said she wasn't coming. 그럴 리가 없어! 안 온다고 했단 말이야.

❷ That's the funny thing about birthdays. 생일이라는 게 그래서 좀 특이하다니까요.

The funny thing을 '웃기는 것'이라고 해석할 수도 있겠지만, 그보다는 '기묘한 것' 또는 '특이한 것'이라는 뜻으로 해석하는 것이 이 문장에서는 자연스럽답니다. '좀 그런 특이한/기묘한 점이 있다'는 의미로 쓰이는 경우들이 있으니 뉘앙스를 잘 익혀두세요.
★영화 속 패턴 익히기

❸ I'm turning eighteen. 이제 제가 18살이 돼요.

어떤 나이가 되거나 시기가 된다는 의미로 동사 turn을 사용할 수가 있답니다. 특히 생일을 앞두고 이제 곧 내 나이가 몇 살이 될 거라고 할 때 〈I'm turning + 나이〉의 형식으로 표현한답니다.

* April **turns five** in April. 에이프릴은 4월에 5살이 된답니다.
* I'm **turning seventeen** next week. 난 다음 주면 17살이 돼.

❹ Rapunzel, please stop with the mumbling. 라푼젤. 제발 중얼거리지 좀 말아라.

구어체에서 상대방에게 짜증을 내며 어떤 특정 행동/일/말을 제발 그만 좀 하라고 할 때 〈stop with + 행동〉 조합으로 표현한답니다. With를 빼고 stop만 써도 의미는 같지만, 단순히 행동을 멈추라고 하는 것이 아닌 짜증을 내는 뉘앙스를 살리려면 with를 넣어서 쓰는 것이 좋지요.

* Please, **stop with** the drama. 제발 드라마 좀 그만 찍어라. / 그만 좀 오버해라.
* I hope they would **stop with** all the spam texts. 그들이 제발 스팸 문자 좀 그만 보냈으면 좋겠어.

❺ You know how I feel about the mumbling. 중얼거리는 것에 대해 내가 어떻게 생각하는지 너도 잘 알잖니.

어떤 상황, 상태, 감정 따위에 대해 말하며 상대방의 동조 또는 동감을 얻고자 할 때 You know how로 문장을 시작하는 경우가 많답니다. 이 뒤로 이어지는 부분은 '주어 + 동사' 형태가 따라와야 한다는 것 알아두세요.
★영화 속 패턴 익히기

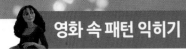

🎧 04-2.mp3

주어 + 동사 + the funny thing about ~ ~이라는 게 좀 특이한/이상한/희한한 거야.

Step 1 기본 패턴 연습하기

1 That's **the funny thing about** life. 인생이란 게 원래 좀 이상한 거야.

2 I say that's **the funny thing about** love. 사랑이란 게 좀 그런 희한한 구석이 있지.

3 The more you have, the more you want. That's **the funny thing about** money.
많이 가지면 가질수록 더 원하게 되지. 돈이라는 게 참 특이한 거야.

4 _____ is that it happens without you knowing it.
운명이란 게 이상하게도 알아채지 못하게 일어난다는 거지.

5 _____ chances is that you never know it's yours
until you take it. 기회란 게 웃기는 게 말이지 잡지 않으면 그게 자신의 기회란 걸 알 수 없다는 거야.

Step 2 패턴 응용하기 | the funny things is ~

1 **The funny thing is**, they stole everything but money. 특이한 건, 그들이 돈만 빼고 다 훔쳐갔다는 거야.

2 **The funny thing is**, life is so simple. 희한한 건, 인생이 참 단순하다는 거지.

3 I lost the game. But **the funny thing is**, I feel better. 게임에 졌어. 근데 희한한 건, 기분이 더 좋아.

4 He's back. _____, I don't want him anymore. 그가 돌아왔어. 웃긴 건, 내가
더 이상 그를 원하지 않는다는 거야.

5 I've always wanted to move to a big city, _____, I kind of
want to stay here. 난 늘 큰 도시로 이사 가고 싶었는데, 우습게도, 여기 계속 살고 싶은 마음이 좀 드네.

Step 3 실생활에 적용하기

A Why is my life so complicated?

B 참 희한하게도 인생은 나이가 들수록 더
   복잡해진다니까.

A That's why I hate getting older.

A 내 인생은 왜 이렇게 복잡한 걸까?

B The funny thing about life is that
   it gets more complicated as you get
   older.

A 그래서 난 나이 먹는 게 싫어.

정답 Step 1 4 The funny thing about destiny 5 The funny thing about Step 2 4 the funny thing is 5 the funny thing is

You know how + 주어 + 동사

~한다는 건 너도 잘 알잖니.

Step 1 기본 패턴 연습하기

1 **You know how** I've always wanted to be here. 너도 내가 항상 여기 오고 싶어 했었던 거 알잖니.

2 **You know how** we used to talk for hours on end. 예전에 우리 진짜 오래 얘기 나누곤 했었잖아.

3 **You know how** he never proposed. 그가 프러포즈 안 한 거 너도 알잖아.

4 .... come here all the time. 그들이 여기 맨날 오는 거 너도 알잖아.

5 .... like being with that guy. 내가 그 사람이랑 있는 거 싫어하는 거 너도 알잖아.

Step 2 패턴 응용하기 | You know what ~

1 **You know what** I want? 내가 뭘 원하는지 알아?

2 **You know what** he told me? 그가 나에게 뭐라고 했는지 알아?

3 **You know what** it means? 이게 무슨 뜻인지 알아?

4 .... this can do to your brain? 이게 네 뇌에 얼마나 해로운 건지 알아?

5 .... should do? 우리가 뭘 해야 할지 알아?

Step 3 실생활에 적용하기

A 너도 내가 늘 도리스하고 데이트하고 싶어 했었던 거 알잖아.

B I didn't know.

A Come on, you know. I told you about that so many times.

A You know how I've always wanted to go out with Doris.

B 몰랐는데.

A 왜 이래. 알잖아. 내가 그 얘기를 벌써 몇 번을 했는데.

정답 Step 1 4 You know how they 5 You know how I don't Step 2 4 You know what 5 You know what we

A │ 영화 속 대화를 완성해 보세요.

RAPUNZEL So mother, earlier I was saying tomorrow is a pretty big day and ❶......................................, so I'm just going to tell you it's my birthday! Tada!
있잖아요 어머니, 아까 제가 내일이 아주 중요한 날이라고 이야기했는데 어머니께서 별 반응이 없으셔서 말인데요. 그냥 말할게요, 제 생일이에요! 짜잔!

MOTHER GOTHEL No, no, no. ❷...................... I distinctly remember. Your birthday was last year.
아니, 아니, 아니, 그럴 리가 없어! 내가 분명하게 기억하는데, 네 생일은 작년이었단다.

RAPUNZEL That's ❸...................... about birthdays - they're kind of an ❹...................... thing. Mother. I'm ❺....................... And I wanted to ask...what I really want for this birthday... actually, I've wanted it for quite a few birthdays now— 생일이라는 게 좀 특이해서 - 그게 그러니까 매년 있는 그런 거예요, 어머니. 이제 제가 18살이 돼요. 그래서 부탁드리고 싶은데…제가 이번 생일에 정말 원하는 건… 사실, 꽤 오랫동안 생일 때마다 원했던 것이기도 한데요 -

MOTHER GOTHEL Okay, okay, Rapunzel, please ❻...................... the mumbling. ❼...................... I feel about the mumbling... blah, blah, blah, it's very annoying, I'm just teasing, ❽......................, I love you so much, darling. 그래, 그래, 라푼젤, 제발 중얼거리지 좀 말아라. 중얼거리는 것에 대해 내가 어떻게 생각하는지 너도 잘 알잖니…중얼, 중얼, 중얼, 정말 짜증 난다고. 아냐 그냥 장난으로 놀린 거야. 넌 사랑스럽단다. 난 널 너무 사랑해, 아가야.

RAPUNZEL I want to see the ❾.......................
전 공중에 떠다니는 등불들을 보고 싶어요.

MOTHER GOTHEL What? 뭐라고?

RAPUNZEL Oh, well, I was hoping you would ❿...................... the floating lights. 아, 그러니까, 어머니께서 떠다니는 등불들을 보러 저를 데리고 가 주시면 좋겠다고 생각했다고요.

B │ 다음 빈칸을 채워 문장을 완성해 보세요.

1 많이 가지면 가질수록 더 원하게 되지. 돈이라는 게 참 특이한 거야.
The more you have, the more you want. .... money.

2 특이한 건, 그들이 돈만 빼고 다 훔쳐갔다는 거야.
......................, they stole everything but money.

3 너도 내가 항상 여기 오고 싶어 했던 거 알잖니.
.... I've always wanted to be here.

4 예전에 우리 진짜 오래 얘기 나누곤 했었잖아.
.... used to talk for hours on end.

5 그가 나에게 뭐라고 했는지 알아?
.... he told me?

Flynn on the Run

도주 중인 플린

생긴 건 멀끔하게 생겼지만 도둑질로^{theft} 한탕을 노리며 살아가고 있던 플린은 왕궁에서 보석으로 장식된 값비싼 왕관을 훔쳐 달아납니다. 공범^{accomplice}인 스태빙턴 형제마저 따돌리며 왕관을 들고 혼자 달아나려고 하네요. 꽤나 얄미운^{mean} 캐릭터네요. 자신의 외모에 관심이 많아서 수배 전단에^{wanted poster} 있는 자신의 얼굴을 보며 잘생긴 얼굴을 망쳐 놨다고 투덜거리는군요^{grumble}. 플린을 잡으러 나선 왕실경호대의 추격이 만만치 않은데 그가 그들의 추격을 따돌리고 계속 도망갈 수 있을까요?

 Warm Up! 오늘 배출 표현   오늘 등장하는 표현들입니다. 어떤 표현이 들어가야 할지 생각해 보세요.

* ▨▨▨▨▨▨▨▨▨▨▨. 날 밀어 올려 줘.

* Give us the satchel ▨▨▨▨▨. 우리에게 그 가방을 먼저 줘.

* I can't believe that ▨▨▨▨▨▨▨▨▨▨▨▨ together you don't trust me?
  그래도 우리가 동고동락했던 사이인데 지금 나를 못 믿겠다는 거야?

* Sorry, ▨▨▨▨▨▨▨▨▨▨. 미안, 내가 지금 쓸 수 있는 손이 없네.

* Retrieve that satchel ▨▨▨▨▨! 무슨 일이 있어도 저 가방을 꼭 회수하라!

FLYNN
플린

Alright, okay, **give me a boost** and I'll pull you up.❶

좋았어, 자, 날 밀어 올려 줘 그러면 내가 너희들은 끌어올려 줄게.

STABBINGTON BROTHER
스태빙턴 형제

Give us the satchel **first**.❷

우리에게 그 가방을 먼저 줘.

FLYNN
플린

What? I just, I can't believe that **after all we've been through** together you don't trust me?❸ Ouch.

뭐야? 그래도 우리가 동고동락했던 사이인데 지금 나를 못 믿겠다는 거야? 아야.

STABBINGTON BROTHER
스태빙턴 형제

Now, help us up, pretty boy!

자 이제, 우릴 끌어올려 줘, 기생오라비 놈아!

FLYNN
플린

Sorry, **my hands are full**.❹

미안, 내가 지금 쓸 수 있는 손이 없네.

STABBINGTON BROTHER
스태빙턴 형제

What? RIDER!!!!!

뭐야? 라이더!!!

CAPTAIN
대장

Retrieve that satchel **at any cost**!❺

무슨 일이 있어도 저 가방을 꼭 회수하라!

GUARDS
근위병

Yes sir!

네 대장님!

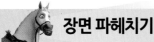

❶ Give me a boost. 날 밀어 올려 줘.

Give someone a boost는 담장이나 울타리 또는 높은 곳으로 밀어 올려주는 경우에 쓰는 구어체 표현이에요. 위의 문장은 '좀 도와달라'고 할 때 쓰는 give me a hand와 형식이 거의 비슷한데 맨 뒤에 오는 명사만 boost로 바꾸면 '밀어 올려 줘'라는 의미가 됩니다.

* Tyler **gave her a boost** over the fence. 타일러가 그녀를 울타리 위로 밀어 올려 주었어.
* Let me **give you a boost**. 내가 밀어 올려 줄게.

❷ Give us the satchel first. 우리에게 그 가방을 먼저 줘.

'먼저/우선 ~을 하다'라는 표현을 할 때 일반적으로 first를 문장의 맨 끝에 넣어서 씁니다. 문장의 맨 앞에 넣어도 의미는 같지만, 이 경우는 일반적으로 '첫째, 둘째, 셋째' 이렇게 서수를 쓰게 되는 경우에요. ★ 영화 속 패턴 익히기

❸ I can't believe that after all we've been through together you don't trust me? 그래도 우리가 동고동락했던 사이인데 지금 나를 못 믿겠다는 거야?

after all we've been through라는 표현은 연인 사이 또는 아주 오랫동안 많은 일을 겪은 친한 사이의 상대방의 실망스런 행동에 대해 원망할 때 자주 등장하는 표현이랍니다. '그래도 우리가 동고동락했던 사이인데', '우리가 얼마나 오랜 시간을 같이 했는데 (많은 일들을 같이 겪었는데)'라는 의미로 해석하면 가장 자연스러울 거예요.

★ 영화 속 패턴 익히기

❹ Sorry, my hands are full. 미안, 내가 지금 쓸 수 있는 손이 없네.

이 표현은 언뜻 보기에도 '도와줄 손이 없다'는 의미로 보이지 않나요? My hands are full은 직역하면 '나의 손들이 꽉 찼다'인데, 의역하면 '돕고 싶어도 도와줄 수가 없다'라는 의미랍니다.

* I wish I could help. But **my hands are full**. 정말 돕고 싶은데 지금은 내가 좀 많이 바빠.
* **His hands are full** this week. 그가 이번 주엔 많이 바쁘네.

❺ Retrieve that satchel at any cost! 무슨 일이 있어도 저 가방을 꼭 회수하라!

at any cost는 '무슨 일이 있어도/비용이 아무리 많이 들더라도/그 어떤 손해를 감수해서라도'라는 표현이에요. at any price로 써도 같은 의미가 되고, 동의 표현 중에 자주 쓰이는 표현들로는 in any way possible, by any means 등이 있습니다.

* We need to get there **at any cost**! 무슨 일이 있어도 우린 거기에 가야만 한다!
* Bring him back **at any cost**! 어떻게 해서든지 그를 꼭 다시 데려와라!

🎧 05-2.mp3

명령형 문장에서의 **first**   ~을 먼저/우선 (해라).

Step 1   기본 패턴 연습하기

1   Do this **first**! 이것부터 먼저 해!

2   Do your homework **first**! 숙제부터 먼저 해!

3   You tell me **first**! 네가 먼저 말해줘!

4   Give me the bag _____! 나한테 그 가방 먼저 줘!

5   Pay me _____, then you'll get it! 돈을 먼저 내세요, 그러면 드릴 테니까!

Step 2   패턴 응용하기 | 주어 + 동사 + first

1   I want to finish this **first**. 이것 먼저 끝내고 싶어요.

2   We need to talk to our manager **first**. 우선 우리 매니저에게 얘기해 봐야 할 것 같군요.

3   Gina told me that you asked her out **first**. 네가 그녀에게 먼저 데이트 신청을 했다고 지나가 그러던데.

4   Why don't we get over with _____? 이것부터 일단 먼저 끝내고 볼까요?

5   I got _____. 내가 먼저 왔어.

Step 3   실생활에 적용하기

A 누가 제일 먼저 왔니?	A Who got here first?
B I did.	B 저요.
A I knew it. That's why I call you my best student.	A 그럴 줄 알았지. 그래서 내가 널 나의 최고의 학생이라고 하는 거야.

정답   Step 1 4 first 5 first   Step 2 4 this first 5 here first

34

after all we've been through 우리가 수많은 일들을 함께 겪은 사이인데

05-3.mp3

Step 1 기본 패턴 연습하기

1 How can you do this to me **after all we've been through** together?
우리가 함께한 세월이 얼마인데 어떻게 네가 나한테 이럴 수가 있니?

2 **After all we've been through**, you can't tell me you have feelings for someone else. 우리가 얼마나 많은 일들을 같이 나눈 사이인데, 다른 사람을 좋아한다는 건 말도 안 돼.

3 You are leaving me **after all we've been through**? 우리가 동고동락했는데 날 떠나겠다고?

4 _____, this is what I get?
우리가 얼마나 막역한 사이인데, 내가 이런 대접을 받니?

5 _____, you don't even remember me?
우리가 같이 겪은 게 얼마인데, 날 기억조차 못하겠다고?

Step 2 패턴 응용하기 | after all this time

1 **After all this time**, you still can't trust me? 그 오랜 세월을 같이하고도 아직 날 못 믿는 거니?

2 **After all this time**, we are still in love. 오랜 세월이 흘렀지만, 우린 아직도 서로를 사랑해요.

3 They are still unbeatable **after all this time**. 오랜 세월이 흘렀지만 그들은 아직도 무적이에요.

4 Jack finally noticed me _____. 오랜 세월이 흘러서 잭이 이제서야 나를 알아봤어.

5 _____, they are finally back together and happy.
정말 오랜 세월이 흐른 후 그들이 마침내 다시 만나서 행복해졌네요.

Step 3 실생활에 적용하기

A 그 오랜 세월을 같이하고도 네가 날 의심해?

A After all we've been through, you doubt me?

B You are the one who made me doubt you.

B 네가 의심하게끔 만들었잖아.

A I'm so disappointed.

A 정말 실망이다.

정답 Step 1 4 After all we've been through 5 After all we've been through Step 2 4 after all this time 5 After all this time

35

A | 영화 속 대화를 완성해 보세요.

FLYNN Alright, okay, ❶_____ and I'll ❷_____
_____. 좋았어. 자, 날 밀어 올려 줘 그러면 내가 너희들을 끌어올려 줄게.

STABBINGTON BROTHER ❸_____ the satchel ❹_____.
우리에게 그 가방을 먼저 줘.

FLYNN What? I just, I can't believe that ❺_____
_____ together you don't ❻_____?
Ouch. 뭐야? 그래도 우리가 동고동락했던 사이인데 지금 나를 못 믿겠다는 거야? 아야.

STABBINGTON BROTHER Now, help us up, ❼_____!
자 이제, 우릴 끌어올려 줘, 기생오라비 놈아!

FLYNN Sorry, ❽_____. 미안, 내가 지금 쓸 수 있는 손이 없네.

STABBINGTON BROTHER What? RIDER!!!!! 뭐야? 라이더!!!

CAPTAIN ❾_____ that satchel ❿_____!
무슨 일이 있어도 저 가방을 꼭 회수하라!

GUARDS Yes sir! 네 대장님!

B | 다음 빈칸을 채워 문장을 완성해 보세요.

1 나한테 그 가방 먼저 줘!
Give me the bag _____!

2 내가 먼저 왔어.
I got _____.

3 우리가 함께한 세월이 얼마인데 어떻게 네가 나한테 이럴 수가 있니?
How can you do this to me _____?

4 우리가 같이 겪은 게 얼마인데, 날 기억조차 못하겠다고?
_____, you don't even remember me?

5 오랜 세월이 흘렀지만, 우린 아직도 서로를 사랑해요.
_____, we are still in love.

Mother Gothel Says 'NO!'

고텔의 대답은 '노!'

세상 밖으로 나가 하늘 높이 떠다니는 등불을 직접 보고 싶은 라푼젤은 다시 한번 고텔에게 대화를 시도합니다. 그런데, 고텔은 지난번에도 그랬지만 아예 라푼젤의 말을 들을 생각도 안 하네요. 라푼젤은 이번 한 번만 자신을 좀 믿어달라고 부탁하지만 고텔은 소통의 부재를^{absence of communication} 넘어 아주 강압적인^{forceful} 분위기로^{atmosphere} 라푼젤의 말을 묵살합니다. 엄마가 말하는 게 옳으니 무조건 자신의 말을 따르라고 말이죠. 과연 언제까지 고텔이 라푼젤을 이 황량하고 고립된 탑에^{isolated tower} 계속 가둬둘 수가 있을까요?

 Warm Up! 오늘 배울 표현 오늘 등장하는 표현들입니다. 어떤 표현이 들어가야 할지 생각해 보세요.

* _____ a lot about what you said earlier.
  어머니가 아까 했던 말씀에 대해서 제가 곰곰이 생각을 해 봤는데요.

* I'm _____ that, but— 그 얘기도 조금 이따가 할 거예요. 하지만—

* I really thought we _____. 난 정말 그 얘긴 이제 다 끝났다고 생각했거든.

* I'm just saying, you think I'm _____ handle myself out there.
  제 얘기는 그냥, 어머니 생각에 제가 세상 밖으로 나가면 저 자신을 건사하지도 못할 거라고 하셨잖아요.

* Rapunzel, we're _____ about this. 라푼젤, 이 얘긴 이미 끝났다고 하지 않았니.

RAPUNZEL
라푼젤

Okay, **I've been thinking** a lot about what you said earlier— ❶
네, 어머니가 아까 했던 말씀에 대해서 제가 곰곰이 생각을 해 봤는데요—

MOTHER GOTHEL
고텔

I hope you're not still talking about the stars.
네가 그 별들에 대해서 얘기하는 건 아니면 좋겠구나.

RAPUNZEL
라푼젤

Floating lights and yes, I'm **leading up to** that, but— ❷
떠다니는 등불 얘기예요 네 맞아요, 그 얘기도 조금 이따가 할 거예요. 하지만—

MOTHER GOTHEL
고텔

Because I really thought we **dropped the issue**, Sweetheart. ❸
왜냐하면 난 그 얘긴 이제 다 끝났다고 생각했거든, 우리 이쁜이.

RAPUNZEL
라푼젤

No Mother, I'm just saying, you think I'm **not strong enough to handle myself out there**— ❹
아니에요 어머니. 제 얘기는 그냥, 어머니 생각에 제가 세상 밖으로 나가면 저 자신을 건사하지도 못할 거라고 하셨잖아요—

MOTHER GOTHEL
고텔

Oh, Darling, I know you're not strong enough to handle yourself out there.
오, 아가야, 네가 세상에 나가면 스스로 잘 헤쳐나갈 수 없다는 걸 난 이미 알고 있단다.

RAPUNZEL
라푼젤

But if you just-
하지만, 어머니께서 단지—

MOTHER GOTHEL
고텔

Rapunzel, we're **done talking** about this. ❺
라푼젤, 이 얘긴 이미 끝났다고 하지 않니.

RAPUNZEL
라푼젤

Trust me-
저를 믿어주세요—

MOTHER GOTHEL
고텔

Rapunzel-
라푼젤—

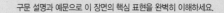

❶ I've been thinking a lot about what you said earlier.
어머니가 아까 했던 말씀에 대해서 제가 곰곰이 생각을 해 봤는데요.

I've been thinking (that 혹은 about)은 '~에 대해서 곰곰이/많이 생각해 봤다'라는 의미예요. 동사를 단순과거로 써서 I thought about ~이라고 하면 곰곰이 생각했다기보다는 그냥 '~에 대해서 생각했다'라는 의미이고요.

★영화 속 패턴 익히기

❷ I'm leading up to that, but— 그 얘기도 조금 이따가 할 거예요. 하지만—

lead up to something은 '~의 서곡이 되다, ~에 차츰 다가가다, ~쪽으로 이끌다'라는 의미의 숙어예요. 물리적으로 물건이나 사람이 어떤 방향으로 다가간다는 의미로 쓰일 수도 있고, 이야기 또는 어떤 흐름이 차츰 ~에 다가간다는 의미로 쓰일 수도 있답니다.

* I think he is **leading up to something** awesome. 그가 뭔가 멋진 말을 하려고 하는 것 같아.
* The negotiations **leading up to the contract** were not easy. 계약을 위한 협상이 쉽지 않았다.

❸ I really thought we dropped the issue. 난 정말 그 얘긴 이제 다 끝났다고 생각했거든.

상대방이 더 듣고 싶지 않은 이야기를 할 때 그것에 대해서는 왈가왈부하고 싶지 않다는 의미로 drop the issue라는 표현을 써요. 더 쉽게 표현하면, stop talking about it과 같은 의미예요.

* Let's **drop the issue**. 그 얘긴 이제 좀 그만하자.
* Could you please **drop the issue**? 그 얘긴 이제 좀 그만해 줄래?

❹ I'm just saying, you think I'm not strong enough to handle myself out there.
제 얘기는 그냥, 어머니 생각에 제가 세상 밖으로 나가면 저 자신을 건사하지도 못할 거라고 하셨잖아요.

be not strong enough to '~을 할 만큼 충분히 강하지 못한'이라는 의미예요. not을 생략하면 '~을 할 만큼 충분히 강한'이라는 의미가 되고요. strong 대신에 다른 형용사를 넣어 패턴으로 활용하면 좋겠어요.   ★영화 속 패턴 익히기

❺ Rapunzel, we're done talking about this. 라푼젤, 이 얘긴 이미 끝났다고 하지 않니.

be done talking은 '얘기 끝났다'는 의미로 더 이상 토를 달지 말라고 하는 어감으로 쓰는 표현이에요. 같은 상황에서 be finished talking을 쓸 수도 있답니다.

* Are you **done talking**? 네 얘기 끝났니?
* Hey, I'm not **done talking** about this yet. 야, 아직 내 얘기 다 안 끝났어.

오늘 배운 장면에서 뽑은 핵심 패턴으로 다양한 표현을 만들어 보세요.

🎧 06-2.mp3

I've been thinking that/about ~ ~에 대해서 곰곰이/많이 생각했다.

Step 1 기본 패턴 연습하기

1 **I've been thinking about** you a lot lately. 최근에 너에 대해서 많이 생각했어.

2 **I've been thinking that** I think too much. 내가 생각이 너무 많은 건 아닌가 곰곰이 생각해봤다.

3 **I've been thinking about** those things you said. 네가 했던 말들에 대해서 곰곰이 생각해봤어.

4 For the past two months, _____ maybe I should quit this job. 지난 2개월 동안 아무래도 직장을 그만둬야 하는 것 아닌가 곰곰이 생각해봤어.

5 _____ moving out. 이사 가는 것에 대해서 곰곰이 생각해봤다.

Step 2 패턴 응용하기 | 주어 + have/has been thinking

1 Cindy says **she's been thinking about** going back to school.
신디가 학교로 돌아가는 것에 대해서 생각을 많이 해봤다고 하더라고.

2 I bet **they've been thinking about** it. 그들은 분명히 이것에 대해서 고민해봤을 거야.

3 That's a sign **he's been thinking about** breaking up with you.
그것이 바로 그가 너와 헤어지는 것에 대해서 고민을 해 봤다는 신호야.

4 _____ it's time we told him the truth.
그에게 진실을 이야기할 때가 된 것이 아닌가 하고 우린 곰곰이 생각해봤어.

5 Lately, _____ he wants to get married.
최근에, 그는 결혼하고 싶다는 생각을 많이 했어.

Step 3 실생활에 적용하기

A 요즘에 나의 미래에 대해서 많은 생각을 해봤어.

B So, what's it going to be like?

A I don't know. I'm still thinking.

A I've been thinking a lot about my future these days.

B 그래서, 네 미래가 어떻게 될 건데?

A 몰라, 아직도 생각 중이야.

정답 Step 1 4 I've been thinking that 5 I've been thinking about Step 2 4 We've been thinking that 5 he's been thinking that

be (not) strong enough to + 동사 ~할 만큼 충분히 강한 (강하지 않은)

Step 1 기본 패턴 연습하기

1 Kyle **is not strong enough to** carry this bag. 카일은 이 가방을 들고 다닐 정도로 힘이 세지 않아.

2 She **is not strong enough to** stand alone. 그녀는 홀로 설 정도로 강하지 못해.

3 One day, I will **be strong enough to** leave you. 언젠가는, 나도 널 떠날 수 있을 정도로 강해질 거야.

4 You _____ temptation. 넌 유혹과 싸워 이길 수 있을 정도로 강하지 않아.

5 No one _____ confront him.
세상 그 누구도 그와 대적할 정도로 강한 사람은 없어.

Step 2 패턴 응용하기 | be (not) + 형용사 + enough to + 동사

1 He **is not brave enough to** fail. 그는 실패를 감당할 만큼 용감하지 못해.

2 She **is not big enough to** ride this rollercoaster. 그녀는 이 롤러코스터를 타기엔 아직 작아요.

3 I wish I **was confident enough to** go to the movies by myself.
나 혼자 영화를 보러 갈 수 있을 정도로 자신감이 있었으면 좋겠다.

4 I don't think _____ a doctor. 난 의사가 될 정도로 똑똑하진 않은 것 같아요.

5 _____ be successful? 자네에겐 성공할 정도의 열정이 있는가?

Step 3 실생활에 적용하기

A 이런 걸 시도할 정도로 넌 그만큼 절박하니?

B Yes, I am. I'm willing to do anything.

A Okay, this will be your last chance then.

A Are you desperate enough to try this?

B 그래. 난 뭐든 다 할 작정이야.

A 좋아. 그럼 이번이 마지막 기회야.

정답 Step 1 **4** are not strong enough to fight **5** is strong enough to Step 2 **4** I am smart enough to be **5** Are you passionate enough to

41

A | 영화 속 대화를 완성해 보세요.

RAPUNZEL Okay, ❶_____ a lot about what
❷_____ —
네, 어머니가 아까 했던 말씀에 대해서 제가 곰곰이 생각을 해 봤는데요—

MOTHER GOTHEL I hope you're not still ❸_____.
네가 그 별들에 대해서 얘기하는 건 아니면 좋겠구나.

RAPUNZEL Floating lights and yes, I'm ❹_____ that, but— 떠다니는 등불 얘기예요 네 맞아요, 그 얘기도 조금 이따가 할 거예요, 하지만—

MOTHER GOTHEL Because I really thought we ❺_____, Sweetheart. 왜냐하면 난 그 얘긴 이제 다 끝났다고 생각했거든, 우리 이쁜이.

RAPUNZEL No Mother, ❻_____, you think I'm ❼_____ handle myself ❽_____ — 아니에요 어머니, 제 얘기는 그냥, 어머니 생각에 제가 세상 밖으로 나가면 저 자신을 건사하지도 못할 거라고 하셨잖아요 —

MOTHER GOTHEL Oh, Darling, I know you're not strong enough to handle yourself out there.
오, 아가야, 네가 세상에 나가면 스스로 잘 헤쳐나갈 수 없다는 걸 난 이미 알고 있단다.

RAPUNZEL But ❾_____- 하지만, 어머니께서 단지—

MOTHER GOTHEL Rapunzel, we're ❿_____ about this.
라푼젤, 이 얘긴 이미 끝났다고 하지 않았니.

RAPUNZEL Trust me- 저를 믿어주세요—

MOTHER GOTHEL Rapunzel- 라푼젤—

B | 다음 빈칸을 채워 문장을 완성해 보세요.

1 네가 했던 말들에 대해서 곰곰이 생각해봤어.
_____ those things you said.

2 최근에, 그는 결혼하고 싶다는 생각을 많이 했어.
Lately, _____ he wants to get married.

3 그녀는 홀로 설 정도로 강하지 못해.
She _____ stand alone.

4 세상 그 누구도 그와 대적할 정도로 강한 사람은 없어.
No one _____ confront him.

5 난 의사가 될 정도로 똑똑하진 않은 것 같아요.
I don't think _____ a doctor.

The Lanterns for the Lost Princess

사라진 공주를 위한 등불

플린에게 자신을 세상 밖으로 데려가 주면 그의 가방을 돌려주겠다고 제안하던^{make an offer} 라푼젤은 그동안 늘 궁금해 하던 사실을 알게 됩니다. 해마다^{every year} 자신의 생일이면 하늘 위로 떠오르던 등불이 사라진 공주를 기리기^{pay a tribute} 위한 것이라는 사실을 말이에요. 아직까지는^{up until now} 그 등불들이 자신의 생일과 관련이 있을지는 상상조차 못하고^{cannot even imagine} 있지만, 적어도 그것이 고텔이 말하는 것처럼 별들은 아니라는 것은 알게 된 거죠. 그런데, 플린이 라푼젤의 제안을 받아들여 그녀가 평생을 꿈꾸며 그리던 세상을 볼 수 있게 해 줄까요?

 Warm Up! 오늘 배울 표현   오늘 등장하는 표현들입니다. 어떤 표현이 들어가야 할지 생각해 보세요.

* I'm prepared to _____.   제가 제안을 하나 할게요.

* _____ the lantern thing they do for the princess?   공주를 위해 쏘아 올리는 등불들 말하는 거요?

* _____ will I return your satchel to you.
  그렇게 하면, 오직 그렇게 할 경우에만 난 당신의 가방을 당신에게 돌려줄 거예요.

* _____.   그렇게는 못 하겠소.

* Unfortunately the Kingdom and I _____ simpatico at the moment.
  불행히도 왕국과 내가 요즘 사이가 그렇게 좋지 못해서 말이요.

43

RAPUNZEL
라푼젤

OK, Flynn Rider: I'm prepared to **offer you a deal**.❶
좋아요, 플린 라이더: 제가 제안을 하나 할거예요.

FLYNN
플린

Deal?
제안?

RAPUNZEL
라푼젤

Look this way.
이쪽을 보세요.

RAPUNZEL
라푼젤

Do you know what these are?
이것들이 무엇인지 아시나요?

FLYNN
플린

You mean the lantern thing they do for the princess?❷
공주를 위해 쏘아 올리는 등불들 말하는 거요?

RAPUNZEL
라푼젤

Lanterns. I knew they weren't stars! Well, tomorrow evening, they will light the night sky with these "lanterns." YOU will act as my guide, take me to these lanterns, and return me home safely. **Then and only then** will I return your satchel to you.❸ That is my deal.
등불들. 내 이럴 줄 알았어. 역시 별들이 아니었어! 흠, 내일 저녁에 그들이 이 등불들로 밤하늘을 환하게 비출 거예요. 당신은 나의 안내자로서 이 등불들에게 나를 인도하고 집으로 안전하게 귀가시켜야 해요. 그렇게 하면, 오직 그렇게 할 경우에만 난 당신의 가방을 당신에게 돌려줄 거예요. 그게 제 제안이에요.

FLYNN
플린

Yeah... **no can do.**❹ Unfortunately the Kingdom and I **aren't exactly** simpatico at the moment.❺ So I won't be taking you anywhere.
그게… 안 되겠소. 불행히도 왕국과 내가 요즘 사이가 그렇게 좋지 못해서 말이요. 그래서 당신을 데리고 어디를 갈 처지가 못 되네요.

장면 파헤치기 구문 설명과 예문으로 이 장면의 핵심 표현을 완벽히 이해하세요.

❶ I'm prepared to offer you a deal. 제가 제안을 하나 할거예요.

'제안하다'는 make an offer라고 표현하기도 하고, offer를 동사로 쓰면, 뒤에 목적어를 넣어서 무엇을 제안하는지를 나타냅니다. 위의 문장에서는 deal 일종의 '거래'를 제안하는 상황이네요.

* Let me **offer you a discount** of 50%. 50% 할인해 드릴게요.
* I'm going to **make him an offer** he can't refuse. 난 그가 거절할 수 없는 제안을 할 것이다.

❷ You mean the lantern thing they do for the princess? 공주를 위해 쏘아 올리는 등불을 말하는 거요?

상대방이 한 말을 확실히 못 알아들었거나 놀라서 재차 확인하며 '그러니까 네 말은 ~을 의미하는 거니?' 라고 말할 때 자주 쓰이는 표현이 You mean ~? 이에요. 맨 앞에 do가 생략되었는데, 정확히 표현하면 Do you mean ~? 이 되겠어요. ★영화 속 패턴 익히기

❸ Then and only then will I return your satchel to you.
그렇게 하면, 오직 그렇게 할 경우에만 난 당신의 가방을 당신에게 돌려줄 거예요.

상대에게 어떤 조건을 제시한 후 그 조건이 이루어져야만 비로소 그다음 순서가 진행될 수 있다고 강하게 이야기할 때 Then and only then이라는 표현을 쓴답니다. 뒤에 따르는 문장은 '주어 + 동사' 형식이 아닌 '동사 + 주어' 형식으로 시작하니 유의해야 합니다.

* **Then and only then** can we start again. 오직 그렇게 할 경우에만 우리가 다시 시작할 수 있어.
* **Then and only then** will you truly be free. 오직 그렇게 될 경우에만 비로소 네가 진정으로 자유로워질 수 있다.

❹ No can do. 그렇게는 못 하겠소.

No can do!는 '그렇게는 (절대) 못 해'라는 의미로 I just can't do that. 과 같은 어감의 표현이에요.

* A: Can you finish this report by noon? 이 보고서를 12시까지 끝낼 수 있겠나?
* B: **No can do!** 그렇게는 못 하겠습니다.

❺ Unfortunately the Kingdom and I aren't exactly simpatico at the moment.
불행히도 왕국과 내가 요즘 사이가 그렇게 좋지 못해서 말이요.

말하기 불편하거나 직설적으로 표현하기에 부담될 때는 '꼭 그렇다고 말하기는 좀 그렇고'라고 하는 식으로 돌려서 이야기하죠? 그럴 때 등장하는 표현이 not exactly입니다. not exactly가 문장에서 어떻게 쓰이는지는 뒤에서 패턴으로 익히도록 하죠. ★영화 속 패턴 익히기

45

오늘 배운 장면에서 뽑은 핵심 패턴으로 다양한 표현을 만들어 보세요.

🎧 07-2.mp3

You mean ~?

넌 ~에 대해 말하는 거니?

Step 1 기본 패턴 연습하기

1 **You mean** you don't like me? 넌 날 좋아하지 않는다는 뜻이니?

2 **You mean** the thing you said earlier? 네가 아까 말했던 그거 말이니?

3 **You mean** the movie lied? 영화가 거짓말을 했다는 거니?

4 .... no one will be there? 아무도 안 올 거라는 얘기니?

5 .... creepy looking thing on the ceiling? 그 천장에 붙은 오싹하게 생긴 것 말이니?

Step 2 패턴 응용하기 | Do you mean ~?

1 **Do you mean** everything is gone? 모든 것이 다 없어졌다는 거야?

2 **Do you mean** the guy with a dog? 강아지 데리고 온 그 남자 말하는 거니?

3 **Do you mean** I do all the work and you get the money?
그러니까 일은 내가 다 하고 돈은 네가 가져간다는 그런 뜻이니?

4 .... who came up to us in the park?
공원에서 우리에게 다가왔던 그 여자 얘기니?

5 .... don't want it? 네가 이걸 원하지 않는다는 뜻이니?

Step 3 실생활에 적용하기

A Do you know what this is?	A 이거 뭔지 아니?
B 네 가방에 붙은 그거 말이니?	B You mean the thing on your bag?
A Yes, that's what I mean.	A 그래, 그거 말하는 거야.

정답 Step 1 4 You mean 5 You mean that Step 2 4 Do you mean the girl 5 Do you mean that you

주어 + be동사 + not exactly
꼭/확실히 ~라고 할 수는 없다.

Step 1 기본 패턴 연습하기

1 I'm **not exactly** sure about that. 난 그것에 대해서 확실히 잘 모르겠어.

2 She **is not exactly** a perfect person for this job. 그녀가 이 일에 완벽하게 맞는 사람은 아닌 것 같다.

3 We **are not exactly** where we want to be. 우린 지금 우리가 원래 가고 싶어 했었던 곳에 있는 건 아니다.

4 .... what I had in mind. 이건 내가 생각했던 것과는 좀 다르다.

5 .... my first pick either. 너도 내가 최우선으로 선택했던 사람은 아니거든.

Step 2 패턴 응용하기 | 주어 + 조동사 + not exactly

1 I **don't exactly** know how to do this. 이거 어떻게 하는 건지 잘 모르겠어.

2 I **don't exactly** know what I mean by that. 내가 무슨 뜻으로 그런 말을 한 지 나도 잘 모르겠어.

3 Gunther **didn't exactly** want to leave. 건터가 꼭 떠나고 싶어 했던 것은 아냐.

4 .... go as he planned. 그가 계획했던 대로 그대로 일이 풀리지는 않았다.

5 Erin .... remember his name. 에린은 그의 이름을 정확하게 기억하지는 못했다.

Step 3 실생활에 적용하기

A 이게 뭐니?

B Well, I don't exactly know what it is.

A 뭐라는 거니? 안다는 거야 모른다는 거야?

A What is this?

B 글쎄, 나도 정확히는 잘 모르겠는데.

A What are you saying? You know what it is or not?

정답 Step 1 4 It's not exactly 5 You are not exactly Step 2 4 It didn't exactly 5 couldn't exactly

A | 영화 속 대화를 완성해 보세요.

RAPUNZEL
OK, Flynn Rider: I'm prepared to
❶_____. 좋아요, 플린 라이더: 제가 제안을 하나 할거예요.

FLYNN
Deal? 제안?

RAPUNZEL
❷_____. 이쪽을 보세요.

RAPUNZEL
Do you know ❸_____?
이것들이 무엇인지 아시나요?

FLYNN
❹_____ the lantern thing they do
❺_____? 공주를 위해 쏘아 올리는 등불들 말하는 거요?

RAPUNZEL
Lanterns. I knew they weren't stars! Well, tomorrow evening, they will ❻_____ with these "lanterns." YOU will act as my guide, take me to these lanterns, and return me home safely. ❼_____ will I return your satchel to you. ❽_____.
등불들. 내 이럴 줄 알았어, 역시 별들이 아니었어! 흠, 내일 저녁에 그들이 이 등불들로 밤하늘을 환하게 비출 거예요. 당신은 나의 안내자로서 이 등불들에게 나를 인도하고 집으로 안전하게 귀가 시켜야 해요. 그렇게 하면, 오직 그렇게 할 경우에만 난 당신의 가방을 당신에게 돌려줄 거예요. 그게 제 제안이에요.

FLYNN
Yeah... ❾_____. Unfortunately the Kingdom and I ❿_____ simpatico at the moment. So I won't be taking you anywhere.
그게… 안 되겠소. 불행히도 왕국과 내가 요즘 사이가 그렇게 좋지 못해서 말이요. 그래서 당신을 데리고 어디를 갈 처지가 못 되네요.

B | 다음 빈칸을 채워 문장을 완성해 보세요.

1 네가 아까 말했던 그거 말이니?
_____ the thing you said earlier?

2 모든 것이 다 없어졌다는 거야?
_____ everything is gone?

3 난 그것에 대해서 확실히 잘 모르겠어.
_____ sure about that.

4 이건 내가 생각했던 것과는 좀 다르다.
_____ what I had in mind.

5 그가 계획했던 대로 그대로 일이 풀리지는 않았다.
_____ go as he planned.

The First Time Ever

태어나서 처음으로

우여곡절 끝에^{after many twists and turns} 라푼젤이 드디어 그녀를 세상으로부터 고립시켜 놓았던 탑에서 내려와 땅을 밟게 되었어요.^{set her foot on the ground} 정말 얼마나 감동스러울까요? 땅과 풀 냄새와 바람에 한껏 취해 주체할 수 없는^{overwhelming} 해방감과^{sense of freedom} 행복감을 만끽하는 라푼젤의 모습이 너무 자유로워 보여요. 세상에 태어나 처음으로 느껴보는 대지와 자연이라니. 그렇지만 행복도 잠시, 곧 두려움과 불안감이^{anxiety} 엄습합니다. 엄마가 알면 난리가 날 텐데, 그리고 또 그녀가 얼마나 실망하실까 생각하니 마냥 좋아할 수만은 없네요. 다시 돌아가야 하나 말아야 하나 이젠 어찌해야 하나 갈팡질팡 내면의 갈등을 겪는 그녀가 안쓰럽네요.

 Warm Up! 오늘 배출 표현   오늘 등장하는 표현들입니다. 어떤 표현이 들어가야 할지 생각해 보세요.

* I'M _____ TO IT. 난 이제 그것에 반쯤 다가왔어.

* DO I EVEN _____? 내가 감히 이런 일을?

* LOOK AT ME, THERE _____. 날 봐, 마침내 거기에 있네.

* _____. 자 내가 간다.

* I COULD _____ AND RACING. 난 뛰어갈 수도 있고 경주를 할 수도 있지.

RAPUNZEL
라푼젤

LOOK AT THE WORLD SO CLOSE, AND I'M **HALFWAY** TO IT❶
정말 가까이에 있는 세상을 봐, 난 이제 그 세상에 반쯤 다가왔어

LOOK AT IT ALL, SO BIG, DO I EVEN **DARE**?❷
이 모든 것을 봐, 정말 크네, 내가 감히 이런 일을?

LOOK AT ME, THERE **AT LAST**,❸ I JUST HAVE TO DO IT
날 봐, 마침내 거기에 있네, 난 그것을 할 수밖에 없네

SHOULD I? NO. **HERE I GO.**❹
그런가? 아니지. 자 내가 간다.

JUST SMELL THE GRASS, THE DIRT, JUST LIKE I DREAMED THEY'D BE
잔디의 냄새를 맡아봐, 흙냄새를, 내가 꿈꿔왔던 그 느낌과 똑같아

JUST FEEL THAT SUMMER BREEZE, THE WAY IT'S CALLING ME
그냥 이 여름날의 산들바람을 느껴봐. 이 바람이 나를 부르는 소리를

FOR LIKE THE FIRST TIME EVER, I'M COMPLETELY FREE.
왜냐하면 태어나서 처음으로 난 완전히 자유의 몸이 되었거든

I COULD **GO RUNNING** AND RACING❺
난 뛰어갈 수도 있고 경주를 할 수도 있고

AND DANCING AND CHASING AND LEAPING AND BOUNDING,
춤을 출 수도 있고 쫓아갈 수도 있고 뜀뛰기를 할 수도 있고 껑충껑충 달릴 수도 있고,

HAIR FLYING, HEART POUNDING AND SPLASHING AND REELING
머릿결을 날리면서, 가슴이 콩닥콩닥 뛰면서 물을 첨벙첨벙하며 갈지자걸음으로 걸으면서

AND FINALLY FEELING... NOW'S WHEN MY LIFE BEGINS!
그리고 마침내 느끼면서… 이제야 내 인생이 시작하는구나!

장면 파헤치기   구문 설명과 예문으로 이 장면의 핵심 표현을 완벽히 이해하세요.

❶ I'M HALFWAY TO IT. 난 이제 그것에 반쯤 다가왔어.

halfway는 거리나 시간상으로 '중간, 가운데쯤'이라는 의미인데, 무엇인가가 완전하게 다 완성되지 않았을 때 '부분적으로/불완전하게'라는 의미로 쓰이기도 해요. 같은 의미로 midway를 쓰기도 한답니다.   ★ 영화 속 패턴 의미

❷ DO I EVEN DARE? 내가 감히 이런 일을?

dare는 '감히 ~을 하다, ~을 할 엄두를 내다' 또는 '(겁이 없음을 보여줄 수 있도록 위험하거나 힘든 일을) 해 보라고 부추기다/하다'라는 의미의 동사예요. 문장에서 가끔 '모험/도전'이라는 의미의 명사로 쓰이는 경우도 있지만, 대부분 동사로 쓰인답니다.

* Don't even **dare** (to) think about it! 그런 것은 감히 생각조차 하지도 말아라!
* Go on and ask him. I **dare** you! 어서 가서 그에게 물어봐. 감히 그렇게는 못할걸!

❸ LOOK AT ME, THERE AT LAST. 날 봐, 마침내 거기에 있네.

at last는 finally와 동의표현으로 '마침내/드디어'라는 의미로 쓰이는 표현이에요. 많은 지체, 노력 등이 있은 후에 결국 궁극적으로 어떤 상황에 이르렀을 때 쓰게 되고, 조금 더 느낌을 강조하기 위해 중간에 long을 넣어서 at long last라고 하는 경우도 많답니다.   ★ 영화 속 패턴 의미

❹ HERE I GO. 자 내가 간다.

Here I go.는 주로 새로운 마음을 가지고 무엇을 시작할 때 '자 이제 내가 출발한다/세상을 향해 나아간다'라는 의미로 쓰는 표현이에요.

* **Here I go** with an open heart. 마음을 활짝 열고 내가 나아갑니다.
* **Here I go** stronger than ever. 그 어느 때보다 강한 모습으로 내가 나아간다.

❺ I COULD GO RUNNING AND RACING. 난 뛰어갈 수도 있고 경주를 할 수도 있지.

go running은 '달리기를 하러 가다'라는 의미인데, 이 문장에서 run을 그냥 동사원형으로 써서 '뛸 수 있다'라고 하면 넓을 공간에서 뛰어다니는 놀이 또는 행동을 하는 느낌을 살리기 어려웠을 것 같아요. 그래서 'go + 동명사' 형식을 쓴 것으로 보이네요.

* I like to **go jogging** in the morning. 전 아침에 조깅하는 걸 좋아해요.
* How often do you **go walking** in the park? 얼마나 자주 공원에 산책을 가시나요?

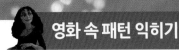
🎧 08-2.mp3

halfway
(거리, 시간상으로) 중간/가운데쯤

Step 1 기본 패턴 연습하기

1 We're not even **halfway** there yet. 아직 목적지까지 반도 못 왔어.

2 I'm **halfway** finished. 난 반 정도 끝났다.

3 I joined the class **halfway** through the semester. 난 학기 중간에 수업에 들어왔어.

4 Linda stopped the movie _____. 린다는 영화가 반 정도 진행됐는데 꺼버렸어.

5 We are about _____ the project. 우린 프로젝트를 반 정도 끝냈다.

Step 2 패턴 응용하기 | midway

1 Sue stopped working **midway** through her pregnancy. 수는 임신 기간 중간쯤에 일을 그만뒀다.

2 New York City is **midway** between Boston and Washington DC.
뉴욕은 보스턴과 워싱턴 DC 중간쯤에 있다.

3 The car came to a halt **midway** down the street. 그 차는 길을 반 정도 내려가다가 멈추었다.

4 She began reading _____ down the page. 그녀는 페이지의 중간 정도부터 읽기 시작했어.

5 Joe crashed _____ the race. 조가 레이스를 하던 중반부쯤에 사고가 났다.

Step 3 실생활에 적용하기

A Are we there yet?

B 아직 반도 못 왔어.

A Wake me when we get there.

A 거의 다 왔어요?

B We are not even halfway there.

A 도착하며 깨워줘요.

정답 Step 1 4 halfway through 5 halfway through Step 2 4 midway 5 midway through

at last

마침내, 드디어

기본 패턴 연습하기

1 I'm home **at last**. 마침내 집에 왔도다.

2 The hostages were released **at last**. 마침내 인질들이 풀려났구나.

3 The bus has come **at last**. 드디어 버스가 왔네.

4 _____, they have gotten something to eat. 드디어, 그들에게 먹을 것이 주어졌다.

5 She has got a _____. 드디어 그녀가 직장을 얻었구나.

패턴 응용하기 | at long last

1 **At long last**, we have arrived in New York. 드디어 우리가 뉴욕에 입성했구나.

2 I have finished my paper **at long last**. 이제야 마침내 논문을 끝냈다.

3 **At long last**, they were free. 마침내, 그들은 자유의 몸이 되었다.

4 And now, _____, they have come to an agreement.
그리고 이제, 마침내, 그들은 동의에 이르렀다.

5 You have succeeded _____. 마침내 네가 성공을 했구나.

실생활에 적용하기

A 마침내 내가 영어시험에서 A 학점을 받았어.	A At long last I got an A on an English test.
B Congratulations!	B 축하해!
A I just hope it's not the last time I get it.	A 이번이 마지막이 아니길 바랄 뿐이야.

정답 Step 1 4 At last 5 job at last   Step 2 4 at long last 5 at long last

53

확인학습 문제를 풀며 오늘 배운 표현을 완벽히 내 것으로 만드세요.

A | 영화 속 대화를 완성해 보세요.

RAPUNZEL LOOK AT THE WORLD SO CLOSE, AND I'M ❶_____ TO IT 정말 가까이에 있는 세상을 봐, 난 이제 그 세상에 반쯤 다가왔어

LOOK AT IT ALL, SO BIG, DO I EVEN ❷_____?
이 모든 것을 봐, 정말 크네, 내가 감히 이런 일을?

LOOK AT ME, THERE ❸_____, I JUST ❹_____ 날 봐, 마침내 거기에 있네, 난 그것을 할 수밖에 없네

SHOULD I? NO. ❺_____ 그런가? 아니지, 자 내가 간다.

JUST ❻_____, THE DIRT, JUST LIKE I DREAMED THEY'D BE
잔디의 냄새를 맡아봐, 흙냄새를, 내가 꿈꿔왔던 그 느낌과 똑같아

JUST FEEL THAT ❼_____, THE WAY IT'S CALLING ME 그냥 이 여름날의 산들바람을 느껴봐, 이 바람이 나를 부르는 소리를

FOR LIKE THE FIRST TIME EVER, I'M ❽_____
왜냐하면 태어나서 처음으로 난 완전히 자유의 몸이 되었거든

I COULD ❾_____ AND RACING
난 뛰어갈 수도 있고 경주를 할 수도 있고

AND DANCING AND CHASING AND LEAPING AND BOUNDING,
춤을 출 수도 있고 쫓아갈 수도 있고 뜀뛰기를 할 수도 있고 껑충껑충 달릴 수도 있고,

HAIR FLYING, ❿_____ AND SPLASHING AND REELING
머릿결을 날리면서, 가슴이 콩닥콩닥 뛰면서 물을 첨벙첨벙하며 갈지자걸음으로 걸으면서

AND FINALLY FEELING... NOW'S WHEN MY LIFE BEGINS! 그리고 마침내 느끼면서… 이제야 내 인생이 시작하는구나!

정답 A
❶ HALFWAY
❷ DARE
❸ AT LAST
❹ HAVE TO DO IT
❺ HERE I GO
❻ SMELL THE GRASS
❼ SUMMER BREEZE
❽ COMPLETELY FREE
❾ GO RUNNING
❿ HEART POUNDING

B | 다음 빈칸을 채워 문장을 완성해 보세요.

1 아직 목적지까지 반도 못 왔어.
We're not even _____ there yet.

2 조가 레이스를 하던 중반부쯤에 사고가 났다.
Joe crashed _____ the race.

3 마침내 집에 왔도다.
I'm home _____.

4 마침내 인질들이 풀려났구나.
The hostages were released _____.

5 마침내 네가 성공을 했구나.
You have succeeded _____.

정답 B
1 halfway
2 midway through
3 at last
4 at last
5 at long last

54

Flynn, the Life Counselor

인생 상담사, 플린

내면의 갈등이^{inner conflicts} 점점 심해지며 어찌할 바를 몰라 괴로워하고 있는^{agonizing} 라푼젤을 바라보던 플린, 처음에는 그러거나 말거나 내버려 두려고^{leave her alone} 했지만, 너무 안쓰러워 보였든지 다정하게 대화를 시도하네요. 가만히 보니 플린은 공감 능력이 높은 상담사인 것 같아요. 그런데, 조금 더 들어보니, 어느새 자신의 이익을 추구하는^{seek his own profit} 방향으로 점점 대화가 흘러가네요. 그러면 그렇지^{no wonder} 약삭빠른 플린이 그렇게 착할 리가 없겠죠. 우리의 계약은 없었던 거로 하고 라푼젤에게 엄마한테 다시 돌아가라고 하는 플린, 라푼젤은 어떤 결정을 내릴까요?

 Warm Up! 오늘 배울 표현 오늘 등장하는 표현들입니다. 어떤 표현이 들어가야 할지 생각해 보세요.

* I _____ notice you seem a little at war with yourself here.
  일부러 보려고 한 건 아닌데요. 아무래도 당신이 스스로와 내면적으로 분쟁을 하는 것 같아서요.

* Now, I'm only picking up _____, of course.
  아, 물론 제가 다 알진 못하고 제가 본 단편적인 부분들을 근거로 해서 말하는 건데요.

* You're _____, trust me. 이건 당신이 너무 오버해서 생각하는 거라고요. 날 믿어요.

* _____. 당신은 이렇게 할 수밖에 없다니까요.

* I am, _____? 그죠, 내 말이 맞죠?

55

FLYNN
플린

You know, **I can't help but** notice you seem a little at war with yourself here. ❶

있잖아요, 내가 일부러 보려고 한 건 아닌데요, 아무래도 당신이 스스로와 내면적으로 분쟁을 하는 것 같아서요.

RAPUNZEL
라푼젤

What?

뭐라고요?

FLYNN
플린

Now, I'm only picking up **bits and pieces**, of course: ❷ overprotective mother, forbidden road trip - I mean, this is serious stuff. But let me ease your conscience - this is part of growing up. A little rebellion, a little adventure, that's good, healthy even.

아, 물론 제가 다 알진 못하고 제가 본 단편적인 부분들을 근거로 해서 말하는 건데요: 과잉보호하는 어머니, 금지된 외출 - 그러니까, 이건 심각한 문제예요. 하지만 당신의 양심의 가책을 좀 가라앉히고 - 이건 어른이 되어 가는 과정이에요. 조금 반항도 하고, 모험도 좀 하고, 좋은 거예요, 어찌 보면 건강한 거라고 볼 수도 있죠.

RAPUNZEL
라푼젤

You think?

그렇게 생각해요?

FLYNN
플린

I know! You're **way over-thinking this**, trust me. ❸ Does your mother deserve it? No. Would this break her heart and crush her soul? Of course. But **you've just got to do it**. ❹

내가 알아요! 이건 당신이 너무 오버해서 생각하는 거라고요. 날 믿어요. 당신 어머니가 이런 대접을 받을 만한 짓을 했나고요? 아니요. 당신이 이렇게 하면 그녀의 가슴을 찢어지게 하고 그녀의 억장이 무너질까요? 당연하죠. 하지만 그래도 당신은 이렇게 할 수밖에 없다니까요.

RAPUNZEL
라푼젤

Break her heart?

그녀의 가슴을 찢어지게 한다고요?

FLYNN
플린

In half.

반 토막으로 찢어질 거예요.

RAPUNZEL
라푼젤

Crush her soul?

억장을 무너지게 하고?

FLYNN
플린

Like a grape.

포도를 으깨듯이.

RAPUNZEL
라푼젤

She would be heartbroken, you're right.

그녀는 가슴이 찢어질 거예요, 당신 말이 맞아요.

FLYNN
플린

I am, **aren't I?** ❺ Oh, bother. Alright, I can't believe I'm saying this but: I'm letting you out of the deal.

그죠, 내 말이 맞죠? 아 귀찮아. 좋아요, 내가 이런 말을 하고 있다는 게 믿어지진 않지만: 당신과 나와의 계약은 없던 거로 하죠.

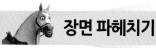

❶ **I can't help but notice you seem a little at war with yourself here.**
일부러 보려고 한 건 아닌데요. 아무래도 당신이 스스로와 내면적으로 분쟁을 하는 것 같아서요.

무엇을 하려고 의도한 것은 아니지만 자신의 의지와는 별개로 어쩔 수 없이 '~을 할 수밖에 없다'는 표현을 하고
싶을 때 〈can't help but + 동사〉 패턴을 씁니다.   ★영화 속 패턴 악하기

❷ **Now, I'm only picking up bits and pieces, of course.**
아, 물론 제가 다 알진 못하고 제가 본 단편적인 부분들을 근거로 해서 말하는 건데요.

bits and pieces는 구어체에서 '이런저런 것들, 조각난 것들'이란 의미로 쓰이는 표현이에요. 이 문장에서는 이런저런
작은 정보들을 모아보니 어떠한 결론에 이르게 되었다는 것을 나타냅니다.

* I packed all my **bits and pieces** into my bag. 내 가방에 이런저런 잡동사니들을 챙겨 넣었어.
* She has a few **bits and pieces** to do before she leaves. 그녀는 떠나기 전에 이런저런 사소하게 할 일들이 좀 있다.

❸ **You're way over-thinking this, trust me.**   이건 당신이 너무 오버해서 생각하는 거라고요, 날 믿어요.

way는 일반적으로 '길, 방법'으로 쓰이는 명사이지만, 구어체에서는 강조용법으로 '너무, 엄청, 훨씬, 정말'이라는
의미의 부사로 쓰이는 경우가 많답니다. 비교급과 같이 쓰이는 경우도 있고, '너무 심할 정도로 ~한'이라는 의미로
〈way too + 형용사〉 형식으로도 많이 쓰이고요. over-think는 '너무 오버해서/과하게/부풀려 생각하다'라는
의미입니다.   ★영화 속 패턴 악하기

❹ **You've just got to do it.**   당신은 이렇게 할 수밖에 없다니까요.

〈have just got to + 동사〉는 무조건 '이 일은 꼭 해야만 한다/할 수밖에 없다'라는 의미로 구어체에서 쓰는
표현인데, just를 빼도 같은 의미이지만 just를 넣으면 더욱 어감이 강해지죠. 문맥에 따라서는 '눈 딱 감고 한번 해
봐'라는 의미로 해석하면 더 자연스러울 때도 있어요.

* We**'ve just got to** stay focused. 우린 계속 최대한 집중하는 수밖에 없어.
* You**'ve just got to** trust your instincts. 네 직감을 믿는 수밖에 없어.

❺ **I am, aren't I?**   그죠, 내 말이 맞죠?

라푼젤이 플린에게 You're right. '당신 말이 맞아요'라고 한 것에 대한 응답으로 플린이 한 말인데, I am 이후에
부가 의문문으로 am I not?이라고 해야만 문법적으로 맞긴 한데, 올바른 문법과는 상관없이 구어체에서는 aren't
I?가 주로 쓰인답니다.

* I'm a good person, **aren't I?** 나 좋은 사람이지? 안 그러니?
* I'm pretty, **aren't I?** 나 예쁘지, 아니니?

🎧 09-2.mp3

can't help but + 동사   (어쩔 수 없이) ~할 수밖에 없다.

Step 1   기본 패턴 연습하기

1. I **can't help but** think of you. 네 생각이 나는 건 어쩔 수가 없네.

2. I **can't help but** laugh. 웃지 않을 수가 없네.

3. She **couldn't help but** let him in. 그녀는 그를 들어오게 할 수밖에 없었다.

4. If you keep practicing, you _____ better. 계속 연습하면 더 발전할 수밖에 없지.

5. _____ the question. 그 질문을 하지 않을 수가 없네요.

Step 2   패턴 응용하기 | can't help 동사-ing

1. I **can't help crying**. 울지 않을 수가 없구나.

2. I **can't help feeling** that there has been a mistake. 뭔가 실수가 있었다는 생각을 떨칠 수가 없네.

3. Dan **couldn't help thinking** about the past. 댄은 과거에 대한 생각을 떨칠 수가 없었어.

4. She _____ those lies. 그녀는 그 거짓말을 할 수밖에 없었다.

5. They _____ jealous. 그들이 질투하지 않을 수가 없어.

Step 3   실생활에 적용하기

A What are you going to do now?

B 글쎄, 기다리는 수밖에 없지.

A I guess you have no other choice.

A 이제 어쩔 거니?

B Well, I can't help but wait.

A 그래, 달리 방법이 없을 것 같긴 하네.

정답   Step 1   4 can't help but get   5 I can't help but ask   Step 2   4 couldn't help telling   5 can't help being

way + (비교급) + 형용사/명사

너무, 훨씬, 매우 ~한

Step 1 기본 패턴 연습하기

1 It's **way past** your bed time. 네가 잠자리에 들 시간이 훨씬 지났어.

2 Lily is **way more popular** than Rosa. 릴리가 로사보다 훨씬 더 인기가 많아.

3 He showed up **way early** for class. 그가 수업에 너무 일찍 왔네.

4 She's _____ to be reading this book. 이 책을 읽기엔 그녀는 너무 어려.

5 You have _____ than you think. 네가 생각하는 것보다 너에겐 훨씬 시간이 많아.

Step 2 패턴 응용하기 | way too + 형용사

1 He's **way too smart** for me. 그는 나와 함께하기엔 너무 심하게 똑똑하다.

2 She's **way too good** for Chris. 그녀는 크리스와 사귀기엔 너무 과분해.

3 It took **way too much** time to make this. 이거 만드는데 시간이 너무 많이 걸렸어.

4 Gary said that he was _____ to see me. 개리는 너무 바빠서 날 못 만난다고 하더라고.

5 It's _____. 이건 너무 심하게 비싸네.

Step 3 실생활에 적용하기

A Have you finished your assignment?

B 어젯밤에 엄청 늦게 끝냈어.

A You must be tired.

A 숙제는 다 했니?

B I finished it way late last night.

A 피곤하겠다.

정답 Step 1 4 way young 5 way more time Step 2 4 way too busy 5 way too expensive

A | 영화 속 대화를 완성해 보세요.

FLYNN You know, I ❶_____ notice you seem a little at ❷_____ here. 있잖아요, 내가 일부러 보려고 한 건 아닌데요, 아무래도 당신이 스스로와 내면적으로 분쟁을 하는 것 같아서요.

RAPUNZEL What? 뭐라고요?

FLYNN Now, I'm only picking up ❸_____, of course: overprotective mother, ❹_____ road trip - I mean, this is serious stuff. But let me ❺_____ - this is part of growing up. A little rebellion, a little adventure, that's good, healthy even. 아, 물론 제가 다 알진 못하고 제가 본 단편적인 부분들을 근거로 해서 말하는 건데요: 과잉보호하는 어머니, 금지된 외출 - 그러니까, 이건 심각한 문제예요. 하지만 당신의 양심의 가책을 좀 가라앉혀요 - 이건 어른이 되어 가는 과정이에요. 조금 반항도 하고, 모험도 좀 하고, 좋은 거예요. 어찌 보면 건강한 거라고 볼 수도 있죠.

RAPUNZEL You think? 그렇게 생각해요?

FLYNN I know! You're ❻_____, trust me. Does your mother deserve it? No. Would this break her heart and crush her soul? Of course. But ❼_____. 내가 알아요! 이건 당신이 너무 오버해서 생각하는 거라고요, 날 믿어요. 당신 어머니가 이런 대접을 받을 만한 짓을 했나고요? 아니요, 당신이 이렇게 하면 그녀의 가슴을 찢어지게 하고 그녀의 억장이 무너질까요? 당연하죠. 하지만 그래도 당신은 이렇게 할 수밖에 없다니까요.

RAPUNZEL ❽_____? 그녀의 가슴을 찢어지게 한다고요?

FLYNN In half. 반 토막으로 찢어질 거예요.

RAPUNZEL Crush her soul? 억장을 무너지게 하고?

FLYNN Like a grape. 포도를 으깨듯이.

RAPUNZEL She would be heartbroken, you're right. 그녀는 가슴이 찢어질 거예요. 당신 말이 맞아요.

FLYNN I am, ❾_____? Oh, bother. Alright, I can't believe I'm saying this but: I'm letting you ❿_____. 그죠, 내 말이 맞죠? 아 귀찮아. 좋아요, 내가 이런 말을 하고 있다는 게 믿어지진 않지만: 당신과 나와의 계약은 없던 거로 하죠.

B | 다음 빈칸을 채워 문장을 완성해 보세요.

1 웃지 않을 수가 없네.
   I _____ laugh.

2 그 질문을 하지 않을 수가 없네요.
   _____ the question.

3 그들이 질투하지 않을 수가 없어.
   They _____ jealous.

4 네가 잠자리에 들 시간이 훨씬 지났어.
   It's _____ your bed time.

5 이건 너무 심하게 비싸네.
   It's _____.

Do Ruffians Have Dreams?

건달들에게도 꿈이 있을까?

이제 마음의 결정을 내리고 플린과 함께 세상으로 나온 라푼젤은 어느덧^{in no time} 배가 고파지고 플린은 맛있는 음식을 먹을 만한 곳이 있다며 선술집으로^{tavern} 안내합니다. 그런데, 선술집에 그렇게 많은 건달^{ruffian} 아저씨들이 모여 있을 줄은 몰랐나 보네요. 건달들은 플린을 보더니, 그가 현상금이^{reward} 걸린 포스터 속의 바로 그 절도범^{burglar} 이라는 걸 알아보고 그를 붙잡아 포상금을 받으려고 하네요. 독 안에 든 쥐가 된 플린을 구출하기 위해 라푼젤은 건달 아저씨들에게 호소합니다. 제발 인간미를 좀 보여달라고 자기의 꿈을 실현하기 위해서는 플린이 꼭 필요하다고, 당신들에게도 꿈이란 게 잊지 않느냐며 질문을 던지는군요.

Warm Up! 오늘 배출 표현   오늘 등장하는 표현들입니다. 어떤 표현이 들어가야 할지 생각해 보세요.

* We can _____ ! 잘 해결할 방법이 있을 거야!

* Hey, _____ ! 이봐요, 그를 내버려 두라고요!

* _____ ! 그를 내려놓아요!

* Because I've been dreaming about them _____ . 그건 내 평생의 꿈이기 때문이지요.

* Find your _____ . 인간미를 좀 보여줘요.

RAPUNZEL
라푼젤

Ruffians, stop!

아저씨들, 그만해요!

FLYNN
플린

We can **work this out!**❶

잘 해결할 방법이 있을 거야!

RAPUNZEL
라푼젤

Hey, **leave him alone!**❷

이봐요, 그를 내버려 두라고요!

FLYNN
플린

Gentlemen, please!

신사분들, 제발!

RAPUNZEL
라푼젤

Give me back my guide! Ruffians!

내 안내자를 돌려줘요! 아저씨들!

FLYNN
플린

Not the nose! Not the nose! Not the nose!

코는 안돼! 코는 안돼! 코는 안 된다고!

RAPUNZEL
라푼젤

PUT HIM DOWN!❸

그를 내려놓아요!

RAPUNZEL
라푼젤

Okay. I don't know where I am and I need him to take me to see the lanterns because I've been dreaming about them **my entire life**.❹ Find your **humanity**.❺ Haven't any of you ever had a dream?

좋아요. 난 지금 내가 어디에 있는지도 모르겠지만 등불을 보러 가려면 그가 나를 데려가 줘야 해요. 왜냐하면 그건 내 평생의 꿈이기 때문이지요. 인간미를 좀 보여줘요. 당신들에게도 꿈이란 게 있을 거 아니에요?

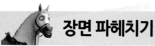 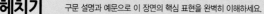
❶ We can work this out! 잘 해결할 방법이 있을 거야!

work something out은 '~을 계산/산출하다, 해결하다, (답을) 알아내다, 생각해 내다'라는 의미로 어려운 일을 풀어야 한다고 표현할 때 쓰는 경우가 많아요. 〈work + 대명사 + out〉이나 〈work out + 일반명사〉 형식으로 쓰이는 것을 패턴으로 연습해 볼게요.　　　　　★ 영화 속 패턴 익히기

❷ Hey, leave him alone! 이봐요, 그를 내버려 두라고요!

leave someone alone은 누군가를 괴롭히지 말고 그냥 내버려 두라고 하는 의미로 명령형으로 주로 쓰인답니다.

* **Leave me alone!** 날 좀 그냥 내버려 둬!
* Why don't you **leave him alone**? 그를 좀 내버려 두지 그래?

❸ Put him down! 그를 내려놓아요!

put something/someone down은 '(손에 들고 있던 것을) ~을 내려놓다'라는 의미의 숙어예요. '내려놓다'라는 단어를 떠올리면 바로 put down을 쓰시면 된답니다. 그렇다면 '올려놓다'는 뭘까요? 그렇죠, put up이 되겠죠.

* **Put the vase down** very carefully. 그 화병을 아주 조심히 내려놓으세요.
* Jamie **put his bag down** by the desk. 제이미는 책상 옆에 그의 가방을 내려놓았다.

❹ Because I've been dreaming about them my entire life. 그건 내 평생의 꿈이기 때문이지요.

someone's entire life는 '~의 평생'이라는 의미예요. 평생 무엇을 해왔다는 것을 강조할 때 주로 쓰는 표현이지요. entire 대신에 whole을 넣어서 쓰기도 한답니다.　　　　　★ 영화 속 패턴 익히기

❺ Find your humanity. 인간미를 좀 보여줘요.

humanity는 '인류, 인간, 인간성'이라는 의미인데, 문맥에 맞춰 자연스럽게 해석하면 '인간미'라는 의미가 되기도 한답니다. 위의 문장은 직역하면 '네 안에 있는 인간미/인간성을 찾아라'인데, 이 말인즉슨, '인간답게 행동해라'라는 의미가 되겠죠.

* It's time they found their **humanity**. 이제 그들이 인간미를 보여줘야 할 때이다.
* Where is your **humanity**? 네 인간성은 어디 간 거니?

🎧 10-2.mp3

work something out
해결하다, 이해하다, 생각해 내다.

Step 1 기본 패턴 연습하기

1 Don't worry, we'll **work something out**. 걱정 마라, 우린 뭔가 생각해 낼 수 있을 테니.

2 Let's try to **work it out**. 해결하려고 노력해 보자고.

3 I've never been able to **work him out**. 그를 한 번도 이해해 본 적이 없어.

4 I'm glad we could _____. 우리가 잘 해결할 수 있어서 다행이에요.

5 If we talk this over, I'm sure we can _____.
우리 서로 대화를 나누면, 잘 해결할 수 있을 거야.

Step 2 패턴 응용하기 | work out + 일반명사

1 What's the best way to **work out** our relationship problems?
우리 사이의 문제를 해결하는 최선의 방법이 무엇일까요?

2 We can **work out** a solution to this problem. 우린 이 문제에 대한 해결책을 찾을 수 있을 거야.

3 This book tells you how to **work out** problems in marriage.
이 책은 부부 사이의 문제를 해결하는 방법을 제시해 준다.

4 How do you _____? 평균을 어떻게 계산해야 하죠?

5 They need time to _____ difficulties. 그들은 어려움을 해결할 시간이 필요하다.

Step 3 실생활에 적용하기

A I'm so worried about our speech project
tomorrow.

B 걱정 마. 우린 잘 해결할 수 있을 거야.

A You are so positive about everything.

A 내일 발표 숙제 너무 걱정된다.

B Don't worry about it. We'll work it
out.

A 넌 매사에 정말 긍정적이구나.

정답 Step 1 4 work that out 5 work things out Step 2 4 work out the average 5 work out their

my entire life
내 한평생, 내 인생 전체

🎧 10-3.mp3

Step 1 기본 패턴 연습하기

1 I have missed you **my entire life**. 난 평생 널 그리워했어.

2 **My entire life** has been a waste. 난 내 인생을 모두 허비했어.

3 I've been single **my entire life**. 난 단 한 번도 누구를 사귀어 본 적이 없어.

4 _____ has led up to this moment. 내 인생 전체가 이 순간에 이르기 위한 것이었어.

5 It has taken me _____ find the right guy. 내 반려자를 만나기까지 한평생이 걸렸네.

Step 2 패턴 응용하기 | my whole life

1 I have known that girl **my whole life**. 평생을 그 여자와 알고 지냈어.

2 I have been living like this **my whole life**. 난 평생 이렇게 살았어.

3 I have been dreaming of this moment **my whole life**. 난 한평생 이 순간을 꿈꿔 왔다.

4 I have been working _____. 난 평생 일하며 살았어.

5 _____ been a blessing. 내 인생은 모두 다 축복이었네.

Step 3 실생활에 적용하기

A How long have you known Hanna?
B 평생을 알고 지낸 사이야.
A No wonder you guys are so close.

A 한나하고 알고 지낸 지 얼마나 됐니?
B I've known her my whole life.
A 그래서 그렇게 친한 거였구나.

정답 Step 1 4 My entire life 5 my entire life to Step 2 4 my whole life 5 My whole life has

65

A | 영화 속 대화를 완성해 보세요.

RAPUNZEL Ruffians, stop! 아저씨들, 그만해요!

FLYNN We can ❶_____! 잘 해결할 방법이 있을 거야!

RAPUNZEL Hey, ❷_____! 이봐요, 그를 내버려 두라고요!

FLYNN ❸_____, please! 신사분들, 제발!

RAPUNZEL ❹_____! Ruffians! 내 안내자를 돌려줘요! 아저씨들!

FLYNN Not the nose! Not the nose! Not the nose!
코는 안돼! 코는 안돼! 코는 안 된다고!

RAPUNZEL ❺_____! 그를 내려놓아요!

RAPUNZEL Okay. ❻_____ I am and I ❼_____
_____ to see the lanterns because I've been
dreaming about them ❽_____.
Find your ❾_____. Haven't any of you
❿_____? 좋아요. 난 지금 내가 어디에 있는지도 모르겠지만
등불을 보러 가려면 그가 나를 데려가 줘야 해요. 왜냐하면 그건 내 평생의 꿈이기 때문이지요.
인간미를 좀 보여줘요. 당신들에게도 꿈이란 게 있을 거 아니에요?

B | 다음 빈칸을 채워 문장을 완성해 보세요.

1 해결하려고 노력해 보자고.
Let's try to _____.

2 그들은 어려움을 해결할 시간이 필요하다.
They need time to _____ difficulties.

3 난 내 인생을 모두 허비했어.
_____ has been a waste.

4 난 단 한 번도 누구를 사귀어 본 적이 없어.
I've been single _____.

5 인생은 모두 다 축복이었네.
_____ been a blessing.

I've Got a Dream!

내게도 꿈이 있다네!

라푼젤이 '당신들에게도 꿈이 있을 것 아니냐?'고 던진 화두가^{subject} 건달 아저씨들의 감성을 깨웠어요. 그들이 노래하기 시작하네요. 자신의 어린 시절 꿈에^{childhood dreams} 대해서 말이에요. 특히 갈고리 손 건달 아저씨가 꿈에 대해서 할 말이 많은가 봐요. 비록 자신이 조금 폭력적이긴^{violent} 하지만, 그렇게까지 사악하지는^{vicious} 않다면서 자신의 꿈은 피아니스트라고 하는군요. 갈고리 손이라 많이 불편할 텐데 피아노 실력이 대단하네요^{outstanding}. 그가 노래하기 시작하자, 너도나도 나서서 건달들이 자신의 꿈에 대해서 노래하기 시작합니다. 알고 보니 모두 순수한 청년들이었어요.

 Warm Up! 오늘 배울 표현   오늘 등장하는 표현들입니다. 어떤 표현이 들어가야 할지 생각해 보세요.

* _____ 'TIL THEY GLEAM? 피아노 건반을 가지고 놀며 그것을 빛나게 만드는 모습을?

* _____ CALLED DEADLY. 난 차라리 치명적이라고 불리기를 원해.

* WAY _____ 마음속 저 깊은 곳에

* I AIN'T _____! 난 보기보다 잔인하고 사악하지는 않다고!

* I _____ BREAKING FEMURS. 내가 넓적다리를 부러뜨리는 걸 좋아하긴 하지.

HOOKHAND THUG
갈고리 손 건달

CAN'TCHA SEE ME ON THE STAGE PERFORMIN'MOZART?
내가 무대에 올라 모차르트의 곡을 연주하는 것을 상상해 볼 수 없는가?

TICKLING THE IVORIES 'TIL THEY GLEAM?❶
피아노 건반을 가지고 놀며 그것을 빛나게 만드는 모습을?

HOOKHAND THUG
갈고리 손 건달

YEP, **I'D RATHER BE** CALLED DEADLY FOR MY KILLER SHOW-TUNE MEDLEY,❷
그래, 난 끝내주는 뮤지컬 메들리의 치명적인 연주자로 불리길 원해.

THANK YOU! 'CAUSE WAY **DOWN DEEP INSIDE** I'VE GOT A DREAM.❸
고마워! 왜냐하면 마음속 깊은 곳에 나에겐 꿈이 있으니까.

THUGS
건달들

HE'S GOT A DREAM!
그에겐 꿈이 있다네!

HE'S GOT A DREAM!
그에겐 꿈이 있다네!

HOOKHAND THUG
갈고리 손 건달

SEE, I AIN'T **AS CRUEL AND VICIOUS AS I SEEM!**❹
그것 봐, 난 보기보다 잔인하고 사악하지는 않다고!

THOUGH I **DO LIKE** BREAKING FEMURS,❺
난 넓적다리를 부러뜨리는 걸 좋아하긴 하지만.

YOU CAN COUNT ME WITH THE DREAMERS,
날 꿈꾸는 자들 가운데 포함시켜도 돼.

LIKE EVERYBODY ELSE, I'VE GOT A DREAM!
다른 모든 사람들처럼 내게도 꿈이 있다고!

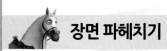
❶ TICKLING THE IVORIES 'TIL THEY GLEAM? 피아노 건반을 가지고 놀며 그것을 빛나게 만드는 모습을?

tickle은 '간지럽히다/(장난을 치느라고 손가락으로) 간지럼을 태우다'라는 의미의 동사이고, ivory는 명사로 '상아'라는 뜻입니다. 'tickle the ivories'는 관용적으로 '피아노를 치다'라는 의미인데, 지금은 동물보호법으로 금지되었지만, 예전에는 상아로 건반을 만들었기 때문에 이런 표현이 생겼습니다.

* Janet went on **tickling the ivories** until two in the morning. 쟈넷은 새벽 2시까지 계속 피아노를 쳤다.
* I used to be able to **tickle the ivories** really good. 예전엔 나도 피아노를 정말 잘 쳤지.

❷ I'D RATHER BE CALLED DEADLY. 난 차라리 치명적이라고 불리기를 원해.

〈주어 + would rather + 동사〉는 '(~하기보다는) 차라리/오히려 ~을 하고 싶다', 또는 '~하느니 차라리/오히려 ~하는 편이 낫다'라는 의미로 쓰이는 표현인데, 구어체에서는 주로 〈주어 + would〉 부분을 축약해서 〈주어 + 'd〉 형식으로 많이 쓰지요.

★영화 속 패턴 익히기

❸ WAY DOWN DEEP INSIDE 마음속 저 깊은 곳에

이 표현은 '진심으로/내 마음속 깊은 곳에서'라는 의미예요. down deep의 순서를 바꿔서 deep down inside라고도 하고, inside를 빼고 deep down이라고 하는 경우도 많고, deep down in my heart 라고도 씁니다.

★영화 속 패턴 익히기

❹ I AIN'T AS CRUEL AND VICIOUS AS I SEEM! 난 보기보다 잔인하고 사악하지는 않다고!

〈주어 + 동사 + as + 형용사 + as + 주어 + 동사〉 형식으로 된 문장은 '~는 ~만큼 ~하다'라는 의미예요. 위의 문장에서처럼 부정형 문장으로 뒤에 따라오는 동사가 seem 혹은 look이 쓰이면 '보기만큼 ~하지는 않다'라는 의미가 되지요. 예문에서는 다른 동사들을 넣어서 볼게요.

* She's not **as pretty as I expected**. 그녀는 내가 기대한 것만큼 예쁘지는 않네.
* You are **as young as you feel**. 넌 네가 느끼는 것만큼 젊어. (젊음은 마음먹기 나름이다)

❺ I DO LIKE BREAKING FEMURS. 내가 넓적다리를 부러뜨리는 걸 좋아하긴 하지.

동사 앞에 do를 넣어서 강조용법으로 쓴 문장이에요. 강한 임팩트를 주기 위해 쓰는 경우도 있고, 어떤 상황/감정/조건을 인정하면서 '~하긴 하지'라는 의미로 쓰기도 하지요.

* Kyle **does have** feelings for me. 카일이 나를 좋아하긴 하지.
* Yes, I **do want** to see you. 그래, 난 널 정말 보고 싶어.

🎧 11-2.mp3

I'd rather be

(~가 되기보다는) 차라리/오히려 ~가 되고 싶다.

Step 1   기본 패턴 연습하기

1   **I'd rather be** home. 난 차라리 집에 있을래.

2   **I'd rather be** sleeping. 난 차라리 그냥 잘래.

3   **I'd rather be** alone than (be) unhappy. 난 불행하게 사느니 차라리 혼자 살래.

4   .... and happy. 난 차라리 가난해도 행복한 게 좋아.

5   .... than ignored. 난 무시당하느니 차라리 미움받는 게 더 낫다.

Step 2   패턴 응용하기 | 주어 + would rather + 동사

1   Frank **would rather go back** to Philadelphia. 프랭크는 오히려 필라델피아로 돌아가고 싶어 해.

2   We**'d rather stay** here. 우린 오히려 여기에 있고 싶어.

3   She**'d rather do** it by herself. 그녀는 차라리 혼자 하고 싶어 해.

4   .... loved or respected? 넌 사랑받는 사람이 되고 싶니 존경받는 사람이 되고 싶니?

5   .... a lie than the truth. 그들은 진실보다 오히려 거짓말을 더 믿고 싶어 한다.

Step 3   실생활에 적용하기

A   Would you rather be rich or intelligent?

B   난 그 둘 다 되고 싶지.

A   Come on, you can only choose one.

A   넌 부자가 되는 게 좋니 아니면 똑똑한 게 좋니?

B   I would rather be both.

A   왜 이래. 둘 중 하나만 골라야 해.

정답   Step 1   4 I'd rather be poor   5 I'd rather be hated   Step 2   4 Would you rather be   5 They'd rather believe

deep down inside 마음속 저 깊은 곳에, 마음속으로는

1 I've always wanted to be rich, **deep down inside**. 난 마음속으로는 항상 부자가 되고 싶었어.

2 **Deep down inside**, I knew what I did was wrong. 마음속으로는, 내가 잘못했다는 걸 나도 알았어.

3 **Deep down inside**, she was in agony. 마음속 저 깊은 곳에서는, 그녀는 괴로워했다.

4 I know you love me, ⎯⎯⎯⎯⎯⎯⎯⎯⎯⎯. 네가 마음속으로는 날 사랑한다는 거 알아.

5 He never liked it here, ⎯⎯⎯⎯⎯⎯⎯⎯⎯⎯. 그는 한 번도 여길 좋아해 본 적이 없어, 마음속 깊은 곳에서는.

1 I knew, **deep down**, she was right. 나도 알고 있었어, 마음속으로는, 그녀가 옳다는 것을.

2 **Deep down**, I knew we felt the same way. 마음속으로는, 우리가 같은 감정을 느끼고 있다는 것을 난 알고 있었어.

3 **Deep down**, he's a really kind person. 마음속 깊은 곳을 들여다보면, 그는 정말 착한 사람이야.

4 Although John would never admit it, ⎯⎯⎯⎯⎯⎯⎯⎯⎯⎯, he liked me.
존이 절대 인정하려고는 않겠지만, 마음속으로는 그가 날 좋아했어.

5 He acts like a tough guy, ⎯⎯⎯⎯⎯⎯⎯⎯⎯⎯, he's very shy.
그가 거친 남자처럼 행동하지만, 사실 속을 들여다보면, 그는 부끄러움이 많은 사람이야.

A Mark picks on me all the time.

B 걔가 널 싫어하는 것처럼 행동하지만, 사실 마음속으로는 널 정말 좋아한다고.

A I don't know what you are talking about.

A 마크는 항상 나만 괴롭혀.

B He acts like he hates you, but deep down inside, he really likes you.

A 대체 뭔 소리를 하는 건지.

정답 Step 1 4 deep down inside 5 deep down inside Step 2 4 deep down 5 but deep down

A | 영화 속 대화를 완성해 보세요.

HOOKHAND THUG   CAN'TCHA SEE ME ❶ ....
PERFORMIN' MOZART?   내가 무대에 올라 모차르트의 곡을
연주하는 것을 상상해 볼 수 없는가?

❷ .... 'TIL THEY GLEAM?
피아노 건반을 가지고 놀며 그것을 빛나게 만드는 모습을?

HOOKHAND THUG   YEP, ❸ .... CALLED ❹ ....
FOR MY ❺ .... SHOW-TUNE MEDLEY,
그래. 난 끝내주는 뮤지컬 메들리의 치명적인 연주자로 불리길 원해.

THANK YOU! 'CAUSE WAY ❻ ....
❼ ....
고마워! 왜냐하면 마음속 깊은 곳에 나에겐 꿈이 있으니까.

THUGS   HE'S GOT A DREAM!   그에겐 꿈이 있다네!

HE'S GOT A DREAM!   그에겐 꿈이 있다네!

HOOKHAND THUG   SEE, I AIN'T ❽ ....!
그것 봐, 난 보기보다 잔인하고 사악하지는 않다고!

THOUGH I ❾ .... BREAKING FEMURS,
난 넓적다리를 부러뜨리는 걸 좋아하긴 하지만.

YOU CAN ❿ .... THE DREAMERS,
날 꿈꾸는 자들 가운데 포함시켜도 돼,

LIKE EVERYBODY ELSE, I'VE GOT A DREAM!
다른 모든 사람들처럼 내게도 꿈이 있다고!

정답 A

❶ ON THE STAGE
❷ TICKLING THE IVORIES
❸ I'D RATHER BE
❹ DEADLY
❺ KILLER
❻ DOWN DEEP INSIDE
❼ I'VE GOT A DREAM
❽ AS CRUEL AND VICIOUS AS I SEEM
❾ DO LIKE
❿ COUNT ME WITH

B | 다음 빈칸을 채워 문장을 완성해 보세요.

1 난 무시당하느니 차라리 미움받는 게 더 낫다.
.... than ignored.

2 그녀는 차라리 혼자 하고 싶어 해.
.... it by herself.

3 난 마음속으로는 항상 부자가 되고 싶었어.
I've always wanted to be rich, ...

4 마음속으로는, 내가 잘못했다는 걸 나도 알았어.
...., I knew what I did was wrong.

5 나도 알고 있었어, 마음속으로는, 그녀가 옳다는 것을.
I knew, ..., she was right.

정답 B

1 I'd rather be hated
2 She'd rather do
3 deep down inside
4 Deep down inside
5 deep down

Tinderbox

일촉즉발의 위기

마치 뮤지컬의 한 장면처럼 자신의 꿈에 관한 노래를 부르며 모두가 흥겨워하고^{having fun} 있던 그때, 선술집에 갑자기 왕궁의 근위대가 들이닥칩니다. 현상수배 중인 플린을 잡으러 온 것이지요. 바로 체포될^{arrested} 일촉즉발의 순간에^{volatile situation} 건달들이 플린과 라푼젤을 도와 비밀통로로^{concealed passage} 빠져나갈 수 있게 해줍니다. 플린을 자신을 도와주는 건달들에게 고마워하지만, 실은 그들이 도와주려고 한 건 플린이 아니라 라푼젤이었죠. 라푼젤이 평생토록 간직해 왔던 그녀의 간절한 꿈을 이루게 되기를 바라며 그들이 도운 것이에요. 추격에^{chase} 나선 근위병들, 달아나야 하는 플린과 라푼젤, 그들 사이의 추격전이 본격적으로 펼쳐집니다.

Warm Up! 오늘 배울 표현   오늘 등장하는 표현들입니다. 어떤 표현이 들어가야 할지 생각해 보세요.

* Turn the place _____ if you have to. 필요하다면 가게를 다 뒤집어엎어도 좋아.

* Your dream _____. 네 꿈은 형편없어.

* _____! 날 잡으셨네요!

* There's _____ Rider. 라이더의 흔적이 보이질 않습니다.

* _____ those boys don't get away. 저놈들 달아나지 못하게 확실히 감시해.

CAPTAIN 대장	Where's Rider!? Where is he? I know he's in here somewhere. Find him! Turn the place **upside down** if you have to.❶ 라이더 어디 있나? 여기 있는 거 다 알아. 그를 찾아라! 필요하다면 가게를 다 뒤집어엎어도 좋아.
HOOKHAND THUG 갈고리 손 건달	Go, live your dream. 가서, 네 꿈을 실현하거라.
FLYNN 플린	I will. 꼭 그렇게 할게.
HOOKHAND THUG 갈고리 손 건달	Your dream **stinks**.❷ I was talking to her. 네 꿈은 형편없어. 난 그녀에게 말한 거야.
RAPUNZEL 라푼젤	Thanks for everything. 이 모든 것에 다 감사 드려요.
VLAD 블라드	I believe this is the man you're looking for! 이놈이 당신들이 찾고 있는 놈인 것 같은데!
DRUNK THUG 술 취한 건달	**You got me!**❸ 날 잡으셨네요!
GUARD 근위병	Sir! There's **no sign of** Rider.❹ 대장님! 라이더의 흔적이 보이질 않습니다.
CAPTAIN 대장	Maximus? 막시무스?
GUARD 근위병	What's he doing? 그가 뭘 하는 거지?
CAPTAIN 대장	A passage! Come on men, let's go! Conli, **make sure** those boys don't get away.❺ 통로가 있었다! 얘들아, 가자! 콘리, 저놈들 달아나지 못하게 잘 감시해.

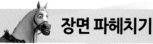 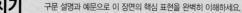
❶ Turn the place upside down if you have to. 필요하다면 가게를 다 뒤집어엎어도 좋아.

turn something upside down은 '(무엇을 찾느라고) ~을 엉망으로 만들다, 다 뒤집어엎다'라는 의미인데, 그중에 upside down만 따로 해석하면 '(위아래가) 거꾸로 뒤집힌'이라는 뜻이랍니다. 어떤 상황이나 물건이 제 상태로 있지 않고 거꾸로 뒤집혔을 때 쓰는 표현이에요. 비슷한 표현으로 inside out이라는 있는데, 이 표현은 '안과 밖이 뒤집힌'이라는 뜻이에요. ★영화 속 패턴 익히기

❷ Your dream stinks. 네 꿈은 형편없어.

냄새가 나는 것을 smell이라고 하잖아요? 나쁜 냄새가 날 때는 smells bad라고 표현하는데, 비슷한 표현으로 stink라는 단어도 많이 써요. stink는 '악취가 나다'라는 뜻이에요. 그런데, stink는 속어로 '형편없다'라는 의미로도 자주 쓰인답니다.

* I **stink** at math. 난 수학은 정말 못해.
* I love my dog but he **stinks**. 난 내 강아지를 사랑하지만 그는 냄새가 아주 고약해요.

❸ You got me! 날 잡으셨네요!

이 표현은 말 그대로 '넌 날 얻었다/잡았다'라는 의미예요. 그런데, 문맥에 따라서는 상대방의 질문에 대해 '아, 잘 모르겠다/참 어렵네'라고 할 때, 또는 상대방의 농담/속임수에 넘어갔을 때 '아, 내가 당했네'라는 의미로 쓰이기도 한답니다. 이런 경우에는 You've got me (there). 이라고 표현하기도 합니다.

* That's a good question. **You've got me.** 아주 좋은 질문이네. 아, 나도 모르겠는걸.
* Oh, **you got me!** 아, 당했다!

❹ There's no sign of Rider. 라이더의 흔적이 보이질 않습니다.

sign은 '징후, 조짐, 흔적, 표시, 표지판' 등의 의미가 있는데, 이 문장에서는 '징후/흔적'이라는 의미로 쓰였고, 문장 전체의 의미는 '(눈에 보이는 그 어떤) 흔적/징후도 없다'라는 뜻이에요.

* There's **no sign of** life on Mars. 화성에는 생명의 흔적이 없다.
* A nationwide flu outbreak shows **no sign of** easing up.
  전국적인 독감의 기세가 전혀 사그라질 기미가 보이지 않습니다.

❺ Make sure those boys don't get away. 저놈들 달아나지 못하게 확실히 감시해.

Make sure는 '(꼭/반드시/확실히) ~하도록/~하지 않도록 하다'라는 의미로 쓰이는 표현이에요. Make sure 뒤로 that절이 따라오는데 구어체에서는 주로 that은 생략한답니다. 명령형 문장으로 쓰일 때는 Be sure라고 표현할 수도 있어요. ★영화 속 패턴 익히기

🎧 12-2.mp3

upside down   (아래위가) 거꾸로 뒤집힌

Step 1   기본 패턴 연습하기

1   It's **upside down**. 거꾸로 뒤집혔어.

2   He turned my life **upside down**. 그가 내 인생을 엉망으로 만들었다.

3   Thieves have turned our house **upside down**. 도둑들이 우리 집을 엉망으로 만들었어.

4   Turn the bottle _____ and shake it. 병을 거꾸로 뒤집어서 흔들어라.

5   She hung the picture _____. 그녀가 그림을 거꾸로 걸어놨어.

Step 2   패턴 응용하기 | inside out

1   I put my pants on **inside out**. 나 바지를 뒤집어 입었어.

2   You are wearing your socks **inside out**. 너 양말을 뒤집어 신었구나.

3   This is what it looks like from **inside out**. 안팎을 뒤집으면 이런 모습이 돼요.

4   Turn the rubber gloves _____ to dry them. 고무장갑의 안팎을 뒤집어서 말려라.

5   It looks like you are wearing your _____. 너 티셔츠 뒤집어 입은 것 같은데.

Step 3   실생활에 적용하기

A   벽에 걸어놓은 저 그림 거꾸로 뒤집힌 거니?   A   Is the picture on the wall upside down?

B   Haha, no, it's supposed to be like that.   B   하하, 아냐, 저 그림이 원래 저래.

A   It looks very abstract.   A   아주 추상적이로구나.

정답   Step 1   4 upside down   5 upside down   Step 2   4 inside out   5 T-shirt inside out

make sure
반드시 ~하도록 하다, ~을 확실히 하다

Step 1 기본 패턴 연습하기

1 I'll **make sure** it won't happen again. 반드시 다시는 이런 일이 없도록 할게요.

2 **Make sure** that nothing goes wrong. 잘못되는 일이 없도록 확실히 해라.

3 My mom **made sure** I finished my homework. 우리 엄마는 내가 확실히 숙제를 끝내도록 했어.

4 We _____ everything is all ready to go.
모든 것이 바로 사용될 수 있도록 확실히 준비해야 한다.

5 Let's _____ you graduate. 네가 반드시 졸업할 수 있도록 하자.

Step 2 패턴 응용하기 be sure

1 **Be sure** to take your medicine. 반드시 약을 먹어야 해요.

2 **Be sure** to know your rights. 네 권리들이 뭔지 확실히 알도록 해라.

3 **Be sure** that the address is correct. 주소가 틀리지 않도록 확실히 해.

4 _____ you spell my name right. 반드시 내 이름 철자 틀리지 않게 해.

5 _____ brings their own book. 반드시 모두가 자신의 책을 가져올 수 있게 해.

Step 3 실생활에 적용하기

A Don't forget to bring some cash with you.

B 가는 길에 반드시 현금인출기 있는 곳에 들를게.

A Please, do so.

A 현금 가져오는 거 있지마.

B I'll make sure that I stop by an ATM on the way.

A 꼭 그러렴.

정답 Step 1 4 need to make sure 5 make sure Step 2 4 Be sure that 5 Be sure that everyone

A | 영화 속 대화를 완성해 보세요.

CAPTAIN
Where's Rider!? Where is he? I know he's in
❶ _____. Find him! Turn the place
❷ _____ if you have to. 라이더 어디 있나? 여기 있는 거 다 알아. 그를 찾아라! 필요하다면 가게를 다 뒤집어엎어도 좋아.

HOOKHAND THUG
Go, ❸ _____. 가서, 네 꿈을 실현하거라.

FLYNN
I will. 꼭 그렇게 할게.

HOOKHAND THUG
Your dream ❹ _____. I was talking to her.
네 꿈은 형편없어. 난 그녀에게 말한 거야.

RAPUNZEL
❺ _____. 이 모든 것에 다 감사 드려요.

VLAD
I believe this is the man ❻ _____!
이놈이 당신들이 찾고 있는 놈인 것 같은데!

DRUNK THUG
❼ _____! 날 잡으셨네요!

GUARD
Sir! There's ❽ _____ Rider.
대장님! 라이더의 흔적이 보이질 않습니다.

CAPTAIN
Maximus? 막시무스?

GUARD
❾ _____? 그가 뭘 하는 거지?

CAPTAIN
A passage! Come on men, let's go! Conli,
❿ _____ those boys don't get away.
통로가 있었다! 얘들아, 가자! 콘리, 저놈들을 달아나지 못하게 잘 감시해.

B | 다음 빈칸을 채워 문장을 완성해 보세요.

1 병을 거꾸로 뒤집어서 흔들어라.
Turn the bottle _____ and shake it.

2 나 바지를 뒤집어 입었어.
I put my pants on _____.

3 반드시 다시는 이런 일이 없도록 할게요.
I'll _____ it won't happen again.

4 잘못되는 일이 없도록 확실히 해라.
_____ that nothing goes wrong.

5 주소가 틀리지 않도록 확실히 해.
_____ that the address is correct.

The Backstory

비하인드 스토리

큰일을 겪으면서 점점 플린과 가까워지고 그를 신뢰하게 된 라푼젤은 플린의 인생에 대해 관심을 두기 시작합니다. 그런데, 플린은 내세울 게 없는지^{nothing to show for}, 숨겨야 할 것이 많은지 자신의 인생에 대해서는 이야기하지 않으려고 하네요. 플린도 라푼젤에게 궁금한 게 참 많은데, 라푼젤 또한 자신의 삶을 타인과 나누고 싶어 하지 않군요. 그러던 와중에^{in the meantime} 그들은 또다시 쫓기는^{be hunted} 상황을 맞게 되고 어떻게든^{somehow} 서로를 도와서 안전한 곳으로 피하려고 합니다. 무기라고는 달랑 프라이팬 뿐인데, 그게 그래도 꽤 유용하네요^{very useful}.

 Warm Up! 오늘 배울 표현   오늘 등장하는 표현들입니다. 어떤 표현이 들어가야 할지 생각해 보세요.

* I didn't know you _____ back there. 당신에게 그런 능력이 있는 줄 몰랐어요.

* I don't do _____. 전 신변잡기 늘어놓는 것은 안 해요.

* I know I'm not _____ mention the hair. 물론 당신 머리카락에 대해 이야기를 꺼내면 안 되는 건 압니다.

* I'm _____ ask about the frog. 개구리에 대해서 물어보는 것은 너무 두렵군요.

* If you want to see the lanterns _____, why haven't you gone before?
  당신이 정말 등불을 그렇게까지 보고 싶다면, 왜 한 번도 보러 가 본 적이 없는 거죠?

FLYNN
플린

Well, I've got to say: didn't know you **had that in you** back there.❶
That was pretty impressive.

와, 놀라워요: 아까 저쪽에서 했던 그 행동, 당신에게 그런 능력이 있는 줄 몰랐어요. 아주 정말 대단했어요.

RAPUNZEL
라푼젤

I know! I know. So Flynn... where are you from?

그러게요! 그러게요. 그래서 플린… 어디서 왔죠?

FLYNN
플린

Whoa, whoa! Sorry, Blondie, I don't do **backstory**.❷ However, I am
becoming very interested in yours. Now, I-I know I'm **not supposed
to** mention the hair—❸

워, 워! 잠시만요, 금발 아가씨, 전 신변잡기 늘어놓는 것은 안 해요. 그렇지만, 당신의 인생에 대해서는 좀 궁금해지는군요.
자, 물론 당신 머리카락에 대해 이야기를 꺼내면 안 되는 건 압니다만—

RAPUNZEL
라푼젤

Nope.

안돼요.

FLYNN
플린

Or the mother--

엄마 얘기도 안 되고—

RAPUNZEL
라푼젤

Uh-uh.

안되죠.

FLYNN
플린

Frankly, I'm **too scared to** ask about the frog.❹

솔직히 말해, 개구리에 대해서 물어보는 것은 너무 두렵군요.

RAPUNZEL
라푼젤

Chameleon.

카멜레온이에요.

FLYNN
플린

Nuance. Here's my question though: if you want to see the lanterns
so badly...❺ why haven't you gone before?

그건 그냥 어감 차이인 거죠. 자 제가 정말 묻고 싶은 것은 바로 이거예요: 당신이 정말 등불을 그렇게까지 보고 싶다면… 왜
한 번도 보러 가 본 적이 없는 거죠?

---

❶ I didn't know you had that in you back there.
당신에게 그런 능력이 있는 줄 몰랐어요.

have it in you (to do something)은 구어체적 표현으로 '(~을 할) 능력이 있다'는 의미예요. 상대방의 비범한 행동, 용기에 대해서 놀라워하며 감탄할 때 쓰는 경우가 많답니다.

* Nina believes that she **has it in her** to write a great song. 니나는 자신이 위대한 곡을 쓸 능력이 있다고 믿는다.
* You **have it in you** to succeed. 넌 성공할 자질이 있는 사람이야.

---

❷ I don't do backstory. 전 신변잡기 늘어놓는 것은 안 해요.

영화, 소설 등의 역사적 배경이 되는 이야기를 backstory라고 해요. 이 문맥에서는 플린이 자신의 인생 이야기를 backstory라고 표현했어요. 이런 경우엔 신변잡기라고 해석하면 자연스럽겠네요.

* I like films with a lot of **backstories**. 난 역사적 배경 이야기가 많은 영화가 좋아.
* The guy has an interesting **backstory**. 그 남자 인생은 아주 흥미로운 이야깃거리가 많아.

---

❸ I know I'm not supposed to mention the hair. 물론 당신 머리카락에 대해 이야기를 꺼내면 안 되는 건 압니다.

'be supposed to ~'는 규칙이나 관습 등에 따르면 '~을 하기로 되어 있다, (원래는) ~ 해야 한다'는 의미로 쓰이는 패턴 표현이에요. supposed to 앞에 나오는 동사는 항상 be동사여야 한다는 사실에 유의해 주세요.

★영화 속 패턴 익히기

---

❹ I'm too scared to ask about the frog. 개구리에 대해서 물어보는 것은 너무 두렵군요.

〈too + 형용사 + to + 동사〉는 '~하기엔 너무 ~한'이라는 의미의 표현이에요. 형식을 약간 바꿔서 〈too + 형용사 + for + 명사〉로 패턴화해서 사용해도 좋겠어요.

★영화 속 패턴 익히기

---

❺ If you want to see the lanterns so badly, why haven't you gone before?
당신이 정말 등불을 그렇게까지 보고 싶다면, 왜 한 번도 보러 가 본 적이 없는 거죠?

무엇을 정말 많이 원할 때 '아주 심하게, 몹시'라는 의미로 so badly라는 표현을 쓰는데, 이 경우엔 badly를 '나쁘게'라고 해석하면 안 된답니다. 구어체에서는 badly를 bad로 대체해서 so bad라고 표현하는 경우도 많아요.

* I want a baby **so badly**. 난 정말 아기를 갖고 싶어.
* It hurts me **so bad**. 정말 너무 아파.

🎧 13-2.mp3

I'm supposed to ~   난 ~하기로 되어 있다, (원래는) 난 ~해야 한다.

Step 1 기본 패턴 연습하기

1 **I'm supposed to** call her by noon. 난 그녀에게 정오까지 전화해야 해.

2 **I'm supposed to** know how to fix this. 이걸 어떻게 고치는 건지 원래 내가 알아야 하는 건데.

3 I'm not sure if **I'm supposed to** give him my phone number.
내가 그에게 원래 전화번호를 주어야 하는 건지 잘 모르겠네.

4 .... be better than you. 내가 원래 너보다 더 잘해야 하는 건데.

5 .... know your name? 내가 원래 네 이름을 알고 있어야 하는 건가?

Step 2 패턴 응용하기 | 주어 + be supposed to

1 **She is supposed to** let me know in advance. 원래 그녀가 나한테 먼저 알려줘야 하는 건데.

2 What **are we supposed to** do? 우리가 원래 뭘 해야 하는 거지?

3 **They are supposed to** bring their own food. 그들은 자신들이 먹을 음식을 가져오게 되어 있다.

4 .... behave like that. 너 그런 식으로 행동하면 안 되는 거야.

5 Dylan .... be there. 딜런은 원래 거기 가면 안 되는 건데.

Step 3 실생활에 적용하기

A Did I do something wrong?	A 내가 뭔가 잘못 했니?
B 네가 원래 빨래를 해야 하는 거였잖아.	B You were supposed to do the laundry.
A Oh, I totally forgot about that.	A 아, 완전히 까먹고 있었네.

정답 Step 1 4 I'm supposed to 5 Am I supposed to   Step 2 4 You are not supposed to 5 wasn't supposed to

too + 형용사 + to + 동사

~하기엔 너무 ~한

Step 1 기본 패턴 연습하기

1 He's **too big to** fit in here. 이 안에 들어오기엔 그는 너무 크다.

2 You are **too old to** believe in Santa. 산타클로스를 믿기엔 넌 너무 나이가 많아요.

3 Isabelle is **too difficult to** handle. 이사벨은 감당하기 너무 힘든 사람이야.

4 The computer takes _____ respond. 이 컴퓨터는 반응시간이 너무 길어.

5 It's _____ be true. 이 좋은 게 현실이라니 믿기지 않아.

Step 2 패턴 응용하기 | too + 형용사 + for + 명사

1 These shoes are **too small for** me. 이 신발은 나한테 너무 작아.

2 Adam is **too smart for** this school. 아담은 이 학교에 다니기엔 너무 똑똑해.

3 I'm **too tall for** this bed. 이 침대를 쓰기엔 내가 너무 키가 크다고.

4 I think this film is _____ me. 이 영화는 나에겐 너무 우울한 것 같아.

5 Working two jobs is _____ him. 두 가지 일을 하는 건 그에게 너무 벅차다.

Step 3 실생활에 적용하기

A Why don't you try on this jacket?

B 그거 나한테 너무 클 것 같은데.

A It's supposed to be oversized, so it fits anyone.

A 이 외투 입어볼래?

B That looks too big for me.

A 이거 원래 오버사이즈라서 아무나 입어도 맞는 거야.

정답 Step 1 4 too long to 5 too good to Step 2 4 too depressing for 5 too much for

83

확인학습 문제를 풀며 오늘 배운 표현을 완벽히 내 것으로 만드세요.

A │ 영화 속 대화를 완성해 보세요.

FLYNN
Well, I've got to say: didn't know you ❶................................
back there. That was ❷................................ . 와, 놀라워요!
아까 저쪽에서 했던 그 행동, 당신에게 그런 능력이 있는 줄 몰랐어요. 아주 정말 대단했어요.

RAPUNZEL
I know! I know. So Flynn... ❸................................?
그러게요! 그러게요. 그래서 플린… 어디서 왔죠?

FLYNN
Whoa, whoa! Sorry, Blondie, I don't do ❹................................
However, I am becoming very ❺.................................
Now, I-I know I'm not ❻................................ mention the
hair— 워, 워! 잠시만요, 금발 아가씨, 전 신변잡기 늘어놓는 것은 안 해요. 그렇지만,
당신의 인생에 대해서는 좀 궁금해지는군요. 자, 물론 당신 머리카락에 대해 이야기를 꺼내면 안
되는 건 압니다만–

RAPUNZEL Nope. 안돼요.

FLYNN Or the mother-- 엄마 얘기도 안 되고–

RAPUNZEL Uh-uh. 안되죠.

FLYNN
Frankly, I'm ❼................................ ask about the
frog. 솔직히 말해, 개구리에 대해서 물어보는 것은 너무 두렵군요.

RAPUNZEL Chameleon. 카멜레온이에요.

FLYNN
Nuance. ❽................................ though: if you
want to see the lanterns ❾................................ why
haven't you ❿................................?
그건 그냥 어감 차이인 거죠. 자 제가 정말 묻고 싶은 것은 바로 이거예요: 당신이 정말 등불을
그렇게까지 보고 싶다면… 왜 한 번도 보러 가 본 적이 없는 거죠?

정답 A

❶ had that in you
❷ pretty impressive
❸ where are you from
❹ backstory
❺ interested in yours
❻ supposed to
❼ too scared to
❽ Here's my question
❾ so badly
❿ gone before

B │ 다음 빈칸을 채워 문장을 완성해 보세요.

1 내가 원래 너보다 더 잘해야 하는 건데.
.... be better than you.

2 내가 원래 네 이름을 알고 있어야 하는 건가?
.... know your name?

3 우리가 원래 뭘 해야 하는 거지?
What .... do?

4 산타클로스를 믿기엔 넌 너무 나이가 많아.
You are .... believe in Santa.

5 이 신발은 나한테 너무 작아.
These shoes are .... me.

정답 B

1 I'm supposed to
2 Am I supposed to
3 are we supposed to
4 too old to
5 too small for

84

Eugene Fitzherbert

유진 피츠허버트

건달들과 근위대 병들에게 쫓기고 쫓기다가 결국 칠흑같이 어두운^{pitch-black} 동굴^{cavern} 안에 갇혀 버린 플린과 라푼젤은 위기의 상황에서 조금씩 서로에게 마음을 열기 시작합니다. 플린이 자신의 본명이^{real name} '유진 피츠허버트'라고 말하자, 라푼젤은 자기에겐 노래를 부르면 빛이 나는 마법의 머리카락이 있다고 그동안 숨겨왔던 비밀을 말해주네요. 그리고 그 말을 하는 순간 깨닫게^{realize} 되죠, 바로 지금 이 순간 밝게 빛나는 머리카락을 이용해서 이 어두운 동굴에서 벗어날 수 있다는 것을. 그녀는 노래를 부르기 시작하고, 머리카락에서 광채가 나면서^{glow} 그들은 동굴에서 탈출할 수 있게 됩니다.

Warm Up! 오늘 배울 표현   오늘 등장하는 표현들입니다. 어떤 표현이 들어가야 할지 생각해 보세요.

* _____, I can't see anything. 소용없어요. 아무것도 안 보이네요.

* It's _____ down there. 그 밑은 암흑이라고요.

* This is _____. 다 내 잘못이에요.

* I _____ this. 애초에 이런 짓을 하면 안 되는 거였다고요.

* Someone _____ know. 누구라도 알아두면 좋을 것 같아서요.

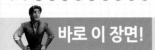
FLYNN
플린

It's no use, ❶ I can't see anything.

소용없어요. 아무것도 안 보이네요.

FLYNN
플린

Hey, there's no point. It's **pitch-black** down there. ❷

이봐요. 소용없다니까요. 그 밑은 암흑이라고요.

RAPUNZEL

This is **all my fault**. ❸ She was right... **I never should have done this...** ❹ I'm so...I'm so sorry, Flynn.

다 내 잘못이에요. 그녀의 말이 옳았어요… 애초에 이런 짓을 하면 안 되는 거였다고요… 정말… 정말 미안해요, 플린.

FLYNN
플린

Eugene.

유진.

RAPUNZEL
라푼젤

What?

뭐라고요?

FLYNN
플린

My real name is Eugene Fitzherbert. Someone **might as well** know. ❺

내 진짜 이름은 유진 피츠허버트에요. 누구라도 알아두면 좋을 것 같아서요.

RAPUNZEL
라푼젤

I have magic hair that glows when I sing.

내겐 내가 노래를 하면 빛이 나는 마법의 머리카락이 있어요.

FLYNN
플린

What?

뭐라고요?

RAPUNZEL
라푼젤

I have magic hair that glows when I sing!
FLOWER GLEAM AND GLOW. LET YOUR POWER SHINE...

네겐 내가 노래하면 빛나는 마법의 머리카락이 있어요!
꽃이여 반짝이며 빛나라. 너의 능력이 빛나게…

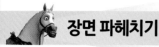
❶ It's no use, I can't see anything. 소용없어요. 아무것도 안 보이네요.

'(아무리 그렇게 해봐야) 소용이 없다, 아무 의미도 없다'는 의미로 쓰이는 표현이에요. 대화문의 뒤에 따라 나오는 There's no point.도 같은 의미예요. 또한, 같은 상황에서 It's useless. 또는 It's pointless. 라고 하는 경우도 많습니다.

* **It's no use**, we are doomed! 소용없어, 이제 우린 끝장이라고!
* **It's no use** crying over spilt milk. 이미 엎질러진 우유인데 울어봐야 소용없어.

❷ It's pitch-black down there. 그 밑은 암흑이라고요.

pitch는 공 따위를 '던지다'라는 의미의 동사로도 쓰이지만, '(감정이나 강도가) 정점, 최고조'라는 의미의 명사로 쓰이기도 해요. 위에서처럼 black이나 dark 앞에 오면 형용사로 '최고의/정점의'라는 뜻이 되면서, pitch-black 혹은 pitch-dark는 '칠흑같이 새까만/어두운'이라는 의미가 된답니다.

* It's **pitch dark** outside. 밖은 칠흑같이 어두워.
* It was a moonless, **pitch-black** night. 달빛 하나 없이 칠흑같이 어두운 밤이었다.

❸ This is all my fault. 다 내 잘못이에요.

단순한 '실수'는 mistake라고 하지만, '잘못/책임'은 fault라고 해요. 그래서, '내 잘못이야'라고 말할 때는 This is my fault. 또는 It's my fault. 라고 하는데, '모든 것이 다 내 잘못/책임이야'라고 심하게 자책할 때는 그 앞에 all을 붙여서 It's all my fault. 라고 한답니다. 내 잘못이 아닌 다른 사람의 잘못이라고 하고 싶다면 my를 타인으로 바꿔주면 되고요.

* It's **all your fault**. 이건 다 네 잘못이야.
* Don't blame me. It's **all Jack's fault**. 날 책망하지 마. 이건 다 잭의 책임이라고.

❹ I never should have done this. 애초에 이런 짓을 하면 안 되는 거였다고요.

〈should have + 과거분사〉는 '~을 했어야만 했는데…'라며 유감이나 후회 따위의 감정을 표현할 때 쓰는 패턴이에요. 그 앞에 never를 넣으면, '절대 ~하지 말았어야 했다'라는 의미가 되고요. ★영화 속 대턴 익히기

❺ Someone might as well know. 누구라도 알아두면 좋을 것 같아서요.

might as well은 '(~할 바엔 차라리/오히려) ~하는 편이 낫다'라는 의미로 쓰여요. 그런데, 충고나 조언 또는 추천 등을 하면서 '(어차피 ~한 상황이니) ~하는 것도 괜찮을 것 같다'라는 의미도 되고, '(기왕에 이렇게 된 거) 검사검사 ~하면 좋을 것 같다'라는 뜻으로도 많이 쓰이니 문맥상 흐름에 맞게 자연스럽게 쓸 수 있도록 패턴으로 연습해 볼게요. might 대신에 may를 넣는 경우도 있는데 의미는 같아요. ★영화 속 대턴 익히기

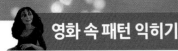

🎧 14-2.mp3

I never should have + 과거분사 난 절대 ~하지 말았어야 했다.

Step 1 기본 패턴 연습하기

1 **I never should have** gone on that blind date. 난 절대 그 소개팅에 나가지 말았어야 했어.

2 **I never should have** bought you a car. 절대 너에게 차를 사주면 안 되는 거였어.

3 **I never should have** left him. 난 절대 그를 떠나지 말았어야 했어.

4 .... that information with you.
난 절대 너에게 그 정보를 공유해 주지 말았어야 했어.

5 .... my husband. 난 절대 내 남편과 언쟁하지 말았어야 했어.

Step 2 패턴 응용하기 | 주어 + never should have + 과거분사

1 **You never should have** told him about that. 넌 절대 그것에 대해서 그에게 말해주지 말았어야 해.

2 **She never should have** given it to her kid. 그녀는 절대 자기 아이에게 그것을 주지 말았어야 했다.

3 **Andy never should have** joked about Tom. 앤디는 절대 톰에 대한 농담을 하지 말았어야 해.

4 .... behind my back. 그는 절대 내 등 뒤에서 내 험담을 하지 말았어야 해.

5 .... to LA. 우린 절대 LA로 이사 오지 말았어야 해.

Step 3 실생활에 적용하기

A Why did you call me this early in the morning?

B 난 너랑 절대 너랑 사귀지 말았어야 했어.

A Huh? Why all of a sudden do you have to tell me that?

A 왜 이렇게 이른 시간에 전화 한 거니?

B I never should have gone out with you.

A 응? 왜 갑자기 나한테 그런 말을 해야 하는 거니?

정답 Step 1 4 I never should have shared 5 I never should have argued with Step 2 4 He never should have talked 5 We never should have moved

You might as well

(차라리/오히려) ~하는 것도 괜찮을 것 같다.

기본 패턴 연습하기

1 **You might as well** give it to me. (기왕에 이렇게 된 거) 나한테 그냥 주지 그래.

2 **You might as well** leave a message. 용건을 남기는 것도 좋을 것 같네요.

3 **You might as well** take it with you. 이거 그냥 가져가도 괜찮을 것 같구나.

4 .... join us. I know you have nothing else to do.
너도 우리랑 같이 가도 좋을 것 같아. 너 어차피 할 일도 없잖아.

5 .... her now. 지금 그녀에게 전화 걸어도 좋을 것 같은데.

Step 2 **패턴 응용하기** | 주어 + may/might as well

1 **She might as well** get a new laptop. (어차피 이렇게 된 거) 그녀가 노트북 하나 새로 장만해도 괜찮겠네.

2 **He might as well** get it over with. 그가 일단 그걸 빨리 끝내버리는 것도 좋을 것 같아.

3 I suppose **we may as well** get started. 뭐 이제 시작해도 괜찮을 것 같네요.

4 .... get used to it. (어차피 이렇게 된 거) 그들이 익숙해지는 게 좋을 것 같아.

5 .... at home. 난 그냥 집에 있는 게 좋을 것 같네.

Step 3 **실생활에 적용하기**

A When do we have to finish this by?

B I'm not sure, but I think it's due pretty soon.

A Well, in that case, 그냥 오늘 끝내버리는 게 좋겠네.

A 이거 언제까지 끝내야 하는 거지?

B 확실치는 않는데 아마 곧 마감일 거야.

A 아, 그렇다면, we might as well just finish it now.

정답 Step 1 4 You might as well 5 You might as well call Step 2 4 They might as well 5 I might as well stay

A | 영화 속 대화를 완성해 보세요.

FLYNN ❶_____, I can't ❷_____.

소용없어요. 아무것도 안 보이네요.

FLYNN Hey, there's no point. It's ❸_____ down there. 이봐요, 소용없다니까요. 그 밑은 암흑이라고요.

RAPUNZEL This is ❹_____. She was right... I ❺_____ this... I'm so...I'm ❻_____, Flynn. 다 내 잘못이에요. 그녀의 말이 옳았어요… 애초에 이런 짓을 하면 안 되는 거였다고요… 정말… 정말 미안해요, 플린.

FLYNN Eugene. 유진.

RAPUNZEL What? 뭐라고요?

FLYNN ❼_____ Eugene Fitzherbert. Someone ❽_____ know. 내 진짜 이름은 유진 피츠허버트에요. 누구라도 알아두면 좋을 것 같아서요.

RAPUNZEL I have magic hair that ❾_____. 내겐 내가 노래를 하면 빛이 나는 마법의 머리카락이 있어요.

FLYNN What? 뭐라고요?

RAPUNZEL I have magic hair that glows when I sing! 네겐 내가 노래하면 빛나는 마법의 머리카락이 있어요!

FLOWER GLEAM AND GLOW. ❿_____ SHINE... 꽃이여 반짝이며 빛나라. 너의 능력이 빛나게…

B | 다음 빈칸을 채워 문장을 완성해 보세요.

1 난 절대 그 소개팅에 나가지 말았어야 했어.

_____ on that blind date.

2 난 절대 내 남편과 언쟁하지 말았어야 했어.

_____ my husband.

3 넌 절대 그것에 대해서 그에게 말해주지 말았어야 해.

_____ told him about that.

4 (기왕에 이렇게 된 거) 나한테 그냥 주지 그래.

_____ give it to me.

5 난 그냥 집에 있는 게 좋을 것 같네.

_____ at home.

Revenge on Flynn Rider

플린 라이더를 향한 복수

플린에게 속아^{deceived} 왕관을 플린의 손에 넘겨준 스태빙턴 형제는 어떻게든 플린을 잡아 왕관을 자신들이 차지하겠노라고 이를 갈고^{gnash one's teeth} 있어요. 때마침 그 스태빙턴 형제에게 고텔이 나타나 거절하기 힘든 제안을 하네요^{make an offer they cannot refuse}. 왕관만 빼앗아 오는 것이 아니라 왕관보다 훨씬 더 좋은 것을 얻을 수 있다고, 게다가 플린에게 처절한^{gruesome} 복수까지 할 수 있다고 말이에요. 스태빙턴 형제의 눈이 번뜩이며 고텔과 합세하기로 합니다. 이제 플린과 라푼젤은 더욱 강력한 적을 마주해야^{confront} 하는군요.

 Warm Up! 오늘 배울 표현   오늘 등장하는 표현들입니다. 어떤 표현이 들어가야 할지 생각해 보세요.

* ⬚⬚⬚⬚⬚⬚⬚⬚⬚⬚ for that. 그럴 필요 없어.

* If that's all you desire, then ⬚⬚⬚⬚⬚⬚⬚⬚⬚⬚. 너희들이 원하는 게 그게 전부라면 맘대로 해.

* That would have made you rich ⬚⬚⬚⬚⬚⬚⬚⬚. 네가 상상할 수 없을 정도로 부자가 될 수도 있었을 텐데.

* Oh, well, ⬚⬚⬚⬚⬚⬚⬚⬚. 오, 뭐, 인생이 다 그런 거지.

* It ⬚⬚⬚⬚⬚⬚⬚⬚ revenge on Flynn Rider. 플린 라이더 놈에게 복수까지 같이하는 거지.

STABBINGTON BROTHER
스태빙턴 형제

I'll kill him. I'll kill that Rider. We'll cut him off at the kingdom and get back the crown. Come on!

그를 죽일 거야. 라이더 녀석을 죽일 거라고. 왕궁에서 그를 처단하고 왕관을 다시 빼앗는 거야. 자 어서!

MOTHER GOTHEL
고텔

Or perhaps you want to stop acting like wild dogs chasing their tails and think for a moment?

그것보다는 어쩌면 너희들이 자기 꼬리를 잡으려고 빙빙 도는 미친개들처럼 행동하기를 멈추고 생각이라는 걸 좀 하는 게 낫지 않을까?

MOTHER GOTHEL
고텔

Oh, please. **There's no need** for that.❶

오, 제발. 그럴 필요 없어.

MOTHER GOTHEL
고텔

Well, if that's all you desire, then **be on your way**.❷ I was going to offer you something worth one thousand crowns, would have made you rich **beyond belief** and that wasn't even the best part, oh, well, **c'est la vie**.❸ ❹ Enjoy your crown.

뭐 너희들이 원하는 게 그게 전부라면 맘대로 해. 난 너희들에게 왕관 천 개 정도의 가치가 있는 것을 제안하려고 했는데, 상상할 수 없을 정도로 부자가 될만한 것을 말이야, 게다가 그것보다 훨씬 더 좋은 것도 있었는데, 오, 뭐, 인생이 다 그런 거지. 왕관이나 가지고 잘살아 보라고.

STABBINGTON BROTHER
스태빙턴 형제

What's the best part?

훨씬 더 좋다는 게 뭔데?

MOTHER GOTHEL
고텔

It **comes with** revenge on Flynn Rider.❺

플린 라이더 놈에게 복수까지 같이하는 거지.

❶ There's no need for that. 그럴 필요 없어.

'~을 할 필요가 없다, ~은 안 해도 된다'라고 말할 때는 〈You don't need to + 동사〉의 형식으로 표현할 수도 있지만, 위의 문장에서처럼 〈There's no need for + 명사〉 혹은 〈There's no need to + 동사〉의 패턴으로 쓰는 경우도 많답니다. ★영화 속 패턴 익히기

❷ If that's all you desire, then be on your way. 너희들이 원하는 게 그게 전부라면 맘대로 해.

on one's way 또는 on the way는 '도중에, 가는/오는 중인'이라는 의미인데, 위의 문장에서처럼 명령형으로 be on your way라고 쓰면 '가던 길 계속 가라, ~로 떠나라'라는 의미가 되지요. 평서문에서 be on one's way라고 표현하면 '(어떤 목적지를 향해) 떠나다, 갈 길을 가다'라는 뜻이에요.

* Bob will **be on his way** to San Diego tonight. 밥은 오늘 밤 샌디에이고로 떠날 거야.
* I should **be on my way** now. 난 이제 가봐야 한다.

❸ That would have made you rich beyond belief. 네가 상상할 수 없을 정도로 부자가 될 수도 있었을 텐데.

beyond는 능력이나 한계를 넘어서 훨씬 능가하거나 초월할 때 쓰는 전치사예요. 특히, beyond belief 또는 beyond imagination과 같은 표현은 관용적으로 쓰이는데 '믿을 수 없을 정도로, 상상할 수 없는/상상을 넘어선'이라는 뜻이랍니다.

* His greediness is **beyond belief**. 그의 욕심은 믿기 어려울 정도야.
* The drama was **beyond imagination**. 그 드라마는 상상을 초월한다.

❹ Oh, well, c'est la vie. 오, 뭐, 인생이 다 그런 거지.

멋진 프랑스어 표현 하나 알아볼까요? 노래 가사나 영화 제목, 상품명에서도 보고 들음직한 표현인데요. c'est la vie는 '그것이 인생이다, 인생이란 게 그런 거다'라는 뜻이죠. c'est는 영어로 this is, la vie는 the life라고 해석할 수 있고 '쎄 라 비(으)'라고 발음합니다.

* I have to stay home. Oh, well. **c'est la vie.** 난 집에 있어야 해. 인생이 그렇지 뭐.
* If you get rejected, **c'est la vie.** 거절을 당한다면, 뭐 인생이 다 그런 거야.

❺ It comes with revenge on Flynn Rider. 플린 라이더 놈에게 복수까지 같이하는 거지.

식당이나 상점에 갔을 때 '~을 사면/주문하면 ~이 같이 나온다 (딸려 나온다)'라는 의미로 쓰는 표현이에요. 무엇을 소지하게 되면 다른 것도 함께 저절로 혹은 어쩔 수 없이 따라온다는 의미랍니다. 한편, 동사를 come 대신 go를 써서 go (well) with 라고 하면 '~와 잘 어우러지다'라는 의미가 된답니다. ★영화 속 패턴 익히기

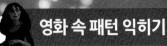

🎧 15-2.mp3

There's no need for ~

~할 필요가 없다, ~은 필요 없다.

Step 1 기본 패턴 연습하기

1 **There's no need for** this. 이건 필요 없어.

2 **There's no need for** cash. 현금은 필요 없어.

3 **There's no need for** all this anger. 이렇게 화를 낼 필요는 없잖아.

4 .... to stay late. 넌 늦게까지 있을 필요는 없어.

5 .... to apologize. 그가 사과할 필요는 없어.

Step 2 패턴 응용하기 | There's no need to + 동사

1 **There's no need to** worry. 걱정할 필요 없어.

2 **There's no need to** rush. 서두를 필요 없어.

3 **There's no need to** be afraid. 두려워할 필요 없다.

4 .... sad. 슬퍼할 필요는 없잖아.

5 .... sorry for him. 그를 안쓰러워할 필요는 없어.

Step 3 실생활에 적용하기

A I feel like crying.	A 울고 싶어요.
B 울 필요 없어. It wasn't your fault.	B There's no need to cry. 네 잘못이 아니잖아.
A Thank you for saying that.	A 그렇게 말해주서서 고마워요.

정답 Step 1 4 There's no need for you 5 There's no need for him Step 2 4 There's no need to be 5 There's no need to feel

come with

함께 온다, ~이 딸려있다.

Step 1 기본 패턴 연습하기

1 A great power **comes with** a great responsibility. 큰 힘에는 큰 책임이 따른다.

2 Age **comes with** wisdom. 나이가 드는 것과 함께 지혜가 따라온다.

3 Perfection **comes with** years of practice. 완벽함은 수년간의 연습을 통해 따라온다.

4 This refrigerator _____ a 1-year guarantee. 이 냉장고는 1년간 무상보증이에요.

5 Onion rings _____ the hamburger. 양파 튀김은 햄버거를 주문하면 딸려와요.

Step 2 패턴 응용하기 | go (well) with

1 That dress doesn't **go with** these shoes. 그 드레스는 이 신발과 안 어울려.

2 This sauce **goes well with** chicken. 이 소스는 치킨과 잘 어울린다.

3 This drink **goes** particularly **well with** seafood. 이 음료는 특히 해산물과 잘 맞아요.

4 Do you think this shirt _____ these jeans? 이 셔츠하고 이 청바지하고 어울리는 거 같니?

5 The table really _____ the rest of the room. 이 탁자는 방에 다른 가구들하고 잘 어우러진다.

Step 3 실생활에 적용하기

A 이 장난감에 건전지도 딸려있나요?
B I'm afraid not.
A I wish it did.

A Does this toy come with batteries?
B 죄송하지만 건전지는 들어있지 않네요.
A 있으면 좋았을 텐데.

정답 Step 1 4 comes with 5 come with Step 2 4 goes with 5 goes with

A | 영화 속 대화를 완성해 보세요.

STABBINGTON BROTHER   I'll kill him. I'll kill that Rider. We'll
❶_____ at the kingdom and ❷_____
the crown. Come on!   그를 죽일 거야. 라이더 녀석을 죽일 거라고.
왕궁에서 그를 처단하고 왕관을 다시 빼앗는 거야. 자 어서!

MOTHER GOTHEL   Or ❸_____ you want to stop acting like
wild dogs chasing their tails and ❹_____
_____? 그것보다는 어쩌면 너희들이 자기 꼬리를 잡으려고 빙빙 도는
미친개들처럼 행동하기를 멈추고 생각이라는 걸 좀 하는 게 낫지 않을까?

MOTHER GOTHEL   Oh, please. ❺_____ for that.
오, 제발. 그럴 필요 없어.

MOTHER GOTHEL   Well, if that's all you desire, then ❻_____
_____. I was going to offer you something
worth one thousand crowns, would have made
you rich ❼_____ and that wasn't
even the best part. Oh, well, ❽_____.
Enjoy your crown.   뭐 너희들이 원하는 게 그게 전부라면 맘대로 해. 난
너희들에게 왕관 천 개 정도의 가치가 있는 것을 제안하려고 했는데. 상상할 수 없을
정도로 부자가 될만한 것을 말이야. 게다가 그것보다 훨씬 더 좋은 것도 있었는데. 오, 뭐,
인생이 다 그런 거지. 왕관이나 가지고 잘살아 보라고.

STABBINGTON BROTHER   What's ❾_____?
훨씬 더 좋다는 게 뭔데?

MOTHER GOTHEL   It ❿_____ revenge on Flynn Rider.
플린 라이더 놈에게 복수까지 같이하는 거지.

B | 다음 빈칸을 채워 문장을 완성해 보세요.

1 현금은 필요 없어.
_____ cash.

2 화낼 필요는 없잖아.
_____ upset.

3 큰 힘에는 큰 책임이 따른다.
A great power _____ a great responsibility.

4 양파 튀김은 햄버거를 주문하면 딸려와요.
Onion rings _____ the hamburger.

5 이 셔츠하고 이 청바지하고 어울리는 거 같니?
Do you think this shirt _____ these jeans?

Rapunzel's Magic Hair

라푼젤의 마법의 머리카락

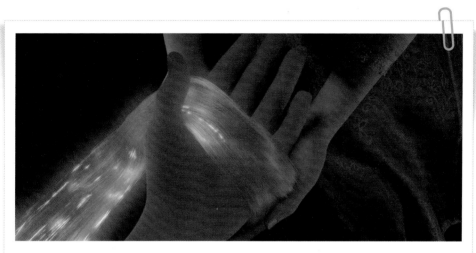

피가 흐를^{bleeding} 정도로 상처가 난 플린의 손을 라푼젤이 그녀의 마법의 머리카락과 노래로 치유하자 플린은 어안이 벙벙해집니다^{dumbfounded}. 라푼젤은 그에게 놀라지^{freak out} 말아 달라고 부탁하며 자신의 머리카락에 얽힌 비밀을 말해주네요. 플린도 좀 부끄러운^{embarrassing} 이야기이긴 하지만 자기 이름이 왜 유진 피츠허버트가 아닌 플린 라이더로 불리게 되었는지 라푼젤에게 솔직하게 이야기해주고요. 라푼젤이 플린 라이더보다 플린의 본명인 유진 피츠허버트가 더 마음에 든다며 플린에게 호감을^{affection} 표현하니, 둘 사이에 점점 묘한 기운이 흐르기 시작하네요.

 Warm Up! 오늘 배울 표현   오늘 등장하는 표현들입니다. 어떤 표현이 들어가야 할지 생각해 보세요.

* Please don't   . 제발 놀라지 말아요.

* I'm just very   your hair. 전 그저 당신의 머리카락에 지극한 관심이 있는 것뿐이에요.

*   doing that, exactly? 정확히 언제부터 그게 이런 작용을 한 것이지요?

*   , it turns brown and loses its power. 이 머리카락을 자르면, 갈색으로 변하며 그 능력을 잃게 돼요.

*   . 그게 좀 복잡한 얘기예요.

RAPUNZEL
라푼젤

Please don't **freak out**.❶

제발 놀라지 말아요.

FLYNN
플린

Ahhh.....I'm not freaking out, are you freaking out? No, I'm just very **interested** in your hair and the magical qualities that it possesses.❷ **How long has it been** doing that, exactly?❸

아… 전 놀란 게 아니고, 당신은 놀랐나요? 아니에요, 전 그저 당신의 머리카락과 그게 머금고 있는 마법적인 특성에 지극한 관심이 있는 것뿐이에요. 그런데 정확히 언제부터 그 머리카락에 그런 능력이 생긴 것이지요?

RAPUNZEL
라푼젤

Uh...forever, I guess? Mother says when I was a baby people tried to cut it. They wanted to take it for themselves. But **once it's cut**, it turns brown and loses its power.❹ A gift like that, it has to be protected. That's why Mother never let me... that's why I never left and...

음…태어날 때부터, 아마도? 어머니가 그러는데 제가 아기였을 때 사람들이 제 머리카락을 자르려고 했었대요. 그들이 이걸 가지고 싶어 했다고 하더라고요. 하지만 이 머리카락을 자르면, 갈색으로 변하며 그 능력을 잃게 돼요. 이러한 능력은 보호되어야만 하죠. 그래서 엄마가 저를 한 번도… 그래서 전 한 번도 떠나지 않은 것이고…

FLYNN
플린

You never left that tower. And you're still gonna go back?

당신은 그 탑에서 한 번도 나와본 적이 없군요. 그런데도 거기로 돌아가려고요?

RAPUNZEL
라푼젤

No. Yes. **It's complicated.**❺

아니요. 네. 그게 좀 복잡한 얘기예요.

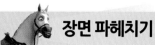
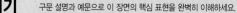
❶ Please don't freak out. 제발 놀라지 말아요.

freak out의 기본적인 의미는 '환각 증상이 되다'인데 일상적으로 쓰일 때는 이 의미 그대로 쓰이기보다는 '몹시 흥분하다, 기겁하다, 자제력을 잃다' 와 같은 의미로 더 많이 쓰인답니다.

* Simon **freaked out** when he heard the news. 사이먼은 그 소식을 들었을 때 놀랐다.
* Their latest album just **freaked me out**. 그들의 최신 앨범은 나를 그저 놀라게 했다.

❷ I'm just very interested in your hair. 전 그저 당신의 머리카락에 지극한 관심이 있는 것뿐이에요.

be interested in something은 '~에 관심/흥미를 갖다, ~을 할 의향이 있다'라는 숙어인데, interested 뒤에 전치사 in을 꼭 넣어주세요.

* Are you **interested in** this sort of thing? 이런 것에 관심 있으신가요?
* I'm not **interested in** what other people think of me. 다른 사람들이 나를 어떻게 생각하던 난 별 관심이 없어요.

❸ How long has it been doing that, exactly? 정확히 언제부터 그게 이런 작용을 한 것이지요?

〈How long have/has + something/someone + been + ing〉 형식으로 하는 질문은 '얼마나 오랫동안 (어느 정도의 기간) ~가 ~을 해왔느냐?'라고 물을 때 쓰는 패턴이에요. been을 다른 동사의 과거분사로 바꾸어서 쓰는 패턴도 같이 연습해 볼게요. ★영화 속 패턴 익히기

❹ Once it's cut, it turns brown and loses its power.
이 머리카락을 자르면, 갈색으로 변하며 그 능력을 잃게 돼요.

once의 많은 의미 중에 '일단'이라는 의미가 있는데, 부정문이나 의문문이 once로 시작되면 '일단 ~하게 되면'의 의미가 됩니다. 원래 문법적으로는 if 뒤에 주어 + once로 문장을 시작하는 표현인데, 그보다는 바로 once로 시작하는 경우가 대부분이랍니다. ★영화 속 패턴 익히기

❺ It's complicated. 그게 좀 복잡한 얘기예요.

설명하기 복잡하거나 상황이 아주 복잡하게 얽혀있을 때 이 표현을 써요. complex도 '복잡한'이라는 의미를 가진 형용사이지만, 보통 It's complex. 라고 하지 않고, It's complicated. 라고 표현하지요.

* Their relationship **is very complicated**. 그들의 관계는 아주 복잡하다.
* **It's complicated**, I'll explain later. 좀 상황이 복잡해. 나중에 얘기해 줄게.

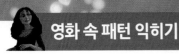
🎧 16-2.mp3

How long have/has + 주어 + been + 동사-ing   ~한 지 얼마나 됐니?

Step 1   기본 패턴 연습하기

1 **How long have you been working** here? 너 여기서 일한 지 얼마나 됐니?

2 **How long has he been living** in Incheon? 그는 인천에서 산 지 얼마나 됐니?

3 **How long have they been looking** for a house? 그들이 집을 구하러 다닌 지 얼마나 됐니?

4 _____ Chinese? 그녀가 중국어를 배운 지 얼마나 됐니?

5 _____ this laptop? 내가 이 노트북 쓴 지 얼마나 됐냐고?

Step 2   패턴 응용하기 | How long have/has + 주어 + 과거분사

1 **How long have you known** each other? 너희들 알고 지낸 지 얼마나 됐니?

2 **How long has she been** doing this? 그녀가 이걸 한 지 얼마나 됐니?

3 **How long have humans existed?** 인간이 존재한 지 얼마나 됐니?

4 _____ going on? 이 일이 언제부터 계속된 거니?

5 _____ in business? 그들이 장사를 시작한 지 얼마나 됐니?

Step 3   실생활에 적용하기

A 너희 둘이 언제부터 친구였니?	A How long have you two been friends?
B We've been friends since we were in preschool.	B 우린 유치원 때부터 친구야.
A Wow, that's a long time.	A 우와, 정말 오래됐구나.

정답   Step 1 4 How long has she been learning 5 How long have I been using   Step 2 4 How long has this been 5 How long have they been

once I + 동사
일단 내가 ~하게 되면

1 I'll try it on **once I lose** weight. 일단 살을 빼면 입어 볼게.

2 **Once I start** this thing, I don't think I will be able to stop.
이걸 일단 시작하게 되면, 멈출 수가 없을 것 같아.

3 **Once I get** used to it, it'll be fine. 일단 익숙해지면, 괜찮아질 거야.

4 I might change my mind .... it. 일단 한번 해보고 나면 내 마음이 바뀔지도 모르지.

5 .... close with someone, they always leave me.
일단 내가 누구랑 가까워지면, 다들 날 떠난다.

1 You'll want the car **once you see** it. 일단 그 차를 보면 네가 갖고 싶어 할 거야.

2 **Once you are** in, you can never leave. 일단 들어오면, 절대 못 나가.

3 Laura will see what I mean **once she meets** him. 일단 로라가 그를 보면 내가 무슨 말 하는지 알 거야.

4 .... over, it's over. 일단 한번 끝이 나면, 그걸로 끝인 거야.

5 .... to do something, no one can stop her.
그녀가 뭔가를 하려고 마음을 먹으면 아무도 못 막는다.

A You are eating too much.
B 난 일단 한번 먹기 시작하면 멈출 수가 없어.
A You should see a doctor for this.

A 너 너무 많이 먹는다.
B Once I start eating, I can't stop.
A 너 아무래도 병원에 가봐야겠다.

정답 Step 1 4 once I try 5 Once I get Step 2 4 Once it's 5 Once she decides

101

A │ 영화 속 대화를 완성해 보세요.

RAPUNZEL Please don't ❶_____. 제발 놀라지 말아요.

FLYNN Ahhh.....I'm not freaking out, are you freaking out? No, I'm just very ❷_____ your hair and the magical qualities that it possesses. ❸_____ doing that, exactly?
아… 전 놀란 게 아니고, 당신은 놀랐나요? 아니에요. 전 그저 당신의 머리카락과 그게 머금고 있는 마법적인 특성에 지극한 관심이 있는 것뿐이에요. 그런데 정확히 언제부터 그 머리카락에 그런 능력이 생긴 것이지요?

RAPUNZEL Uh...forever, I guess? Mother says when I was a baby people ❹_____. They wanted to ❺_____ themselves. But ❻_____, it turns brown and ❼_____. A gift like that, it has to be protected. That's why Mother ❽_____... that's why I never left and...
음…태어날 때부터, 아마도? 어머니가 그러는데 제가 아기였을 때 사람들이 제 머리카락을 자르려고 했대요. 그들이 이걸 가지고 싶어 했다고 하더라고요. 하지만 이 머리카락을 자르면, 갈색으로 변하며 그 능력을 잃게 돼요. 이러한 능력은 보호되어야만 하죠. 그래서 엄마가 저를 한 번도… 그래서 전 한 번도 떠나지 않은 것이고…

FLYNN You never left that tower. And you're still gonna ❾_____?
당신은 그 탑에서 한 번도 나와본 적이 없군요. 그런데도 거기로 돌아가려고요?

RAPUNZEL No. Yes. ❿_____.
아니요. 네. 그게 좀 복잡한 얘기예요.

B │ 다음 빈칸을 채워 문장을 완성해 보세요.

1 그녀가 중국어를 배운지 얼마나 됐니?
_____Chinese?

2 그들이 장사를 시작한 지 얼마나 됐니?
_____in business?

3 일단 익숙해지면 괜찮아질 거야.
_____get used to it, it'll be fine.

4 일단 그 차를 보면 네가 갖고 싶어 할 거야.
You'll want the car _____see it.

5 일단 한번 끝이 나면, 그걸로 끝인 거야.
_____over, it's over.

The Sound of Complete and Utter Betrayal

완전하고 궁극적인 배신의 소리

플린이 잠시 장작을^{firewood} 구하러 간 사이, 라푼젤 앞에 고텔이 나타납니다. 라푼젤이 깜짝 놀라^{taken aback} 어떻게 자신을 찾았느냐고 묻자 고텔은 완전하고 궁극적인 '배신'의 소리가 들려 찾아와보니 여기더라고 하는군요. 고텔이 라푼젤에게 다시 집으로 돌아가자고 설득합니다^{persuade}. 라푼젤은 플린이 자신을 좋아하는 것 같다고 하는데, 고텔이 콧방귀를 뀌며^{snort} 순진한 소리하지 말라고, 그는 단순히 왕관을 차지하려고 그녀를 이용하는 것이라고 말하네요. 그러면서, 플린을 한 번 시험해 보자며 라푼젤을 혼란스럽게^{confuse} 하는군요.

 Warm Up! 오늘 배울 표현　　오늘 등장하는 표현들입니다. 어떤 표현이 들어가야 할지 생각해 보세요.

* I just listened for the sound of complete and _____ betrayal and followed that. 난 그저 완전하고 궁극적인 배신 소리에 귀를 기울이면서 그 소리를 따라온 것뿐이란다.

* _____. 전 정말 많은 것을 보고 배웠어요.

* I _____ met someone. 특별한 사람을 만나기까지 했다니까요.

* _____ 현상수배 중인 도둑

* Rapunzel, that's _____. 라푼젤, 네가 정신이 나갔나 보구나.

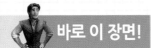

RAPUNZEL 라푼젤	Mother? 어머니?
MOTHER GOTHEL 고텔	Hello, Dear. 안녕, 우리 딸.
RAPUNZEL 라푼젤	But, I...I...I don't...I mean, how did you find me? 하지만, 전, 전, 그러니까 제 말은, 저를 어떻게 찾으셨어요?
MOTHER GOTHEL 고텔	Oh, it was easy, really. I just listened for the sound of complete and **utter** betrayal and followed that.❶ 아, 쉬웠어. 정말. 난 그저 완전하고 궁극적인 배신 소리에 귀를 기울이면서 그 소리를 따라온 것뿐이란다.
RAPUNZEL 라푼젤	Mother-- 어머니–
MOTHER GOTHEL 고텔	We're going home, Rapunzel. Now. 집으로 가자, 라푼젤. 어서.
RAPUNZEL 라푼젤	You don't understand. I've been on this incredible journey and **I've seen and learned so much.**❷ I **even** met someone.❸ 어머니는 이해 못 하실 거예요. 전 정말 너무나도 멋진 여행을 하고 많은 것을 보고 배웠어요. 특별한 사람을 만나기까지 했다니까요.
MOTHER GOTHEL 고텔	Yes, **the wanted thief**, I'm so proud.❹ Come on, Rapunzel. 그래, 현상수배 중인 도둑. 참 자랑스럽구나. 자 어서, 라푼젤.
RAPUNZEL 라푼젤	No, Mother, wait. I think he...I think he likes me. 아니에요, 어머니, 잠시만요. 제 생각엔 그가… 제 생각엔 그가 저를 좋아하는 것 같아요.
MOTHER GOTHEL 고텔	Likes you? Please, Rapunzel, that's **demented**...❺ 너를 좋아한다고? 오 제발, 라푼젤, 네가 정신이 나갔나 보구나…
RAPUNZEL 라푼젤	But Mother, I-- 하지만 어머니, 전—

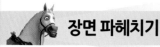
❶ I just listened for the sound of complete and utter betrayal and followed that. 난 그저 완전하고 궁극적인 배신 소리에 귀를 기울이면서 그 소리를 따라간 것뿐이란다.

utter는 '(강조의 의미로) 완전한, 궁극적인'과 같은 의미로 쓰이는 형용사예요. 구어체에서는 주로 강조부사로 쓰이는 utterly를 더 자주 접할 수 있을 거예요.

*   That's **utterly** impossible. 그건 완전/전혀 불가능해.
*   That's complete and **utter** nonsense. 그건 그야말로 완전 헛소리야.

❷ I've seen and learned so much. 전 정말 많은 것을 보고 배웠어요.

라푼젤이 집을 떠나온 후 세상에서 정말 많은 것을 보고 배웠다고 말하는 이 문장에서처럼 정말 많이 무엇을 했거나 경험했을 때에는 〈I've + 과거분사 + so much〉 형식을 써서 표현한답니다. 주어와 동사를 바꿔가며 패턴 연습을 해 볼까요? ★영화 속 패턴 익히기

❸ I even met someone. 특별한 사람을 만나기까지 했다니까요.

예상 밖이나 놀라운 일을 나타내며 '심지어는 ~조차/까지/도' 했다고 할 때 강조부사로 쓰이는 even의 용법이에요. even이 형용사 뒤에 따라오면 '더 정확히 말하면', '심지어 ~하기까지 하게'라는 의미가 되기도 한답니다. ★영화 속 패턴 익히기

❹ The wanted thief 현상수배 중인 도둑

현상/지명수배자를 지칭할 때 a wanted person/criminal과 같은 표현을 쓰는데, 지명수배자 명단은 a wanted list라고 해요. wanted 앞에 most를 넣어서 a most wanted criminal이라고 표현하는 경우도 많으니 같이 알아두세요.

*   He is the most **wanted man** in the world. 그는 전 세계적으로 긴급 수배된 사람이다.
*   Susan is on the most **wanted** list. 수잔은 지명수배자 명단에 올라있다.

❺ Rapunzel, that's demented. 라푼젤, 네가 정신이 나갔나 보구나.

'미치다, 정신이 나가다'라는 의미로 쓰이는 대표적인 표현은 crazy이죠. 하지만, crazy 이외에도 같은 의미로 자주 쓰이는 단어들이 있는데 적어도 mad, nuts, insane 정도는 꼭 알아두시고, 그보다 조금 더 어려운 표현으로는 demented가 있답니다.

*   The guy was acting **demented**. 그 남자가 정신 나간 사람처럼 행동했어.
*   Jenny was nearly **demented** with worry. 제니는 걱정으로 거의 정신이 나갈 지경이었어.

🎧 17-2.mp3

I've + 과거분사 + so much　　난 정말 많은 것을 ~했다.

Step 1 기본 패턴 연습하기

1 **I've eaten so much** today. 오늘 정말 많이 먹었어.

2 **I've done so much** for you. 너를 위해 난 정말 많은 것을 했어.

3 **I've studied so much** for the exam. 난 시험 때문에 공부를 정말 많이 했다.

4 ＿＿＿＿＿＿＿＿＿＿＿ I can't cry anymore. 너무 많이 울어서 더 이상은 울지도 못하겠어.

5 I'm only 16 and ＿＿＿＿＿＿＿＿. 난 거우 16살인데 정말 많은 경험을 했다.

Step 2 패턴 응용하기 | 주어 + have/has + 과거분사 + so much

1 **She has learned so much** from her mistakes. 그녀는 실수를 통해서 정말 많은 것을 배웠다.

2 **He has suffered so much.** 그는 정말 많이 고생했다.

3 **We have gone through so much** together. 우리는 함께 정말 많은 일들을 겪었어.

4 ＿＿＿＿＿＿＿＿＿＿＿ with me. 그들은 나와 정말 많은 것을 나눴어.

5 ＿＿＿＿＿＿＿＿＿＿＿. 당신은 정말 많은 것을 이루었군요.

Step 3 실생활에 적용하기

A 돈을 너무 많이 잃었어.	A I have lost so much money.
B What did you do?	B 뭘 했길래?
A I put all my savings into cars.	A 저축한 돈을 모두 자동차에 투자했어.

정답 Step 1 4 I've cried so much 5 I've experienced so much Step 2 4 They have shared so much 5 You have accomplished so much

I even ~

난 심지어/조차/까지도 ~

Step 1 기본 패턴 연습하기

1 **I even** thought of marrying her. 난 그녀와 결혼까지도 생각했어.

2 **I even** wear sunglasses in the rain. 난 심지어는 비가 올 때도 선글라스를 껴.

3 I don't **even** know your name. 난 네 이름도 몰라.

4 .... him I was in trouble. 그에게 내가 곤경에 처했다고까지 얘기했어.

5 .... your messed up hair. 난 심지어는 너의 헝클어진 머리까지도 좋아해.

Step 2 패턴 응용하기 | even의 활용

1 He didn't **even** come. 그는 오지도 않았어.

2 I never **even** left my home. 나는 심지어 집 밖에도 나가지 않았다.

3 You don't **even** have to be there. 넌 거기에 아예 오지 않아도 괜찮아.

4 .... can do it. 그건 심지어 나도 할 수 있어.

5 That wasn't .... 그건 웃기지조차 않았다.

Step 3 실생활에 적용하기

A Do you really hate him that much?　　A 너 정말 걔를 그렇게까지 싫어해?

B 난 걔가 밥 먹는 모습도 싫어.　　B I even hate the way he eats.

A Oh, my goodness.　　A 오, 이런.

정답 Step 1 4 I even told 5 I even like　Step 2 4 Even I 5 even funny

107

A | 영화 속 대화를 완성해 보세요.

RAPUNZEL   Mother? 어머니?

MOTHER GOTHEL   Hello, Dear. 안녕, 우리 딸.

RAPUNZEL   But, I...I...I don't...I mean, ❶_____?
하지만, 전, 전, 그러니까 제 말은, 저를 어떻게 찾으셨어요?

MOTHER GOTHEL   Oh, it was easy, really. I just ❷_____ the sound of complete and ❸_____ betrayal and followed that. 아, 쉬웠어, 정말. 난 그저 완전하고 궁극적인 배신 소리에 귀를 기울이면서 그 소리를 따라온 것뿐이란다.

RAPUNZEL   Mother-- 어머니-

MOTHER GOTHEL   We're going home, Rapunzel. Now. 집으로 가자, 라푼젤. 어서.

RAPUNZEL   You don't understand. ❹_____ this incredible journey and ❺_____ _____. I ❻_____ met someone.
어머니는 이해 못 하실 거예요. 전 정말 너무나도 멋진 여행을 하고 많은 것을 보고 배웠어요. 특별한 사람을 만나기까지 했다니까요.

MOTHER GOTHEL   Yes, ❼_____, I'm so ❽_____. Come on, Rapunzel.
그래, 현상수배 중인 도둑. 참 자랑스럽구나. 자 어서, 라푼젤.

RAPUNZEL   No, Mother, wait. I think he...I think ❾_____. 아니에요, 어머니, 잠시만요. 제 생각엔 그가… 제 생각엔 그가 저를 좋아하는 것 같아요.

MOTHER GOTHEL   Likes you? Please, Rapunzel, that's ❿_____...
너를 좋아한다고? 오 제발, 라푼젤, 네가 정신이 나갔나 보구나...

RAPUNZEL   But Mother, I-- 하지만 어머니, 전-

정답 A

❶ how did you find me
❷ listened for
❸ utter
❹ I've been on
❺ I've seen and learned so much
❻ even
❼ the wanted thief
❽ proud
❾ he likes me
❿ demented

B | 다음 빈칸을 채워 문장을 완성해 보세요.

1 너를 위해 난 정말 많은 것을 했어.
_____ for you.

2 우리는 함께 정말 많은 일들을 겪었어.
_____ together.

3 난 그녀와 결혼까지도 생각했어.
_____ thought of marrying her.

4 난 심지어는 너의 헝클어진 머리까지도 좋아해.
_____ your messed up hair.

5 그건 웃기지조차 않았다.
That wasn't _____.

정답 B

1 I've done so much
2 We have gone through so much
3 I even
4 I even like
5 even funny

The Biggest Day of Rapunzel's Life

라푼젤의 생애 가장 중요한 날

드디어 라푼젤의 생일이 되었고, 이제 라푼젤은 오랫동안 소망했던 하늘에 떠오르는 등불들을 보러 갈 수 있게 되었네요. 그녀가 등불들을 보려면 플린이 그녀를 안내해주어야 하는 데 문제가 생겼어요. 용맹스러운^{gallant} 왕궁 근위대의 말, 막시무스가 플린을 잡아가려고 찾아왔거든요. 라푼젤과 막시무스는 서로 플린을 데려가려고 옥신각신합니다^{squabble}. 그러다가 막시무스는 라푼젤의 상냥함에 온순해져서 그녀에게 플린을 양보하고, 그녀의 말에 순응하기^{comply with} 시작합니다.

Warm Up! 오늘 배울 표현   오늘 등장하는 표현들입니다. 어떤 표현이 들어가야 할지 생각해 보세요.

* Are you all tired from chasing this bad man   ?
  이 나쁜 인간을 사방팔방으로 쫓아다니느라 많이 피곤했지?

* Oh, he's   a big sweetheart. 아, 얘는 그냥 덩치 큰 착한 아이일 뿐이에요.

*   . 아, 진짜 장난 아니네.

* And   I need you not to get him arrested.
  그런데 있잖아, 네가 저 남자가 체포되지 않게 도와줬으면 좋겠어.

* And it's also my birthday....   그리고 또 오늘이 내 생일이기도 하거든… 그냥 네가 알았으면 해서.

RAPUNZEL
라푼젤

That's it. Now sit. Sit.

그래 바로 그거야. 자 이제 앉아. 앉아.

FLYNN
플린

What?

아니, 뭐야 이거?

RAPUNZEL
라푼젤

Now drop the boot. Drop it. Oh, you're such a good boy. Yes you are. Oh, are you all tired from chasing this bad man **all over the place?**❶

이제 부츠를 내려놔. 내려놓으라고. 오, 아주 착한 아이로구나. 그래 착하네. 오, 이 나쁜 인간을 사방팔방으로 쫓아다니느라 피곤했지?

FLYNN
플린

Excuse me?

뭐라고요?

RAPUNZEL
라푼젤

Nobody appreciates you, do they? Do they?

아무도 당신을 반기지 않아요, 그렇죠? 그렇죠?

FLYNN
플린

Oh, come on! He's a bad horse.

오, 정말 왜 이래요! 이놈이 나쁜 말이라고요.

RAPUNZEL
라푼젤

Oh, he's **nothing but** a big sweetheart.❷ Isn't that right... Maximus?

오, 얘는 그냥 덩치 큰 착한 아이일 뿐이에요. 안 그러니… 막시무스?

FLYNN
플린

You've got to be kidding me.❸

아, 진짜 장난 아니네.

RAPUNZEL
라푼젤

Look, today is kind of the biggest day of my life. And **the thing is** I need you not to get him arrested.❹

봐봐, 오늘이 내 인생에 있어서 최고로 중요한 날이라고 볼 수 있거든. 그런데 있잖아, 네가 저 남자가 체포되지 않게 도와줬으면 좋겠어.

RAPUNZEL
라푼젤

Just for twenty four hours and then you can chase each other to your heart's content. Okay? And it's also my birthday....**just so you know**.❺

딱 24시간만 그렇게 해 줘 그 후에는 둘이 원하는 대로 마음껏 서로 추격하고 다니라고. 알았지? 그리고 또 오늘이 내 생일이기도 하거든… 그냥 네가 알았으면 해서.

❶ Are you all tired from chasing this bad man all over the place?
이 나쁜 인간을 사방팔방으로 쫓아다니느라 많이 피곤했지?

all over the place는 무엇을 사방팔방으로 어지럽히거나 흩뜨려 놓았을 때, 또는 '모든 곳에/사방에/도처에'라는 의미를 강조하고자 할 때 쓰는 표현이에요.

* My dog goes around and pees **all over the place**. 우리 강아지는 여기저기 돌아다니며 사방에 오줌을 싼다.
* Don't leave your stuff **all over the place**. 네 물건들을 사방에 어질러놓지 좀 말아라.

❷ Oh, he's nothing but a big sweetheart. 오, 얘는 그냥 덩치 큰 착한 아이일 뿐이에요.

⟨nothing but + 명사⟩는 '그냥/그저/단지 ~일 뿐인'라는 의미로 쓰이는 표현이에요. 뒤에 명사 대신 동사를 넣어서 쓰면 '(아무것도 안 하고/다른 그 무엇이 아닌) 오직 ~만을 하다'라는 의미가 된답니다. ★영화 속 대먼 익히기

❸ You've got to be kidding me. 아, 진짜 장난 아니네.

너무나도 기가 차고 믿기 어려운 일이 벌어졌을 때 '진짜 장난 아니네', '이건 정말 말도 안 돼'라는 의미로 쓰는 표현이에요. 속된 우리말로 '헐', '장난 아니네', '대박' 등과 비슷한 표현이에요.

* Are you serious? **You've got to be kidding me.** 진짜야? 정말 말도 안 돼.
* He did what? **You've got to be kidding me.** 걔가 뭘 했다고? 설마 그럴 리가.

❹ And the thing is I need you not to get him arrested.
그런데 있잖아, 네가 저 남자가 체포되지 않게 도와줬으면 좋겠어.

이야기를 바로 시작하지 못하고 망설이듯 말을 시작할 때 The thing is라고 하는데, 이것은 중요한 사실, 이유, 해명을 언급하려고 할 때, '그런데 실은/문제는'이라는 의미로 쓰는 표현이에요.

* Well, **the thing is** I have a previous engagement. 흠. 실은 내가 선약이 있어.
* **The thing is** this is the only chance you get. 근데 문제는 너에게 더 이상은 기회가 없다는 거야.

❺ And it's also my birthday....just so you know.
그리고 또 오늘이 내 생일이기도 하거든… 그냥 네가 알았으면 해서.

just so you know는 상대방에게 필요한 어떤 정보를 알려주거나 나의 감정을 전할 때 '그냥 네가 모를 수도 있을 것 같아서', '네가 알아두면 좋을 것 같아서'라는 의미로 문장의 앞이나 뒤에 살짝 얹어 넣듯이 쓰는 표현이에요. ★영화 속 대먼 익히기

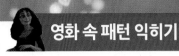

🎧 18-2.mp3

주어 + be동사 + nothing but + 명사 ～은 그저/단지/그냥 ～일 뿐이다.

Step 1 기본 패턴 연습하기

1 **You are nothing but** a liar. 넌 그냥 거짓말쟁이일 뿐이야.

2 **He's nothing but** a monster. 그는 그냥 괴물일 뿐이야.

3 **I'm nothing but** a teenager. 난 그저 10대일 뿐이야.

4 _____ a speck of dust. 우린 그저 작은 먼지 알갱이에 지나지 않아.

5 _____ a student. 그녀는 그저 학생일 뿐이야.

Step 2 패턴 응용하기 | nothing but + 동사

1 Tim does **nothing but** watch TV all day. 팀은 온종일 TV만 본다.

2 My baby does **nothing but** cry. 우리 아기는 울기만 한다.

3 She eats **nothing but** bread and drinks water. 그녀는 아무것도 안 먹고 빵과 물만 먹는다.

4 I do _____ online. 난 아무것도 안 하고 인터넷만 한다.

5 He _____ love you and supports you. 그는 널 사랑하고 든든하게 지원해주는 것뿐이야.

Step 3 실생활에 적용하기

A What do you think of Jason?

B 걔는 짜증 나는 녀석일 뿐이야.

A Really? I thought you liked him.

A 제이슨에 대해서 어떻게 생각하니?

B He's nothing but a jerk.

A 정말? 난 네가 제이슨 좋아하는 줄 알았는데.

정답 Step 1 4 We are nothing but 5 She's nothing but Step 2 4 nothing but get 5 does nothing but

just so you know
그냥 네가 알았으면 해서

1 Michael likes you a lot, **just so you know**. 마이클이 널 많이 좋아해. 그냥 네가 알았으면 해.

2 **Just so you know**, you are not my type. 그냥 네가 알았으면 해서 하는 말인데, 넌 내 스타일 아냐.

3 That guy's loaded, **just so you know**. 그 남자 엄청 부자야, 그냥 네가 알았으면 해서.

4 _____, we are not friends anymore.
그냥 네가 알았으면 하는데, 우린 더 이상 친구가 아니다.

5 I don't think I can make it to the party, _____.
아무래도 파티에 못 갈 것 같아, 그냥 네가 알았으면 해서.

1 **Just to be clear**, we do still have class tomorrow. 명확하게 해두기 위해서, 우리 여전히 내일 수업 있다.

2 I don't regret it, **just to be clear**. 난 후회하지 않아, 분명하게 해두기 위해 하는 말이야.

3 **Just to be clear**, I personally think he's not trustworthy.
명확하게 해두려고 하는 말인데, 난 개인적으로 그가 믿을만한 사람이 아니라고 생각해.

4 Roy doesn't want anyone to visit him, _____.
로이는 방문객을 원하지 않아, 명확하게 해두려고 하는 말이야.

5 There's a dress code for dinner, _____.
저녁 모임에 복장 규정이 있어, 분명하게 해두려고.

A Sean told me he likes a girl with glasses.
B Why are you telling me this?
A 그냥 알아두라고.

A 숀은 안경 낀 여자가 좋다고 하더라.
B 그 얘기를 왜 나한테 하는 건데?
A Just so you know.

정답 Step 1 4 Just so you know 5 just so you know Step 2 4 just to be clear 5 just to be clear

A | 영화 속 대화를 완성해 보세요.

RAPUNZEL ❶ _____. Now sit. Sit. 그래 바로 그거야. 자 이제 앉아. 앉아.

FLYNN What? 아니, 뭐야 이거?

RAPUNZEL Now drop the boot. Drop it. Oh, you're such a good boy. Yes you are. Oh, are you all tired from chasing this bad man ❷ _____? 이제 부츠를 내려놔. 내려놓으라고. 오, 아주 착한 아이로구나. 그래 착하네. 아, 이 나쁜 인간을 사방팔방으로 쫓아다니느라 피곤했지?

FLYNN Excuse me? 뭐라고요?

RAPUNZEL Nobody ❸ _____, do they? Do they? 아무도 당신을 반기지 않아요, 그렇죠? 그렇죠?

FLYNN Oh, come on! He's a bad horse. 오, 정말 왜 이래요! 이놈이 나쁜 말이라고요.

RAPUNZEL Oh, he's ❹ _____ a big sweetheart. Isn't that right... Maximus? 오, 얘는 그냥 덩치 큰 착한 아이일 뿐이에요. 안 그러니… 막시무스?

FLYNN ❺ _____. 아, 진짜 장난 아니네.

RAPUNZEL Look, today is kind of the ❻ _____. And ❼ _____ I need you not to ❽ _____. Just ❾ _____ and then you can chase each other to your heart's content. Okay? And it's also my birthday.... ❿ _____. 봐봐, 오늘이 내 인생에 있어서 최고로 중요한 날이라고 볼 수 있거든. 그런데 있잖아, 네가 저 남자가 체포되지 않게 도와줬으면 좋겠어. 딱 24시간만 그렇게 해 줘 그 후에는 둘이 원하는 대로 마음껏 서로 추격하고 다니라고, 알았지? 그리고 또 오늘이 내 생일이기도 하거든… 그냥 네가 알았으면 해서.

B | 다음 빈칸을 채워 문장을 완성해 보세요.

1 넌 그냥 거짓말쟁이일 뿐이야.

_____ a liar.

2 우린 그저 작은 먼지 알갱이에 지나지 않아.

_____ a speck of dust.

3 우리 아기는 울기만 한다.

My baby does _____ cry.

4 그냥 네가 알았으면 하는데, 우린 더 이상 친구가 아니다.

_____, we are not friends anymore.

5 명확하게 해두기 위해서, 우리 여전히 내일 수업 있다.

_____, we do still have class tomorrow.

114

Everything I Dreamed of

내가 꿈꿔왔던 모든 것

플린과 라푼젤은 마침내 왕국의 도시에 도착하고, 라푼젤은 난생 처음으로^{for the first time in her life} 도시의 시민들과 유쾌하고^{pleasant} 활기에 가득 찬 시간을 보내며 즐거워하네요. 떠오르는 등불을 보려고 사람들이 부두로^{dock} 향해가고, 라푼젤과 플린도 부두에 정박된 작은 나룻배로 올라섭니다. 플린이 등불이 떠오르는 장관을^{splendid view} 가장 잘 볼 수 있는 최고의 장소로 라푼젤을 이끌고 가네요. 그런데, 기대감과 행복에^{a feeling of euphoria} 겨워하고 있을 것만 같던 라푼젤의 얼굴에 수심이 가득하군요. 이게 어찌 된 일일까요? 라푼젤은 평생 꿈꿔왔던 순간이 눈앞에 다가오자 오히려 두렵다고 하네요.

Warm Up! 오늘 배울 표현

오늘 등장하는 표현들입니다. 어떤 표현이 들어가야 할지 생각해 보세요.

* Well, best day of your life, _____ you should have a decent seat.
  흠, 당신 생애 최고의 날인데, 좀 괜찮은 자리를 마련해 드려야 할 것 같아서요.

* I'm _____. 두려워 죽겠어요.

* I've been looking out a window for eighteen years dreaming about _____ _____ when those lights rise in the sky.
  난 18년 동안 매일 같이 창밖을 바라보며 저 불빛들이 하늘로 올라가는 걸 보면 과연 어떤 느낌일까 하는 꿈을 꿔왔거든요.

* _____ it's not everything I dreamed it would be?
  만약 이것이 내가 늘 꿈꿔왔던 그것이 아니면 어떻게 하죠?

* You _____ go find a new dream. 이젠 새로운 꿈을 찾아 나설 수 있게 되니까요.

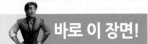
RAPUNZEL
라푼젤

Where are we going?

우리 어디로 가는 거예요?

FLYNN
플린

Well, best day of your life, **I figured** you should have a decent seat. You okay?❶

흠, 당신 생애 최고의 날인데, 좀 괜찮은 자리를 마련해 드려야 할 것 같아서요. 괜찮으세요?

RAPUNZEL
라푼젤

I'm **terrified**.❷

두려워 죽겠어요.

FLYNN
플린

Why?

왜요?

RAPUNZEL
라푼젤

I've been looking out a window for eighteen years dreaming about **what it might feel like** when those lights rise in the sky.❸ **What if** it's not everything I dreamed it would be?❹

난 18년 동안 매일 같이 창밖을 바라보며 저 불빛들이 하늘로 올라가는 걸 보면 과연 어떤 느낌일까 하는 꿈을 꿔왔거든요. 만약 이것이 내가 늘 꿈꿔왔던 그것이 아니면 어떻게 하죠?

FLYNN
플린

It will be.

당신이 꿈꿔왔던 것이 맞을 거예요.

RAPUNZEL
라푼젤

And what if it is? What do I do then?

꿈꿔왔던 꿈이 맞으면요? 그러면 그다음에 난 뭘 해야 하죠?

FLYNN
플린

Well, that's the good part I guess. You **get to** go find a new dream.❺

글쎄, 그게 좋은 점 같은데요. 이젠 새로운 꿈을 찾아 나설 수 있게 되니까요.

116

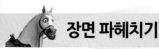

❶ Well, best day of your life, I figured you should have a decent seat.
흠, 당신 생애 최고의 날인데, 좀 괜찮은 자리를 마련해 드려야 할 것 같아서요.

figure가 구어체에서 동사로 쓰이면 think나 guess와 비슷하게 '~일 거라고 생각/판단하다'의 의미로 쓰여요. think나 guess가 생각하거나 추측한다는 뜻이고, figure는 '생각해서 판단하다'라는 뜻으로 약간 차이가 있지요. figure out은 '(생각한 끝에) ~을 이해하다/알아내다'라는 의미예요.

* **I figured** you would want to see this. 당신이 이걸 보고 싶어 할 것 같더라고요.
* **She figured** I wouldn't listen to her. 그녀는 내가 그녀를 말을 안 들을 거라고 판단했다.

❷ I'm terrified. 두려워 죽겠어요.

terrified는 두렵거나 무섭다고 할 때 자주 쓰는 afraid나 scared보다 더 강한 어감의 표현이에요. 죽을만큼 엄청나게 두렵고 떨린다고 해석하면 자연스럽겠네요.

* Sharon was **terrified** of giving birth. 샤론은 아이 낳는 것이 두려워서 죽을 것 같았다.
* I'm **terrified** to let down my father. 아버지를 실망시켜 드릴 것 같아 몹시 두려워.

❸ I've been looking out a window for eighteen years dreaming about what it might feel like when those lights rise in the sky.
난 18년 동안 매일 같이 창밖을 바라보며 저 불빛들이 하늘로 올라가는 걸 보면 과연 어떤 느낌일까 하는 꿈을 꿔왔거든요.

feel like는 '~한 감정을 느끼다'라는 의미인데, 그 앞에 what it might를 넣어서 what it might feel like라고 하면 '그것이 어떤/무슨 느낌일지'라는 의미가 돼요. might 대신에 would를 넣어서 표현해도 같은 의미로 쓸 수 있답니다.
★ 영화 속 패턴 익히기

❹ What if it's not everything I dreamed it would be? 만약 이것이 내가 늘 꿈꿔왔던 그것이 아니면 어떻게 하죠?

〈What if + 주어 + 동사〉 형식의 패턴은 '만약/만일 ~하면 어떻게 하지?', '~라면 어떨까?'라고 가정을 할 때 쓰인답니다. 만약에 과거에 이랬었더라면 현재 어떻게 되었을까 하는 가정을 할 때도 쓸 수 있어요.
★ 영화 속 패턴 익히기

❺ You get to go find a new dream. 이젠 새로운 꿈을 찾아 나설 수 있게 되니까요.

〈get to + 동사〉는 '~할 기회를 얻다'라는 의미의 표현인데, 조금 더 구체적으로 풀어서 쓰면 get an opportunity/chance to do something을 줄인 표현이라고 보면 되겠어요.

* I never **got to** say goodbye to him. 난 결국 그에게 작별인사도 못 했어.
* You'll **get to** do it later. 나중에 할 기회가 있을 거야.

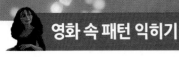

영화 속 패턴 익히기 오늘 배운 장면에서 뽑은 핵심 패턴으로 다양한 표현을 만들어 보세요.

🎧 19-2.mp3

what it might feel like 그것이 어떤/무슨 느낌일지

Step 1 기본 패턴 연습하기

1 I wonder **what it might feel like**. 그것이 어떤 느낌일지 궁금하네.

2 Can you imagine **what it might feel like** to be in heaven? 천국이 어떤 느낌일지 상상할 수 있겠니?

3 This film will let you know **what it might feel like** to travel to Mars.
이 영화는 화성을 여행한다는 게 어떤 느낌인지 알게 해줄 거야.

4 This article explains ＿＿＿＿＿＿＿＿＿＿＿＿＿＿＿ ride on a spaceship.
이 기사는 우주선을 타면 어떤 느낌인지 설명해준다.

5 Have you ever wondered ＿＿＿＿＿＿＿＿＿＿＿＿＿ a star?
스타가 되면 어떤 느낌일지 궁금해 해 본 적 있니?

Step 2 패턴 응용하기 | what it would feel like

1 I knew exactly **what it would feel like**. 난 그것이 어떤 느낌일지 정확하게 알고 있었어.

2 I want to know **what it would feel like** to be loved. 사랑받는다는 게 어떤 느낌인지 알고 싶어.

3 Let's talk about **what it would feel like** to be a doctor. 의사가 되는 것이 어떤 느낌일지 얘기해 보자.

4 I wonder ＿＿＿＿＿＿＿＿＿＿＿＿＿ to live on mars. 화성에서 사는 것은 어떤 느낌일까 궁금해.

5 Have you ever thought about ＿＿＿＿＿＿＿＿＿＿＿＿＿ in a desert island?
무인도에 살면 어떤 느낌일지 생각해 본 적 있니?

Step 3 실생활에 적용하기

A 날개가 있다면 어떤 느낌일까 궁금해 한 적 있니?	A Have you ever wondered what it might feel like to have wings?
B No, I'm too busy thinking about reality.	B 아니, 난 현실만 생각하기에도 바빠.
A It's no fun talking to you.	A 너랑 대화하면 재미가 없다.

정답 Step 1 4 what it might feel like to 5 what it might feel like to be Step 2 4 what it would feel like 5 what it would feel like to live

What if it + 동사

(만약) ~라면 어떻게 하지?, (만약) ~라면 어떨까?

Step 1 기본 패턴 연습하기

1 **What if it's** wrong? 틀리면 어떻게 하지?

2 **What if it** really happens? 만약 그 일이 정말 일어나면 어떻게 해?

3 **What if it's** not what you had in mind? 네가 생각했던 것이 아니면 어떻게 하지?

4 .... not there? Then, what? 만약에 그게 거기에 없으면? 그땐 어떻게 하니?

5 .... hurts? 그거 아프면 어떻게 하지?

Step 2 패턴 응용하기   What if + 주어 + 동사

1 **What if your parents** come tonight? 너희 부모님께서 오늘 밤에 오시면 어쩌지?

2 **What if she** doesn't want it? 그녀가 이걸 원하지 않으면 어쩌지?

3 **What if Sarah** hadn't met her husband? 사라가 그녀의 남편을 만나지 않았다면 어땠을까?

4 .... were meant to be together? 만약 우리가 천생연분이었다면?

5 .... actually fire me? 만약 그들이 실제로 날 해고하면 어쩌지?

Step 3 실생활에 적용하기

A Why don't you tell her what really happened?

B Tell her? 그녀가 기겁하면 어쩌라고?

A You have no other options.

A 그녀에게 사실대로 얘기하지 그래?

B 얘기 하라고? What if she freaks out?

A 달리 어쩔 도리가 없잖아.

정답   Step 1 4 What if it's 5 What if it   Step 2 4 What if we 5 What if they

119

A | 영화 속 대화를 완성해 보세요.

RAPUNZEL   Where are we going?   우리 어디로 가는 거예요?

FLYNN   Well, best day of your life, ❶＿＿＿＿＿＿＿＿＿＿＿ you
should have a decent seat. You okay?
흠, 당신 생애 최고의 날인데, 좀 괜찮은 자리를 마련해 드려야 할 것 같아서요. 괜찮으세요?

RAPUNZEL   ❷＿＿＿＿＿＿＿＿＿＿＿.   두려워 죽겠어요.

FLYNN   Why?   왜요?

RAPUNZEL   I've been ❸＿＿＿＿＿＿＿＿ a window for eighteen
years dreaming about ❹＿＿＿＿＿＿＿＿＿＿＿
when those lights ❺＿＿＿＿＿＿＿＿＿. ❻＿＿＿＿＿＿
＿＿＿＿＿＿ it's not everything I dreamed it would be?
난 18년 동안 매일 같이 창밖을 바라보며 저 불빛들이 하늘로 올라가는 걸 보면 과연 어떤 느낌일까 하는
꿈을 꿔왔거든요. 만약 이것이 내가 늘 꿈꿔왔던 그것이 아니면 어떻게 하죠?

FLYNN   ❼＿＿＿＿＿＿＿＿＿＿＿.   당신이 꿈꿔왔던 것이 맞을 거예요.

RAPUNZEL   And what if it is? ❽＿＿＿＿＿＿＿＿＿？
꿈꿔왔던 꿈이 맞으면요? 그러면 그다음에 난 뭘 해야 하죠?

FLYNN   Well, that's the ❾＿＿＿＿＿＿＿＿ I guess. You
❿＿＿＿＿＿＿＿＿ go find a new dream.
글쎄, 그게 좋은 점 같은데요. 이젠 새로운 꿈을 찾아 나설 수 있게 되니까요.

B | 다음 빈칸을 채워 문장을 완성해 보세요.

1   스타가 되면 어떤 느낌일지 궁금해 한 적 있니?
Have you ever wondered ＿＿＿＿＿＿＿＿＿＿＿ a star?

2   화성에서 사는 것은 어떤 느낌일까 궁금해.
I wonder ＿＿＿＿＿＿＿＿＿＿ to live on mars.

3   틀리면 어떻게 하지?
＿＿＿＿＿＿＿＿＿＿ wrong?

4   만약에 그게 거기에 없으면? 그땐 어떻게 하니?
＿＿＿＿＿＿＿＿＿＿ not there? Then, what?

5   만약 우리가 천생연분이었다면?
＿＿＿＿＿＿＿＿＿＿ were meant to be together?

Day 20
A Different World
달라진 세상

하늘에 떠오르는 등불들을 보며 라푼젤은 깨달았어요. 그녀가 왜 그동안 이 순간을 그리도 간절히^{sincerely} 꿈꾸어 왔던 것인지를. 바로 여기^{right here}, 지금 이 순간^{right at this moment}, 그녀는 너무나도 명백하게^{clearly} 알게 되었어요. 그녀가 있을 곳은^{where she belongs} 저 멀리 세상으로부터 고립된 탑이 아니라 바로 여기라는 걸 말이에요. 라푼젤은 자신의 꿈에 대해, 그리고 너무나도 행복한 지금 이 순간에 대해 노래하며, 또 다른 사실을 깨닫게 되죠. 그녀의 삶이 지금 바로 자기 앞에 있는 이 사람으로 인해 달라졌음을…

 Warm Up! 오늘 배울 표현   오늘 등장하는 표현들입니다. 어떤 표현이 들어가야 할지 생각해 보세요.

* _____, WATCHING FROM THE WINDOWS.   수많은 날들을 창문에서 바라보며.

* STANDING HERE, IT'S OH, SO _____.   여기에 서 있으니 너무 명백하게 알 수 있네.

* I'M WHERE I'M _____ BE.   난 원래 내가 있어야 할 곳에 와 있네.

* AND THE WORLD HAS SOMEHOW SHIFTED _____.
어떻게 된 건지 모르겠지만 세상이 완전히 한꺼번에 변했네.

* EVERYTHING LOOKS DIFFERENT _____ I SEE YOU.
이제 나 당신을 바라보니 모든 것이 달라 보인다네.

121

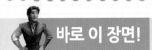
RAPUNZEL
라푼젤

ALL THOSE DAYS, WATCHING FROM THE WINDOWS❶
수많은 날들을 창문에서 바라보며

ALL THOSE YEARS, OUTSIDE LOOKING IN,
그 길고 긴 세월 동안 밖에서 안을 들여다보며

ALL THAT TIME, NEVER EVEN KNOWING JUST HOW BLIND I'VE BEEN
그 모든 시간 동안 알지도 못한 채 내가 도대체 얼마나 눈먼 사람처럼 살았는지

NOW I'M HERE, BLINKING IN THE STARLIGHT,
이제 여기에 있네 별빛을 바라보며 눈을 깜빡이며

NOW I'M HERE, SUDDENLY I SEE
이제 이곳에 왔네 순간 깨달았네

STANDING HERE, IT'S OH, SO **CLEAR**,❷ I'M WHERE I'M **MEANT TO BE**❸
여기에 서 있으니 너무 명백하게 알 수 있네, 원래 내가 있어야 할 곳에 와 있다는 것을

AND AT LAST, I SEE THE LIGHT
이제 마침내, 난 빛을 보네

AND IT'S LIKE THE FOG HAS LIFTED
마치 안개가 걷힌 것 같은 느낌이야

AND AT LAST, I SEE THE LIGHT,
이제 드디어, 난 빛을 보네

AND IT'S LIKE SKY IS NEW
마치 하늘이 새로운 하늘로 바뀐 것 같아

AND IT'S WARM AND REAL AND BRIGHT
따뜻하고 현실이고 밝게 빛나네

AND THE WORLD HAS SOMEHOW SHIFTED **ALL AT ONCE**,❹
어떻게 된 건진 모르겠지만 세상이 변했네 완전히 한꺼번에

EVERYTHING LOOKS DIFFERENT **NOW THAT** I SEE YOU❺
모든 것이 달라 보인다네 이제 나 당신을 바라보니

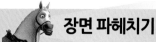
❶ ALL THOSE DAYS, WATCHING FROM THE WINDOWS 수많은 날들을 창문에서 바라보며

길고 긴 세월 또는 수많은 시간을 표현할 때 all those 뒤에 시간 단위를 넣어서 쓸 수 있는데, all those hours/times '수많은 시간', all those years '수년', all those nights '수많은 밤들', 또는 위의 문장에 나오는 표현처럼 all those days '수많은 나날들'과 같이 표현된답니다.

* **All those moments** will be gone in time. 시간이 지나면 그 모든 순간은 지워질 거야.
* I remember **all those days** I was alone. 난 내가 홀로 지냈던 길고 길었던 세월을 기억한다.

❷ STANDING HERE, IT'S OH, SO CLEAR. 여기에 서 있으니 너무 명백하게 알 수 있네.

날씨가 맑을 때 clear라고 하듯이 무엇인가가 이해하기 어렵지 않고 분명하고 명확할 때도 이 단어를 쓰지요. 확실하고 분명하게 알아듣기 쉽거나 알아보기 쉽다는 의미로 쓰여요.

* Am I **clear**? 내 말 잘 알아듣겠지?
* Everything is so **clear** now. 이제 모든 것이 다 명확해졌다.

❸ I'M WHERE I'M MEANT TO BE. 난 원래 내가 있어야 할 곳에 와 있네.

마치 원래부터 그렇게 되어야만 하는 운명처럼 받아들여지는 일을 표현할 때 〈be meant to + 동사〉를 쓴답니다. 연인 간에 사랑을 고백할 때 자주 등장하는 표현이지요. ★영화 속 대현 익히기

❹ AND THE WORLD HAS SOMEHOW SHIFTED ALL AT ONCE.
어떻게 된 건진 모르겠지만 세상이 완전히 한꺼번에 변했네.

all at once는 어떤 일이 갑자기/돌연 일어날 때 쓰는 표현이에요. suddenly나 all of a sudden과 동의표현이지요. 문맥에 따라서는 '모두 한꺼번에/동시에'라는 의미로 쓰일 수도 있어요.

* Don't do everything **all at once**! 모든 것을 다 한꺼번에 하지는 말아라.
* The noise stopped **all at once**. 갑자기 모든 소음이 한꺼번에 멈췄어.

❺ EVERYTHING LOOKS DIFFERENT NOW THAT I SEE YOU.
이제 나 당신을 바라보니 모든 것이 달라 보인다네.

〈now that + 주어 + 동사〉는 '이제 ~하게 되었으니', '이제 ~한 상황이 되었으니'라는 의미로 쓸 수 있는 표현인데, 문장 안에서 쓰일 때는 더 매끄럽고 단순하게 '~이므로, ~이기 때문에'라고 해석하면 좋아요. ★영화 속 대현 익히기

123

오늘 배운 장면에서 뽑은 핵심 패턴으로 다양한 표현을 만들어 보세요.

🎧 20-2.mp3

be동사 + meant to be

~가 될 운명이다, 원래 ~하게 되어있다.

Step 1 기본 패턴 연습하기

1 I feel like I **was meant to be** here. 난 여기에 있어야 할 운명이었던 것 같아.

2 We **were meant to be** together. 우린 함께할 운명이었던 거야.

3 I think I **wasn't meant to be** rich. 내 생각에 난 부자가 될 운명이 아니었나 봐.

4 _____ an actress. 그녀는 배우가 될 운명이야.

5 Maybe _____ alone. 어쩌면 우린 혼자 살아야 할 운명일지도 모르겠어.

Step 2 패턴 응용하기 | be동사 + meant to + 동사

1 I guess I **was meant to have** no friends. 아무래도 난 친구가 없을 팔자인가 봐.

2 **Are** we all **meant to meet** someone? 우린 모두 누군가를 만날 운명을 타고난 건가요?

3 This device **wasn't meant to harm** anyone. 이 기기는 그 누구에게도 해를 입히게 만들어지지 않았어요.

4 This medicine isn't doing what _____. 이 약은 원래 그것이 해야 할 기능을 못 했네요.

5 Humans _____ one another. 원래 인간은 서로서로 사랑하게 되어 있는 거야.

Step 3 실생활에 적용하기

A Why do you think we fight all the time?
B 어쩌면 우리가 함께할 운명이 아니었는지도 몰라.
A Take it back!

A 우린 왜 항상 싸우는 걸까?
B Maybe we weren't meant to be together.
A 그 말 취소해!

정답 Step 1 4 She is meant to be 5 we are meant to be Step 2 4 it's meant to do 5 were meant to love

124

now that I + 동사

이제 내가 ~을 하게 되었으니

Step 1 기본 패턴 연습하기

1 **Now that I'm** here, we can start. 이제 내가 왔으니 시작할 수 있겠네.

2 **Now that I know** your number, I can call you anytime. 이제 내가 네 번호를 알았으니, 언제든지 전화할게.

3 **Now that I found** you, I will never let you go. 이제 당신을 찾았으니, 다신 보내지 않을 거예요.

4 _____ money, I will pay you back. 이제 내게 돈이 생겼으니, 돈 갚을게.

5 _____ her name, I can be friends with her.
이제 그녀의 이름을 알았으니, 친구가 될 수 있겠다.

Step 2 패턴 응용하기 | Now that + 주어 + 동사

1 **Now that she is** back, we can have fun together. 이제 그녀가 돌아왔으니, 같이 즐겁게 놀자고.

2 **Now that you are** home, I'll start cooking. 이제 네가 집에 왔으니, 요리를 시작할게.

3 **Now that our kids are** grown, we enjoy being by ourselves.
아이들이 많이 커서, 이제 우리끼리 있는 것을 즐긴답니다.

4 _____ turned 30, he should be more responsible for his life.
이제 그가 30살이 되었으니, 자신의 인생에 대해서 더 책임감이 있어야 한다.

5 _____ about it, I don't want to do it ever again.
다시 한 번 생각을 해 보니, 다시는 그걸 하고 싶지 않아.

Step 3 실생활에 적용하기

A 이제 아빠가 왔으니, 우리 놀이동산 가요.

B Honey, it's a little too late to go now.

A No, it's not. They open at night.

A Now that dad is here, let's go to the amusement park.

B 얘야, 너무 늦은 시간이라 지금은 못 갈 것 같은데.

A 아니에요. 밤에도 열어요.

정답 Step 1 4 Now that I have 5 Now that I know Step 2 4 Now that he has 5 Now that I think

A | 영화 속 대화를 완성해 보세요.

RAPUNZEL ❶_____, WATCHING FROM THE WINDOWS
수많은 날들을 창문에서 바라보며
ALL THOSE YEARS, ❷_____,
그 길고 긴 세월 동안 밖에서 안을 들여다보며
ALL THAT TIME, ❸_____ JUST
HOW BLIND I'VE BEEN
그 모든 시간 동안 알지도 못한 채 내가 도대체 얼마나 눈먼 사람처럼 살았는지
NOW I'M HERE, ❹_____ IN THE STARLIGHT,
이제 여기에 있네 별빛을 바라보며 눈을 깜빡이며
NOW I'M HERE, SUDDENLY I SEE 이제 이곳에 왔네 순간 깨달았네
STANDING HERE, IT'S OH, SO ❺_____, I'M
WHERE I'M ❻_____ BE
여기에 서 있으니 너무 명백하게 알 수 있네. 원래 내가 있어야 할 곳에 와 있다는 것을
AND AT LAST, I SEE THE LIGHT 이제 마침내, 난 빛을 보네
AND IT'S LIKE THE ❼_____
마치 안개가 걷힌 것 같은 느낌이야
AND AT LAST, I SEE THE LIGHT, 드디어, 난 빛을 보네
AND IT'S LIKE ❽_____ 마치 하늘이 새로운 하늘로 바뀐 것 같아
AND IT'S WARM AND REAL AND BRIGHT
따뜻하고 현실이고 밝게 빛나네
AND THE WORLD HAS SOMEHOW SHIFTED
❾_____, 어떻게 된 건진 모르겠지만 세상이 변했네 완전히 한꺼번에
EVERYTHING LOOKS DIFFERENT ❿_____
I SEE YOU 모든 것이 달라 보인다네 이제 나 당신을 바라보니

정답 A

❶ ALL THOSE DAYS
❷ OUTSIDE LOOKING IN
❸ NEVER EVEN KNOWING
❹ BLINKING
❺ CLEAR
❻ MEANT TO
❼ FOG HAS LIFTED
❽ SKY IS NEW
❾ ALL AT ONCE
❿ NOW THAT

B | 다음 빈칸을 채워 문장을 완성해 보세요.

1 우린 함께할 운명이었던 거야.
_____ together.

2 원래 인간은 서로서로 사랑하게 되어 있는 거야.
Humans _____ one another.

3 내가 네 번호를 알았으니 언제든지 전화할게.
_____ your number, I can call you anytime.

4 이제 당신을 찾았으니 다신 보내지 않을 거예요.
_____, I will never let you go.

5 이제 네가 집에 왔으니 요리를 시작할게.
_____ home, I'll start cooking.

정답 B

1 We were meant to be

2 were meant to love

3 Now that I know

4 Now that I found you

5 Now that you are

126

At Last, I See the Light

이제 마침내, 빛을 보네

라푼젤과 플린이 하늘 위에 가득한^{be filled} 빛나는 등불들을 배경으로 서로에게 향한 마음을 고백하며 작은 배 위에서 사랑의 세레나데를^{serenade} 부르고 있네요. 자신들이 지금까지 그렇게 갈망하며^{long for} 살아온 순간이 바로 이 순간이었노라고, 이제야 안개가 걷히고^{the fog has lifted} 빛을 보며, 그들에게 이제 새로운 세상이 시작되었다는 것을. 그런데, 아름다운 노래를 마치며 그들이 처음으로 입을 맞추려 하던 바로 그 순간, 그들 앞에 스태빙턴 형제가 나타났어요. 플린은 그들과 해결할^{sort out} 일이 있다며 라푼젤을 잠시 기다리라고 하고 떠나갑니다.

Warm Up! 오늘 배울 표현   오늘 등장하는 표현들입니다. 어떤 표현이 들어가야 할지 생각해 보세요.

* **ALL THOSE DAYS, CHASING DOWN A** ▨▨▨▨▨.   수많은 날들을 몽상을 쫓으며.

* **ALL THOSE YEARS, LIVING IN A** ▨▨▨▨▨.   길고 긴 세월을 희미함 속에 살아가며.

* **IF SHE'S HERE, IT'S** ▨▨▨▨▨.   그녀가 여기에 있다면 너무나도 명백하네.

* ▨▨▨▨▨ **I MEANT TO GO.**   내가 가야 할 곳에 나는 지금 와 있다네.

* ▨▨▨▨▨ **THE FOG HAS LIFTED.**   마치 안개가 걷힌 것 같아.

FLYNN 플린	ALL THOSE DAYS, CHASING DOWN A **DAYDREAM**,❶ 수많은 날들을 몽상을 쫓으며
	ALL THOSE YEARS, LIVING IN A **BLUR**,❷ 길고 긴 세월을 희미함 속에 살아가며
	ALL THAT TIME, NEVER TRULY SEEING 그 모든 시간 동안 단 한 번도 진심으로 이해한 적이 없었네
	THINGS THE WAY THEY WERE 세상의 원래 모습을
	NOW SHE'S HERE, SHINING IN THE STARLIGHT, 이제 그녀가 여기에 있네, 별빛 속에서 반짝이며
	NOW SHE'S HERE, AND SUDDENLY I KNOW 이제 그녀가 여기에 있으니 순간 알게 되었네
	IF SHE'S HERE, IT'S **CRYSTAL CLEAR**-❸ 그녀가 여기에 있다면 너무나도 명백하네
	I'M WHERE I MEANT TO GO❹ 내가 가야 할 곳에 내가 지금 와 있다는 것이
RAPUNZEL/FLYNN 라푼젤/플린	AND AT LAST I SEE THE LIGHT, 이제 마침내 빛을 보네
FLYNN 플린	AND **IT'S LIKE** THE FOG HAS LIFTED❺ 마치 안개가 걷힌 것 같아
RAPUNZEL/FLYNN 라푼젤/플린	AND AT LAST I SEE THE LIGHT, 이제 드디어 빛을 보니
RAPUNZEL 라푼젤	AND IT'S LIKE THE SKY IS NEW 마치 하늘이 새로운 하늘로 바뀐 것 같아.
RAPUNZEL/FLYNN 라푼젤/플린	AND IT'S WARM AND REAL AND BRIGHT 따뜻하고 현실이고 밝게 빛나네
	AND THE WORLD HAS SOMEHOW SHIFTED 어떻게 된 건지 모르겠지만 세상이 변했네
	ALL AT ONCE, EVERYTHING IS DIFFERENT 완전히 한꺼번에 모든 것이 달라졌네
	NOW THAT I SEE YOU... NOW THAT I SEE YOU 이제 나 당신을 바라보니… 이제 나 당신을 바라보니

❶ ALL THOSE DAYS, CHASING DOWN A DAYDREAM 수많은 날들을 몽상을 쫓으며

daydream은 문자 그대로 해석을 하면 낮에 꾸는 꿈인데, 자연스럽게 '몽상, 헛된 공상, 백일몽' 등으로 해석하면 좋을 것 같아요. 이 문장에서는 명사로 쓰였지만, 동사로도 쓸 수 있답니다.

* I've been **daydreaming** my whole life. 난 평생 헛된 공상을 하고 살았네.
* Debby was lost in a **daydream**. 데비는 백일몽에 빠져 있었다.

❷ ALL THOSE YEARS, LIVING IN A BLUR 길고 긴 세월을 희미함 속에 살아가며

사진이나 영상, 또는 앞에 보이는 물체가 희미하게 번져 보이거나 흐릿하게 보일 때 blurry라는 형용사로 표현하는데, 그것을 명사로는 blur라고 해요. '희미함, 모호함, 흐릿함'이라는 뜻이지요.

* The image was too dark and **blurry**. 그 이미지는 너무 어둡고 희미했다.
* Everything else is a **blur** when I'm with you. 너와 함께 있을 땐 주변의 다른 모든 것은 흐릿해져.

❸ IF SHE'S HERE, IT'S CRYSTAL CLEAR. 그녀가 여기에 있다면 너무나도 명백하네.

명백하고 분명하고 선명한 것을 표현할 때 clear를 쓰는데, 그것을 극대화해서 강조할 때는 crystal clear라고 해요. crystal은 우리말로 '수정'인데, 수정처럼 정말 깨끗하고 맑다는 것에 빗대어 아주 분명하다는 뜻으로 쓰는 것이에요.

* It's **crystal clear** to me that she was just a dream. 그녀는 그저 꿈이었다는 것이 이젠 확실히 알겠네.
* The beach has **crystal clear** water and white soft sand.
  그 바닷가에는 수정처럼 맑은 물과 백색의 고운 모래가 있다.

❹ I'M WHERE I MEANT TO GO. 내가 가야 할 곳에 나는 지금 와 있네.

〈I'm where + I + (조)동사〉는 '난 ~한 곳에 (와) 있다'라는 뜻으로 쓸 수 있는 패턴 표현이에요. '내가 있어야 할 곳, 내가 원하는 곳' 등에 있다는 것을 표현할 때 주로 쓰이지요. 주어를 바꿔 가면서 패턴 연습을 하면 좋겠네요.

★ 영화 속 패턴 익히기

❺ IT'S LIKE THE FOG HAS LIFTED. 마치 안개가 걷힌 것 같아.

'마치/흡사 ~한 것 같다'는 표현을 할 때 구어체에서는 〈It's like + 주어 + 동사〉 형식으로 문장을 쓰는 경우가 많답니다. 같은 경우에 like 대신에 as if를 넣어서 표현할 수도 있는데, 패턴으로 연습할 때는 as if 앞에 almost '거의'를 넣어서 〈It's almost as if + 주어 + 동사〉 형식으로 연습해 볼게요.

★ 영화 속 패턴 익히기

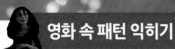

영화 속 패턴 익히기   오늘 배운 장면에서 뽑은 핵심 패턴으로 다양한 표현을 만들어 보세요.

🎧 21-2.mp3

I'm where I + (조)동사 ~   난 내가 ~한 곳에 (와) 있다.

Step 1   기본 패턴 연습하기

1 **I'm where I** belong. 난 나와 마음이 잘 맞는 곳에 있어.

2 **I'm where I** want to be. 난 내가 있고 싶어 하는 곳에 있다.

3 I feel like **I'm where I**'m supposed to be. 난 내가 본래 있어야 할 곳에 있다는 느낌이 들어.

4 .... thought I would be. 난 내가 있게 될 거라고는 한 번도 생각해 보지 못했던 곳에 있다.

5 .... always dreamed I'd be. 난 내가 항상 꿈꿔왔던 곳에 있네.

Step 2   패턴 응용하기 | 주어 + be동사 + where + 주어 + (조)동사

1 **She's where she** should be. 그녀는 그녀가 있어야만 할 곳에 있어.

2 **Kenny's not where he** said he would be. 케니는 자신이 있을 거라고 말했던 곳에 있지 않아.

3 **Mandy's not where she** used to be. 맨디는 그녀가 예전에 있던 곳에 있지 않다.

4 .... were before. 우린 우리가 전에 있었던 곳에 있어.

5 .... deserve to be. 그들은 그들이 있을 만한 가치가 있는 곳에 있다.

Step 3   실생활에 적용하기

A Where are you?

B 난 내가 있는 곳에 있어.

A Oh, come on.

A 너 어디에 있니?

B I am where I am.

A 어유, 좀.

정답 Step 1 4 I'm where I never 5 I'm where I've Step 2 4 We are where we 5 They are where they

It's like + 주어 + 동사

마치/흡사 ~한 것 같다.

Step 1 기본 패턴 연습하기

1 **It's like** we are in paradise. 마치 천국에 와 있는 것 같아.

2 **It's like** I waited my whole life. 마치 내 평생을 기다린 것만 같다.

3 **It's like** she woke up from a long sleep. 마치 그녀가 오랜 잠을 자다가 깨어난 것만 같다.

4 ---------------------------------- even know me. 마치 그는 날 잘 알지도 못하는 것 같은데.

5 ---------------------------------- me to be perfect. 마치 그들은 내가 완벽하기를 바라는 것 같아.

Step 2 패턴 응용하기 | It's almost as if ~

1 **It's almost as if** nothing had happened. 거의 아무 일도 없었던 것 같네.

2 **It's almost as if** you were really there. 거의 마치 당신이 진짜로 거기 갔었던 것 같다니까요.

3 **It's almost as if** he did that on purpose. 거의 마치 그가 일부러 그랬던 것 같아요.

4 -- listening in to our conversation.
거의 마치 그녀가 우리의 대화를 엿듣고 있었던 것 같아.

5 ------------------------------------ I wasn't even here. 거의 마치 내가 여기에 있지도 않은 것 같네.

Step 3 실생활에 적용하기

A What is it like?

B 마치 다른 행성에서 온 것만 같아.

A Wow, that sounds awesome.

A 그거 어떤 느낌이니?

B It's like it's from another planet.

A 우와, 멋진데.

정답 Step 1 4 It's like he doesn't 5 It's like they want Step 2 4 It's almost as if she was 5 It's almost as if

A │ 영화 속 대화를 완성해 보세요.

FLYNN
ALL THOSE DAYS, CHASING DOWN A
❶ _____, 수많은 날들을 몽상을 쫓으며
ALL THOSE YEARS, LIVING IN A ❷ _____,
길고 긴 세월을 희미함 속에 살아가며
ALL THAT TIME, NEVER TRULY SEEING
그 모든 시간 동안 단 한 번도 진심으로 이해한 적이 없었네
THINGS ❸ _____ 세상의 원래 모습을
NOW SHE'S HERE, ❹ _____,
이제 그녀가 여기에 있네, 별빛 속에서 반짝이며
NOW SHE'S HERE, AND ❺ _____
이제 그녀가 여기에 있으니 순간 알게 되었네
IF SHE'S HERE, IT'S ❻ _____-
그녀가 여기에 있다면 너무나도 명백하네
❼ _____ I MEANT TO GO
내가 가야 할 곳에 내가 지금 와 있다는 것이

RAPUNZEL/FLYNN
AND AT LAST I SEE THE LIGHT, 이제 마침내 빛을 보네

FLYNN
AND ❽ _____ THE FOG HAS LIFTED
마치 안개가 걷힌 것 같아

RAPUNZEL/FLYNN
AND AT LAST I SEE THE LIGHT, 이제 드디어 빛을 보니

RAPUNZEL
AND IT'S LIKE THE SKY IS NEW
마치 하늘이 새로운 하늘로 바뀐 것 같아.

RAPUNZEL/FLYNN
AND IT'S WARM AND ❾ _____
따뜻하고 현실이고 밝게 빛나네
AND THE WORLD HAS SOMEHOW SHIFTED
어떻게 된 건진 모르겠지만 세상이 변했네
ALL AT ONCE, ❿ _____
완전히 한꺼번에 모든 것이 달라졌네
NOW THAT I SEE YOU... NOW THAT I SEE YOU
이제 나 당신을 바라보니… 이제 나 당신을 바라보니

정답 A

❶ DAYDREAM
❷ BLUR
❸ THE WAY THEY WERE
❹ SHINING IN THE STARLIGHT
❺ SUDDENLY I KNOW
❻ CRYSTAL CLEAR
❼ I'M WHERE
❽ IT'S LIKE
❾ REAL AND BRIGHT
❿ EVERYTHING IS DIFFERENT

B │ 다음 빈칸을 채워 문장을 완성해 보세요.

1 난 내가 본래 있어야 할 곳에 있다는 느낌이 들어.
I feel like _____ supposed to be.

2 난 내가 항상 꿈꿔왔던 곳에 있네.
_____ always dreamed I'd be.

3 마치 천국에 와 있는 것 같아.
_____ in paradise.

4 마치 그는 날 잘 알지도 못하는 것 같은데.
_____ even know me.

5 거의 마치 그가 일부러 그랬던 것 같아요.
_____ he did that on purpose.

정답 B

1 I'm where I'm
2 I'm where I've
3 It's like we are
4 It's like he doesn't
5 It's almost as if

A Fair Trade?

공정한 거래?

라푼젤과 사랑에 빠진 플린은 아무리 값비싼^{valuable} 왕관이라도 과감히 포기할 수 있는 사람이 되었어요. 그래서 스태빙턴 형제에게 왕관을 넘겨주고^{hand over} 라푼젤에게 돌아가려고 하는데, 고텔에게 라푼젤의 마법의 머리카락에 대해 전해 들은 스태빙턴 형제는 욕심이 많아져서^{become greedy} 순순히 물러서질 않는군요. 하지만, 이 모든 것은 고텔이 파놓은 함정^{a trap}이었으니, 마치 플린이 왕관 때문에 라푼젤을 이용만 하고 배신한 것처럼 상황을 꾸며 라푼젤이 자신에게로 돌아오게 하려는 속셈^{hidden intention}이었네요. 스태빙턴 형제는 그 계략에 이용만 당한 것이고요.

 Warm Up! 오늘 배울 표현   오늘 등장하는 표현들입니다. 어떤 표현이 들어가야 할지 생각해 보세요.

* _____ us again, eh, Rider? 또 우리한테 숨기려고 하는구먼. 응. 라이더?

* _____ you found something. 네가 뭔가를 찾았다고 들었어.

* We want her _____. 우린 이것 대신 그녀를 원해.

* _____ you ran off with the crown and left me.
  전 당신이 저만 두고 왕관을 들고 달아났다고 생각하고 있었잖아요.

* _____. 네가 직접 봐라.

STABBINGTON BROTHER
스태빙턴 형제

Holding out on us again, eh, Rider?❶
또 우리한테 숨기려고 하는구먼, 응, 라이더?

FLYNN
플린

What?
뭐?

STABBINGTON BROTHER
스태빙턴 형제

We heard you found something.❷ Something much more valuable than a crown. We want her **instead**.❸
네가 뭔가를 찾았다고 들었어. 왕관보다 훨씬 더 값이 나가는 걸 말이야. 우린 이것 대신 그녀를 원해.

RAPUNZEL
라푼젤

I was starting to think you ran off with the crown and left me.❹
전 당신이 저만 두고 왕관을 들고 달아났다고 생각하고 있었잖아요.

STABBINGTON BROTHER
스태빙턴 형제

He did.
그렇게 했어.

RAPUNZEL
라푼젤

What? No. He wouldn't.
뭐라고요? 아니에요. 그는 그럴 사람이 아니에요.

STABBINGTON BROTHER
스태빙턴 형제

See for yourself.❺
네가 직접 봐라.

RAPUNZEL
라푼젤

Eugene? Eugene!
유진? 유진!

STABBINGTON BROTHER
스태빙턴 형제

A fair trade: a crown for the girl with the magic hair. How much do you think someone would pay to stay young and healthy forever?
공정한 거래지: 마법의 머리카락을 가진 여자를 주고 왕관을 가져간다. 영원히 젊고 건강하게 살 수 있는 방법이 있다면 네 생각엔 사람들이 얼마에 그걸 사려고 할 것 같니?

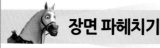

장면 파헤치기
구문 설명과 예문으로 이 장면의 핵심 표현을 완벽히 이해하세요.

❶ Holding out on us again, eh, Rider? 또 우리한테 숨기려고 하는구먼, 응, 라이더?

hold out on someone은 '누구에게 비밀로 하다, 말해주지 않다'라는 의미의 구어체적 표현이에요. 더 일반적인 표현으로 쓰면 keep information from someone과 같은 의미랍니다. hold out on someone은 '(돈 따위를 숨기고) 내어주지 않다'라는 의미로 쓰이는 경우도 있고요.

* Don't **hold out** on me. I know you have it with you. 숨기지 마. 네가 가지고 있는 것 다 알아.
* I wasn't **holding out** on you on purpose. 일부러 너에게 숨기려고 했던 건 아냐.

❷ We heard you found something. 네가 뭔가를 찾았다고 들었어.

〈주어 + heard〉는 '~라고 들었다'라는 뜻인데, 비슷한 상황에서 현재형으로 〈주어 + hear〉도 많이 쓰이는데, 그 둘은 어감이 조금 다르답니다. 자세히 들여다보면, I heard가 누군가 특정한 사람에게 직접 들었다고 말할 때 쓰이지만, I hear는 '그런 소문이 들리더라, 사람들이 그렇게 이야기하더라'라는 의미를 담고 있어요.

★영화속 때년 임미

❸ We want her instead. 우린 이것 대신 그녀를 원해.

instead는 '대신에'라는 의미예요. 주로 우리는 전치사의 역할을 하는 instead of '~ 대신에' 형식으로 외워서 쓰는데, instead가 부사 역할을 하며 뒤에 of가 따라오지 않고 쓰이는 경우도 많으니 문장으로 연습해 보아요.

* My sister was busy, so I went **instead**. 내 여동생이 바빠서 대신 내가 갔어.
* I didn't bring any gift for him, so I gave him money **instead**. 그에게 선물을 안 가져와서 대신 돈으로 줬어.

❹ I was starting to think you ran off with the crown and left me.
전 당신이 저만 두고 왕관을 들고 달아났다고 생각하고 있었잖아요

뭔가 의심이 되고, 받아들이기에 석연치 않은 상황이 있을 때 '왠지 ~한 생각이 들기 시작하네'라는 의미로 〈I'm starting to think + that절〉로 표현할 수 있답니다. '아 이것 봐라, 뭔가 좀 수상한데…' 이런 어감으로 사용하면 재미있을 거예요.

★영화속 때년 임미

❺ See for yourself. 네가 직접 봐라.

See for oneself는 '직접 보다/확인하다'라는 의미로 쓰이는 숙어랍니다. 상대방이 내 말을 못 믿어 하는 것 같은 상황에 직접 확인해 보라고 할 때 주로 쓰는 표현이에요.

* If you don't believe me, **see for yourself**! 내 말을 못 믿겠다면, 네가 직접 봐라!
* I **saw** it **myself**. 내가 내 두 눈으로 그것을 직접 확인했다.

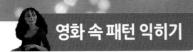
🎧 22-2.mp3

주어 + heard + (that) + 주어 + 동사 ~라고 들었어.

Step 1 기본 패턴 연습하기

1 **I heard** you guys are back together now. 너희 다시 사귄다고 들었어.

2 **I heard** he didn't come to the meeting today. 그가 오늘 회의에 참석 안 했다고 들었네.

3 **I heard** she is not feeling well. 그녀가 아프다고 들었어.

4 .... grounded you for a week. 너희 엄마가 너 1주 동안 외출 금지했다고 들었어.

5 .... Gwen quit her job. 그웬이 직장 그만뒀다고 들었어.

Step 2 패턴 응용하기 | I hear + 주어 + 동사

1 **I hear** you are an actor. 연기자라면서요.

2 **I hear** Saori is a model in Japan. 사오리가 일본에서 모델이라더라.

3 **I hear** Don is a regular here. 돈이 여기 단골이래.

4 .... this restaurant is the most popular one in the city.
여기가 이 도시에서 제일 인기 있는 식당이라더라.

5 .... are a billionaire. 당신은 억만장자라던데요.

Step 3 실생활에 적용하기

A 사람들이 너 춤 잘 춘다고 하더라.	A I hear you are a great dancer.
B Who says that?	B 누가 그래?
A Everybody does.	A 모두가 다.

정답 Step 1 4 I heard your mom 5 I heard Step 2 4 I hear 5 I hear you

I'm starting to think + (that)절

~한 생각/의심이 들기 시작한다.

Step 1 기본 패턴 연습하기

1 **I'm starting to think that** you don't understand. 네가 이해를 못 하는 것 같다는 의심이 들기 시작하네.

2 **I'm starting to think** she has a thing for you. 그녀가 널 좋아하는 것 같다는 생각이 들기 시작한다.

3 **I'm starting to think that** you want her too. 너도 그녀를 원하는 것 같다는 생각이 들기 시작해.

4 _____ no safe place left.
이제 더 이상 안전한 곳은 남아 있지 않다는 생각이 들기 시작한다.

5 _____ doesn't know he's going.
그가 자신이 어디로 가고 있는지 모르는 것 같은 생각이 들기 시작하는구나.

Step 2 패턴 응용하기 | 주어 + be동사 + starting to think + (that)절

1 **He's starting to think that** you are not telling him the truth.
그는 네가 진실을 얘기하고 있지 않은 것 같다고 생각하기 시작했어.

2 **We're starting to think that** he may be a crook. 그가 사기꾼일지도 모른다는 의심이 들기 시작했다.

3 **They're starting to think that** there's something wrong.
그들은 뭔가 잘못된 게 있다는 생각을 하기 시작했다.

4 _____ something going on between those two.
모두가 다 그들 둘 사이에 묘한 기류가 흐르고 있다고 생각하기 시작했다.

5 Heather _____ isn't everything.
헤더는 돈이 전부가 아니라고 생각하기 시작했다.

Step 3 실생활에 적용하기

A What do you think of Ben?

B 아무래도 이제 그를 내보낼 때가 된 것 아닌가 싶네.

A I feel the same way.

A 벤에 대해서 어떻게 생각하세요?

B I'm starting to think that it's probably time we let him go.

A 저도 그렇게 생각해요.

정답 Step 1 4 I'm starting to think (that) there's 5 I'm starting to think (that) he Step 2 4 Everyone is starting to think (that) there's 5 is starting to think (that) money

A | 영화 속 대화를 완성해 보세요.

STABBINGTON BROTHER ❶_____ us again, eh, Rider?
또 우리한테 숨기려고 하는구먼, 응, 라이더?

FLYNN   What? 뭐?

STABBINGTON BROTHER ❷_____ you found something.
Something ❸_____ than a crown. We
want her ❹_____. 네가 뭔가를 찾았다고 들었어. 왕관보다 훨씬 더
값이 나가는 걸 말이야. 우린 이것 대신 그녀를 원해.

RAPUNZEL ❺_____ you ran off with the
crown and left me. 전 당신이 저만 두고 왕관을 들고 달아났다고 생각하고
있었잖아요.

STABBINGTON BROTHER He did. 그렇게 했어.

RAPUNZEL What? No. ❻_____. 뭐라고요? 아니에요, 그는 그럴
사람이 아니에요.

STABBINGTON BROTHER ❼_____. 네가 직접 봐.

RAPUNZEL Eugene? Eugene! 유진? 유진!!

STABBINGTON BROTHER ❽_____: a crown for the girl
with the magic hair. ❾_____ think someone
would pay to stay young and ❿_____?
공정한 거래지: 마법의 머리카락을 가진 여자를 주고 왕관을 가져간다. 영원히 젊고 건강하게 살 수
있는 방법이 있다면 네 생각엔 사람들이 얼마에 그걸 사려고 할 것 같니?

B | 다음 빈칸을 채워 문장을 완성해 보세요.

1 그녀가 아프다고 들었어.
_____ she is not feeling well.

2 연기자라면서요.
_____ you are an actor.

3 이제 더 이상 안전한 곳은 남아 있지 않다는 생각이 들기 시작한다.
_____ no safe place left.

4 그가 자신이 어디로 가고 있는지 모르는 것 같은 생각이 들기 시작하는구나.
_____ doesn't know he's going.

5 헤더는 돈이 전부가 아니라고 생각하기 시작했다.
Heather _____ isn't everything.

Mother Gothel Knows
고텔은 알고 있다

고텔이 파놓은 함정에 걸려든 플린은 왕관을 차지하기 위해 라푼젤을 이용만 하고 배신한 파렴치한으로^{a shameless person} 몰리게 되네요. 이 상황을 믿고 싶지는 않지만 왕관을 가지고 떠나가버리는 플린을 직접 자신의 두 눈으로 확인한^{see for herself} 라푼젤은 마음의 큰 상처를 입고^{heartbroken} 고텔이 바라던 대로 그녀에게 되돌아 갑니다. 플린은 뒤늦게^{late in the day} 자신이 건달들의 계략에 말려들었다는 사실을 깨닫지만 이미 때는 늦어버렸어요^{too late}. 왕관을 가지고 있던 플린은 근위병들에게 체포되고 맙니다.

Warm Up! 오늘 배출 표현   오늘 등장하는 표현들입니다. 어떤 표현이 들어가야 할지 생각해 보세요.

* Oh, my _____ girl. 오, 내 소중한 딸.

* _____? 괜찮니?

* _____? 다친 거니?

* _____ you, dear! 난 네가 너무 걱정됐단다. 아가야!

* _____ everything. 당신 말씀이 모두 다 옳았어요.

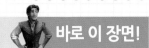
MOTHER GOTHEL
고텔

Oh, my **precious** girl.❶
오, 내 소중한 딸.

RAPUNZEL
라푼젤

Mother.
어머니.

MOTHER GOTHEL
고텔

Are you alright?❷ Are you hurt?❸
괜찮니? 다친 거니?

RAPUNZEL
라푼젤

Mother, how did you--
어머니, 도대체 어떻게–

MOTHER GOTHEL
고텔

I was so worried about you, dear!❹ So I followed you. And I saw them attack you and... Oh my, let's go, let's go, before they come to.
난 네가 너무 걱정됐단다, 아가야! 그래서 내가 너를 따라왔지. 그리고 그들이 널 공격하는 것을 보고… 오 맙소사, 가자, 어서 가자꾸나, 그들이 오기 전에.

RAPUNZEL
라푼젤

You were right, Mother. **You were right about** everything.❺
당신이 옳았어요, 어머니. 어머니 말씀이 다 옳았어요.

MOTHER GOTHEL
고텔

I know, darling. I know.
알지, 아가야. 알고말고.

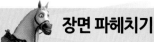
❶ **Oh, my precious girl.** 오, 내 소중한 딸.

precious는 귀하고 소중한 것을 표현할 때 쓰는 형용사예요. 사람 앞에 쓰이는 경우에는 자녀를 표현할 때 많이 쓰이고, 값비싸고 귀한 물건 등을 표현할 때도 많이 쓰인답니다.

* Don't waste your **precious** time! 네 소중한 시간을 낭비하지 말아라!
* April is a **precious** child. 에이프릴은 소중한 아이야.

❷ **Are you alright?** 괜찮니?

상대방이 다쳤거나 힘든 일을 겪었을 때 '괜찮니?'라고 물어볼 때, 일반적으로 Are you okay? 또는 Are you alright?을 가장 많이 쓰는데, 여기에서 alright는 all right의 약식 표현이에요.

* **Are you alright?** You look a little sad. 괜찮니? 네가 좀 슬퍼 보이는구나.
* **Are you alright?** What happened? 괜찮니? 무슨 일 있었어?

❸ **Are you hurt?** 다친 거니?

신체적으로 다치거나 상처를 입었을 때, 또는 정신적으로 상처를 입거나 아플 때 쓰는 단어는 hurt인데, hurt는 동사로도 자주 쓰이고, 형용사로도 많이 쓰입니다. 위의 문장에서는 형용사로 쓰였네요. hurt의 활용법을 패턴 익히기를 통해 연습해 볼게요. ★영화 속 패턴 익히기

❹ **I was so worried about you, dear!** 난 네가 너무 걱정됐단다, 아가야!

걱정되었다는 표현은 우리말로도 수동형 문장으로 쓰는 것처럼 영어로도 수동형으로 쓰는 경우가 대부분이에요. 예를 들어, I was worried about you. '난 네가 걱정됐단다'라고 하는 경우가 I worried about you. '난 너를 걱정했다'라고 하는 경우보다 훨씬 많죠. worry about이 수동형 문장에서 쓰이는 경우와 능동형 문장에서 쓰이는 경우를 패턴 문장으로 연습해 볼게요. ★영화 속 패턴 익히기

❺ **You were right about everything.** 당신 말씀이 모두 다 옳았어요.

'맞다/옳다', '틀리다/그르다'를 표현할 때는 right와 wrong을 쓰지요. be동사와 함께 써서 표현해 볼게요.

* I'm always **right**. 난 항상 옳아.
* Mary admitted that **she was wrong** about that. 메리는 그녀가 그것에 대해서 틀렸다는 것을 인정했다.

🎧 23-2.mp3

be동사 + hurt　(hurt가 형용사로 쓰일 때) 아픈, 다친, 상처를 입은

Step 1　기본 패턴 연습하기

1　I'm **hurt**. 나 다쳤어.

2　Are you **hurt**? 다쳤니?

3　I was **hurt** by your words. 나 네가 한 말들 때문에 상처 입었어.

4　Lance knows she's _____ in the past. 랜스는 그녀가 과거에 상처가 있었다는 사실을 알고 있다.

5　I hope no one _____. 아무도 다친 사람이 없길 바라.

Step 2　패턴 응용하기 | hurt가 동사로 쓰일 때

1　**You hurt** my heart. 넌 내 마음을 아프게 했어.

2　Does **it hurt**? 아프니?

3　**It hurts** so much. 이거 정말 아파.

4　It _____ to try. 시도한다고 손해 볼 건 없잖아.

5　_____ my back. 허리를 다쳤다.

Step 3　실생활에 적용하기

A 다친 사람 있나?	A Is anyone hurt?
B No, no one was hurt.	B 아니요, 아무도 안 다쳤어요.
A What a relief.	A 정말 다행이야.

정답　Step 1 4 been hurt 5 is hurt　Step 2 4 doesn't hurt 5 I hurt

142

주어 + be동사 + worried about someone/something

~에 대해서 걱정이 되다.

Step 1 기본 패턴 연습하기

1 **I'm worried about** your health. 당신 건강이 걱정돼요.

2 **Are you worried about** the environment? 환경문제에 대해 걱정되니?

3 Ariel said **she was worried about** losing you. 아리엘은 널 잃게 될까 봐 걱정된다고 하더라고.

4 _____ what others say. 우린 다른 사람들 하는 말은 걱정 안 돼.

5 _____ so many things. 난 정말 많은 것들에 대해서 걱정이 돼.

Step 2 패턴 응용하기 | worry about someone/something

1 Don't **worry about** me! 내 걱정은 마세요!

2 What are you **worrying about**? 무엇에 대해 걱정하고 있니?

3 I never **worry about** the future. 전 미래에 대한 걱정은 절대 안 해요.

4 _____ about details. 그녀는 사소한 일에 대해 너무 걱정이 많다.

5 There's no need to _____. 걱정할 것은 아무것도 없네요.

Step 3 실생활에 적용하기

A Do you have any concerns or worries for your child?

B 우리 아이는 걱정 안 돼요. But I'm worried about my husband.

A What about your husband? Tell me more.

A 당신의 아이에 대해서 염려되거나 걱정되는 게 있으신가요?

B I'm not worried about my child. 하지만 우리 남편은 걱정되네요.

A 남편 분이요? 더 얘기해 보세요.

정답 Step 1 4 We are not worried about 5 I'm worried about Step 2 4 She worries too much 5 worry about anything

A | 영화 속 대화를 완성해 보세요.

MOTHER GOTHEL Oh, my ❶_____ girl.
오, 내 소중한 딸.

RAPUNZEL Mother.
어머니.

MOTHER GOTHEL ❷_____ ? ❸_____ ?
괜찮니? 다친 거니?

RAPUNZEL Mother, ❹_____ --
어머니, 도대체 어떻게―

MOTHER GOTHEL I ❺_____ you, dear! So
❻_____. And I saw them
❼_____ and... Oh my, let's go, let's go,
❽_____.
난 네가 너무 걱정됐단다, 아가야! 그래서 내가 너를 따라왔지. 그리고 그들이 널 공격하는
것을 보고… 오 맙소사, 가자, 어서 가자꾸나, 그들이 오기 전에.

RAPUNZEL You were right, Mother. ❾_____
everything.
당신이 옳았어요, 어머니. 어머니 말씀이 다 옳았어요.

MOTHER GOTHEL ❿_____. I know.
알지, 아가야. 알고말고.

B | 다음 빈칸을 채워 문장을 완성해 보세요.

1 나 네가 한 말들 때문에 상처 입었어.
I was _____ by your words.

2 이거 정말 아파.
_____ so much.

3 당신 건강이 걱정돼요.
_____ your health.

4 우린 다른 사람들 하는 말은 걱정 안 된다.
_____ what others say.

5 전 미래에 대한 걱정은 절대 안 해요.
I never _____ the future.

The Dark, Selfish, and Cruel World

어둡고, 이기적이고, 잔인한 세상

고텔의 계략으로 감옥에 갇힌^{imprisoned} 플린은 라푼젤에 대한 걱정과 자신에게 닥칠 일에 두려움과^{fear} 근심이^{worry} 가득합니다. 근위병의 호출로 플린은 어디론가 끌려가는데 대체 플린의 미래는 어떻게 될까요? 그리도 벗어나고 싶었던 고립된 탑에 다시 돌아온 라푼젤 또한 오해로 생긴 플린에 대한 실망감과^{disappointment} 동시에 여전히 그를 걱정하는 마음이 교차하며 풀이 죽어있네요.^{moping} 고텔의 마음에 없는 위로는 한낱 잔소리로 들릴 뿐이죠. 그러던 중, 라푼젤은 천장의 그림을 바라보다 불현듯^{all of a sudden} 그녀의 잠재의식 속에 숨어있던 과거 기억이 점점 떠오르며 자신의 존재에 대해 큰 혼란을 느낍니다^{confused}.

Warm Up! 오늘 배울 표현   오늘 등장하는 표현들입니다. 어떤 표현이 들어가야 할지 생각해 보세요.

* Let's _____, Rider.   어서 이 일을 마무리 짓자, 라이더.

* There, _____.   자. 아무 일도 없었던 거야.

* Now _____ and get ready for dinner.   이제 씻고 저녁 먹을 준비해라.

* _____ what was out there.   밖에 나가면 뭐가 있는지 너에게 경고하느라 난 애썼어.

* If it finds even the slightest _____ …it destroys it.
  그 속에서 조금이나마 햇살이 비추려고 하면… 그것조차 파괴하지.

CAPTAIN
대장

Let's **get this over with**, Rider.❶
어서 이 일을 마무리 짓자, 라이더.

FLYNN
플린

Where are we going?
우린 어디로 가는 거예요?

FLYNN
플린

Oh.
오.

MOTHER GOTHEL
고텔

There, **it never happened**.❷
자, 아무 일도 없었던 거야.

MOTHER GOTHEL
고텔

Now **wash up** and get ready for dinner.❸ I'm making hazelnut soup.
이제 씻고 저녁 먹을 준비해라. 헤이즐넛 수프 만들어 줄게.

MOTHER GOTHEL
고텔

I really did try Rapunzel. **I tried to warn you** what was out there.❹ The world is dark, and selfish, and cruel. If it finds even the slightest **ray of sunshine**...it destroys it.❺
내가 정말 애썼어 라푼젤. 밖에 나가면 뭐가 있는지 너에게 경고하느라 애썼다고. 세상은 어둡고 이기적이고 잔인해. 그 속에서 조금이나마 햇살이 비추려고 하면… 그것조차 파괴하지.

❶ Let's get this over with, Rider. 어서 이 일을 마무리 짓자, 라이더.

별로 원하지 않는 일을 할 때는 그 일이 빨리 끝나기만을 바랄 텐데, 그러한 상황에서 '일단 어서 이 일을 끝내도록/ 마치도록 하자'라는 의미로 쓰는 표현이 get something over with에요. 한편, 비슷한 형식의 표현이지만 단어 순서가 다른, get over (with) something은 '~을 극복하다/끝내다'라는 의미랍니다. 이 표현은 with는 생략하고 쓰는 경우가 많아요. *영화 속 패턴 읽기*

❷ There, it never happened. 자, 아무 일도 없었던 거야.

이미 벌어진 일을 마치 없었던 일인 것처럼 덮으려고 할 때, 또는 '절대 그런 일은 단 한 번도 없었다'라고 말할 때 쓰는 표현이에요. 참고로, happened의 철자에 유의하세요. happen 뒤에 바로 d를 붙이면 안 되고, ed를 붙여야 한답니다.

* She's acting like **it never happened**. 그녀는 마치 이 일이 전혀 없던 일처럼 행동하고 있다.
* Let's pretend **this never happened**. 아무 일도 없었던 척하자.

❸ Now wash up and get ready for dinner. 이제 씻고 저녁 먹을 준비해라.

wash up은 구어체에서 do the dishes와 동의표현으로 '설거지를 하다'라는 의미로도 쓰이고, '손발을 씻다/세수를 하다'는 의미로도 쓰이는 표현이에요.

* Go get **washed up**. 가서 씻고 와.
* I'll **wash up** the glasses. 유리잔 설거지는 내가 할게.

❹ I tried to warn you what was out there. 밖에 나가면 뭐가 있는지 너에게 경고하느라 난 애썼어.

I tried to warn you는 좋지 않은 일이 벌어지고 난 후 상대방에게 '내가 조심하라고 경고했는데 네가 듣지를 않았잖니'와 같은 어감으로 쓰는 표현이에요. 주어를 바꿔가면서 패턴 연습해 볼게요. *영화 속 패턴 읽기*

❺ If it finds even the slightest ray of sunshine...it destroys it.
그 속에서 조금이나마 햇살이 비추려고 하면… 그것조차 파괴하지.

'한 줄기의 햇살, (삶을 더 밝고 즐겁게 만들어 주는) 햇살과 같은 것/사람'을 a ray of sunshine이라고 하는데, 여기에서 쓰는 ray는 '광선//(약간의) 한줄기/빛'을 의미해요. a ray of hope '한줄기 희망/희망의 빛', a ray of light '한줄기 빛'과 같은 표현들이 자주 쓰인답니다.

* There had been **a ray of hope** today. 오늘 한 가닥 희망의 빛이 보였어.
* **A ray of light** came in through the window. 창문 사이로 한줄기 빛이 들어왔다.

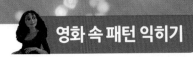

🎧 24-2.mp3

get something over with (불쾌하거나 원하지 않는 일을) 빨리 끝내버리다.

Step 1 기본 패턴 연습하기

1 I just want to **get it over with**. 일단 그냥 빨리 끝내버렸으면 좋겠어.

2 I'll be glad to **get these exams over with**. 이 시험들을 빨리 끝내면 속 시원할 것 같아.

3 Let's just **get this over with**. (죽이 되건 밥이 되건) 일단 빨리 끝내버리자.

4 I can't wait to _____. 인터뷰를 어서 빨리 끝내버리고 싶다.

5 All she wanted was to get in there and _____.
그녀가 원한 것은 오로지 거기에 빨리 들어가서 오디션을 끝내고 싶은 것뿐이었다.

Step 2 패턴 응용하기 | get over (with) something

1 She can't **get over** her shyness. 그녀는 수줍음을 극복하지 못한다.

2 **Get over** your ex-boyfriend! 네 전 남자친구는 이제 좀 잊어버려!

3 This food helps you **get over with** depression. 이 음식은 우울증을 극복하는 데 도움이 된다.

4 _____ yourself! 너무 심각하게 살지 마라! (관용표현)

5 This program teaches people how to _____ insomnia.
이 프로그램은 사람들에게 어떻게 불면증을 극복하는지 가르쳐준다.

Step 3 실생활에 적용하기

A How's your final paper coming along?

B Who cares? 그냥 빨리 마무리나 됐으면 좋겠다.

A I wish I could be as carefree as you.

A 학기말 리포트 잘 돼가니?

B 별 신경 안 써. I just want to get it over with.

A 나도 너처럼 그냥 속 편하게 생각할 수 있으면 얼마나 좋을까.

정답 Step 1 4 get the interview over with 5 get the audition over with Step 2 4 Get over 5 get over with

I tried to warn someone ~

난 ~에게 경고했다, 경고하려고 애썼다.

Step 1 기본 패턴 연습하기

1 **I tried to warn you** that you can't turn back. 되돌아올 수 없노라고 난 네게 조심하라고 경고했어.

2 **I tried to warn you** that you'll regret leaving me. 날 떠나면 후회할 거라고 난 네게 경고했어.

3 **I tried to warn him** to stay away from Nora. 노라 근처에 가지 말라고 난 그에게 경고했다.

4 .... to be prepared for the hurricane. 허리케인에 대비하라고 난 그들에게 경고했다.

5 .... that it wouldn't be worth it. 그건 가치가 없는 일이라고 난 그녀에게 경고했다.

Step 2 패턴 응용하기 | 주어 + tried to warn someone

1 **She tried to warn me** about that. 그녀가 그것에 대해서 내게 조심하라고 경고했어.

2 **He tried to warn her** that Owen is odd. 그는 오웬은 이상한 놈이라고 그녀에게 경고했어.

3 **They tried to warn others** about the fire. 그들은 화재에 대해서 다른 사람들에게 경고하려고 애썼다.

4 .... that it's not safe to be there. 거기에 있으면 안전하지 않다고 우리는 그에게 경고했다.

5 .... what would happen. 어떤 일이 일어날지에 대해 토비가 내게 경고했다.

Step 3 실생활에 적용하기

A Why didn't you tell me about him before?

B I did! 그 사람은 주변에 있으면 위험한 존재라고 내가 경고했잖아.

A I guess I wasn't paying attention then.

A 왜 그에 대해서 전에 얘기 안 해 준거야?

B 했어! I tried to warn you that he's a dangerous person to be around.

A 내가 귀담아듣지를 않았나 보네.

정답 Step 1 4 I tried to warn them 5 I tried to warn her Step 2 4 We tried to warn him 5 Toby tried to warn me

A | 영화 속 대화를 완성해 보세요.

CAPTAIN Let's ❶ _____, Rider.
어서 이 일을 마무리 짓자, 라이더.

FLYNN ❷ _____? 우린 어디로 가는 거예요?

FLYNN Oh. 오.

MOTHER GOTHEL There, ❸ _____. 자, 아무 일도 없었던 거야.

MOTHER GOTHEL Now ❹ _____ and get ready for dinner. I'm
❺ _____.
이제 씻고 저녁 먹을 준비해라. 헤이즐넛 수프 만들어 줄게.

MOTHER GOTHEL I really ❻ _____ Rapunzel. ❼ _____
_____ what was out there. ❽ _____
_____, and selfish, and cruel. If it finds
even the slightest ❾ _____…it
❿ _____.
내가 정말 애썼어 라푼젤. 밖에 나가면 뭐가 있는지 너에게 경고하느라 애썼다고. 세상은
어둡고 이기적이고 잔인해. 그 속에서 조금이나마 햇살이 비추려고 하면… 그것조차
파괴하지.

정답 A

❶ get this over with
❷ Where are we going
❸ it never happened
❹ wash up
❺ making hazelnut
   soup
❻ did try
❼ I tried to warn you
❽ The world is dark
❾ ray of sunshine
❿ destroys it

B | 다음 빈칸을 채워 문장을 완성해 보세요.

1 (죽이 되건 밥이 되건) 일단 빨리 끝내버리자.
   Let's just _____.

2 인터뷰를 어서 빨리 끝내버리고 싶다.
   I can't wait to _____.

3 네 전 남자친구는 이제 좀 잊어버려!
   _____ your ex-boyfriend!

4 날 떠나면 후회할 거라고 난 네게 경고했어.
   _____ that you'll regret leaving me.

5 어떤 일이 일어날지에 대해 토비가 내게 경고했어.
   _____ what would happen.

정답 B

1 get this over with
2 get the interview
  over with
3 Get over
4 I tried to warn you
5 Toby tried to warn
  me

The Truth Revealed
밝혀진 진실

근위병에게 어디론가 끌려가던 플린은 감옥에 갇혀있는 스태빙턴 형제를 우연히 보게 되고, 그들은 이 모든 것이 고텔의 계략^{trick}이었고, 그들 형제 또한 억울하다고 하소연합니다^{complain}. 그제야^{only then} 어찌 된 영문인지 알게 된 플린은 라푼젤이 걱정되어 어쩔 줄을 몰라 하네요^{do not know what to do}. 그러는 와중에, 자신이 잃어버린 공주란 것을 깨달은 라푼젤은 고텔에게 정면으로 맞서며 반항합니다^{stand against her}. 고텔은 라푼젤의 말을 못 알아 듣는 척하다가, '이 모든 것이 다 너를 보호하기 위해서였어' 라고 변명을 합니다.

 Warm Up! 오늘 배출 표현 오늘 등장하는 표현들입니다. 어떤 표현이 들어가야 할지 생각해 보세요.

* Oh, please ⬜⬜⬜⬜⬜, Rapunzel. 오, 제발 말 좀 크게 하렴, 라푼젤.

* Rapunzel, ⬜⬜⬜⬜⬜? 라푼젤, 대체 무슨 소리를 하는 거니?

* ⬜⬜⬜⬜⬜! 이 모든 게 다 당신 짓이었다고요!

* ⬜⬜⬜⬜⬜ protect you. 난 단지 널 보호하기 위해서 그랬던 것뿐이야.

* I have spent my entire life hiding from people who would ⬜⬜⬜⬜⬜ my power. 난 내 마법의 힘을 사람들이 사용하게 될까 봐 꼭꼭 숨어서 평생을 보냈다고요.

RAPUNZEL
라푼젤

I'm the lost princess.

내가 바로 그 잃어버린 공주야.

MOTHER GOTHEL
고텔

Oh, please **speak up**, Rapunzel.❶ You know how I hate the mumbling.

오, 제발 말 좀 크게 하렴, 라푼젤. 내가 웅얼거리는 거 싫어하는 거 알잖니.

RAPUNZEL
라푼젤

I am the lost princess, aren't I? Did I mumble, Mother? Or should I even call you that?

내가 잃어버린 공주네요. 그죠? 제가 웅얼거렸나요, 어머니? 그런데 제가 당신을 어머니라고 부르는 게 맞긴 한 건가요?

MOTHER GOTHEL
고텔

Rapunzel, **do you even hear yourself?**❷ Why would you ask such a ridiculous question?

라푼젤, 대체 무슨 소리를 하는 거니? 너 그런 말도 안 되는 질문을 왜 하는 거니?

RAPUNZEL
라푼젤

It was you! **It was all you!**❸

당신 짓이었어요! 이 모든 게 다 당신 짓이었다고요!

MOTHER GOTHEL
고텔

Everything I did was to protect you. Rapunzel!❹

난 단지 널 보호하기 위해서 그랬던 것뿐이야. 라푼젤!

RAPUNZEL
라푼젤

I have spent my entire life hiding from people who would **use me for** my power.❺

난 내 마법의 힘을 사람들이 사용하게 될까 봐 꼭꼭 숨어서 평생을 보냈다고요.

MOTHER GOTHEL
고텔

Rapunzel!

라푼젤!

RAPUNZEL
라푼젤

When I should have been hiding from you.

난 다른 사람들이 아니라 바로 당신에게서 숨었어야 하는 거였어요.

MOTHER GOTHEL
고텔

Where will you go?

어딜 가려고 그래?

장면 파헤치기

구문 설명과 예문으로 이 장면의 핵심 표현을 완벽히 이해하세요.

❶ Oh, please speak up, Rapunzel. 오, 제발 말 좀 크게 하렴. 라푼젤.

상대방이 웅얼거리듯 말해서 잘 들리지 않을 때, 더 큰 소리로 말하라는 표현이 speak up이에요. 참고로, TV를 보거나 오디오를 들을 때 볼륨을 키우라고 할 때는 turn up the volume 또는 turn it up이라고 한답니다. 두 표현 모두 up을 넣는 공통점이 있네요.

* You need to **speak up** a little louder. 조금 더 크게 말해야 해.
* **Speak up!** I can't hear you. 말 좀 크게 해! 안 들리잖아.

❷ Rapunzel, do you even hear yourself? 라푼젤, 대체 무슨 소리를 하는 거니?

상대방이 하는 말이 하도 기가 차고 믿기지 않아서 어떻게 그런 말을 할 수 있느냐고 따지듯이 혹은 당황해서 묻는 것이에요. '지금 네가 하는 말을 너도 듣고는 있는 거니?'라고 하는 의미지요.

* **Do you even hear yourself?** You sound pathetic. 네가 하는 말을 좀 들어보렴? 정말 한심한 소리를 하는구나.
* That's so insulting. **Do you even hear yourself?** 정말 모욕적인 발언이구나. 대체 어떻게 그런 말을 하는 거니?

❸ It was all you! 이 모든 게 다 당신 짓이었다고요!

어떤 일을 저지른 당사자/범인을 알게 되었을 때 '네가 한 짓이었구나, 너였구나'라고 하죠? 그럴 때, It was you! 라고 표현하는데, 그것을 더 강조할 때는 It was all you. 라고 할 수 있답니다. all에 강세를 넣어서 말하면 더 느낌이 살릴 수 있어요.

* I realize now that **it was all you.** 이 모든 것이 다 네가 한 짓이란 걸 이제 깨달았어.
* **It was all you.** You made all of this happen. 다 너였구나. 네가 이 모든 것을 해냈던 거야.

❹ Everything I did was to protect you. 난 단지 널 보호하기 위해서 그랬던 것뿐이야.

상대방에게, 특히 자녀에게 부모가 '다 너를 위해서 한 일이야'라며 자신의 무리한 행동이나 결정을 이해해달라고 변명할 때 쓰는 패턴이에요. 주어를 바꿔가며 패턴 문장으로 연습해 볼게요. ★영화 속 패턴 익히기

❺ I have spent my entire life hiding from people who would use me for my power.
난 내 마법의 힘을 사람들이 사용하게 될까 봐 꼭꼭 숨어서 평생을 보냈다고요.

'누군가를 이용해 먹다'라는 표현을 할 때 쓰는 동사는 use예요. 〈use someone to + 동사〉 또는 〈use someone for + 명사〉 형식으로 표현한답니다. ★영화 속 패턴 익히기

🎧 25-2.mp3

Everything I did was to ~

난 단지 ~하려고 그랬던 것뿐이야.

Step 1 기본 패턴 연습하기

1 **Everything I did was to** help you. 난 단지 너를 도우려고 했을 뿐이야.

2 **Everything I did was to** protect my daughter. 난 단지 내 딸을 보호하려고 했을 뿐이라고.

3 **Everything I did was to** achieve that goal. 난 단지 그 목표를 이루려고 했을 뿐이야.

4 .... my family happy. 난 단지 우리 가족을 행복하게 하고 싶었을 뿐이야.

5 .... try and get a friend. 난 단지 친구를 사귀어 보려고 그랬던 거야.

Step 2 패턴 응용하기 | Everything + 주어 + did was to ~

1 **Everything she did was to** make a good impression on you.
그녀는 단지 너에게 잘 보이려고 그랬을 뿐이야.

2 **Everything he did was to** make his parents proud.
그는 단지 그의 부모님께 자랑스러운 아들이 되고 싶었을 뿐이야.

3 **Everything Wendy did was to** try to fit in. 웬디는 단지 다른 사람들과 어우러지려고 그랬을 뿐이야.

4 .... maintain the relationship.
그들은 단지 그들의 관계를 유지하려고 그랬을 뿐이야.

5 .... keep you safe. 너희 엄마는 단지 너의 안전을 위해 그랬을 뿐이야.

Step 3 실생활에 적용하기

A I can't believe you've been lying to me this whole time.

B 다 널 보호하려고 그랬던 거야.

A I can't trust you anymore.

A 여태까지 계속 나한테 거짓말을 했다니 어떻게 이럴 수가 있지.

B Everything I did was to protect you.

A 이젠 널 못 믿겠어.

정답 Step 1 4 Everything I did was to make 5 Everything I did was to Step 2 4 Everything they did was to 5 Everything your mom did was to

154

use someone to + 동사

~을 하려고 누군가를 이용하다.

Step 1 기본 패턴 연습하기

1 Don't **use me to** make you look better. 네가 더 잘나 보이려고 날 이용하지 마.

2 He's just **using you to** pass the time. 그는 그냥 시간 때우려고 널 이용하는 거야.

3 They **used him to** get to his father. 그들은 그의 아버지에게 다가가려고 그를 이용했다.

4 Eric _____ gain favor with others. 에릭은 다른 사람들의 환심을 사기 위해 그녀를 이용했다.

5 People always _____ what they want. 사람들은 그들이 원하는 것을 얻기 위해 항상 날 이용하지.

Step 2 패턴 응용하기 | use someone for + 명사

1 Noah **used me for** what he needed. 노아는 그가 필요한 것을 얻기 위해 날 이용했어.

2 They are **using you for** their own political agenda.
그들은 자신들의 정치적인 목적을 달성하려고 널 이용하는 거야.

3 I **used him for** his money. 난 그의 돈을 노리고 그를 이용했다.

4 Hank _____ own gain. 행크는 자신의 이익을 위해서 그녀를 이용한 거야.

5 You shouldn't _____ anything. 그 어떤 이유로도 친구를 이용해서는 안 돼.

Step 3 실생활에 적용하기

A 폴은 내가 질투심을 느끼라고 널 이용하고 있는 거야.

B Stop with the nonsense.

A Trust me. I know about him a lot more than you do.

A Paul's just using you to make me jealous.

B 말도 안 되는 소리 하지 마.

A 내 말 믿어. 내가 걔에 대해서는 너보다 훨씬 잘 안다고.

정답 Step 1 4 used her to 5 use me to get Step 2 4 used her for his 5 use your friends for

155

A | 영화 속 대화를 완성해 보세요.

RAPUNZEL   I'm the lost princess.   내가 바로 그 잃어버린 공주야.

MOTHER GOTHEL   Oh, please ❶_____, Rapunzel. You know how I ❷_____.
오, 제발 말 좀 크게 하렴, 라푼젤. 내가 웅얼거리는 거 싫어하는 거 알잖니.

RAPUNZEL   I am the lost princess, aren't I? Did I mumble, Mother? Or should I even ❸_____?
내가 잃어버린 공주네요, 그죠? 제가 웅얼거렸나요, 어머니? 그런데 제가 당신을 어머니라고 부르는 게 맞긴 한 건가요?

MOTHER GOTHEL   Rapunzel, ❹_____? Why would you ask such a ❺_____?
라푼젤, 대체 무슨 소리를 하는 거니? 너 그런 말도 안 되는 질문을 왜 하는 거니?

RAPUNZEL   It was you! ❻_____!
당신 짓이었어요! 이 모든 게 다 당신 짓이었다고요!

MOTHER GOTHEL   ❼_____ protect you. Rapunzel!
난 단지 널 보호하기 위해서 그랬던 것뿐이야. 라푼젤!

RAPUNZEL   I have ❽_____ hiding from people who would ❾_____ my power.
난 내 마법의 힘을 사람들이 사용하게 될까 봐 꼭꼭 숨어서 평생을 보냈다고요.

MOTHER GOTHEL   Rapunzel! 라푼젤!

RAPUNZEL   When I should have ❿_____.
난 다른 사람들이 아니라 바로 당신에게서 숨었어야 하는 거였어요!

MOTHER GOTHEL   Where will you go? 어딜 가려고 그래?

B | 다음 빈칸을 채워 문장을 완성해 보세요.

1 난 단지 너를 도우려고 했을 뿐이야.
_____ help you.

2 너희 엄마는 단지 너의 안전을 위해 그랬을 뿐이야.
_____ keep you safe.

3 그는 그냥 시간 때우려고 널 이용하는 거야.
He's just _____ pass the time.

4 사람들은 그들이 원하는 것을 얻기 위해 항상 날 이용하지.
People always _____ what they want.

5 행크는 자신의 이익을 위해서 그녀를 이용한 거야.
Hank _____ own gain.

Who's the Bad Guy?

악당은 누구인가?

플린이 위험에 처했다는 것을 알게 된 라푼젤은 애걸하듯^{as if she is begging} 붙잡는 고텔의 손을 뿌리치고^{reject} 탑을 벗어나려고 합니다. 라푼젤이 모든 사실을 깨닫고 고텔에게 대항하자 그녀의 악녀 본색을 드러내는군요^{show her true colors}. 마치 그동안은 아니었던 것처럼 말이에요. 한편, 플린은 교수형에 처하기^{be hanged for} 직전, 선술집에서 함께 노래했던 건달들의 도움을 받아 탈옥에^{escape from prison} 성공하는데, 라푼젤이 그에게 준 프라이팬도 한몫을 하네요.

 Warm Up! 오늘 배울 표현   오늘 등장하는 표현들입니다. 어떤 표현이 들어가야 할지 생각해 보세요.

* He won't _____ you. 그는 널 위해 기다리고 있지 않을 거야.
* That criminal is to _____ his crimes. 그 녀석은 교수형에 처해야 해.
* All of this is _____. 모든 것이 원래 있어야 할 곳으로 되돌아온 것이란다.
* _____ the bad guy? 내가 건달이 되길 원하는 거지?
* Now I'm _____. 그럼 내가 악당을 해 주지.

MOTHER GOTHEL
고텔

He won't **be there for** you. ❶
그는 널 위해 기다리고 있지 않을 거야.

RAPUNZEL
라푼젤

What did you do to him?
그에게 무슨 짓을 한 거예요?

MOTHER GOTHEL
고텔

That criminal is to **be hanged for** his crimes. ❷
그 녀석은 교수형에 처해야 해.

RAPUNZEL
라푼젤

No...
아냐.

MOTHER GOTHEL
고텔

Now, now. It's alright. Listen to me. All of this is **as it should be**. ❸
자, 자. 괜찮아. 내 얘길 들어보렴. 모든 것이 원래 있어야 할 곳으로 되돌아온 것이란다.

RAPUNZEL
라푼젤

No. You were wrong about the world and you were wrong about me and I will never let you use my hair again.
아니에요. 당신의 세상은 틀렸어요 그리고 나에 대한 생각도 틀렸어요. 그리고 난 절대 다시는 당신이 내 머리카락을 이용하게 하지 않을 거예요.

MOTHER GOTHEL
고텔

You want me to be the bad guy? ❹ Fine. Now I'm **the bad guy**. ❺
내가 건달이 되길 원하는 거지? 좋아. 그럼 내가 악당을 해 주지.

❶ **He won't be there for you.** 그는 널 위해 기다리고 있지 않을 거야.

be there for someone은 누군가를 위해 거기에 있어 준다는, 즉 누군가를 위해 기다려주거나 곁에서 지켜주겠다는
의미예요. 추가로 여기에서는 be around '(어디 멀리 가지 않고) 주변/부근에 있다/체재하다'라는 의미의 표현도
같이 패턴으로 공부해 볼게요.   ★영화 속 패턴 익히기

❷ **That criminal is to be hanged for his crimes.** 그 녀석은 교수형에 처해야 해.

hang for something '~때문에 교수형에 처하다'라는 의미예요. '사형'을 영어로는 capital punishment라고 하는데,
그중 교수형은 hanging으로 표현한답니다.

＊ He deserves to **be hanged for** his crime. 그는 그의 범죄에 대해 교수형을 받을만하다.
＊ She was condemned to **be hanged for** murder. 그녀는 살인죄로 교수형을 선고받았다.

❸ **All of this is as it should be.** 모든 것이 원래 있어야 할 곳으로 되돌아온 것이란다.

〈as + (대)명사 + should be〉 형식은 '원래/당연히 ~가 그래야만 하는 것처럼'이란 의미로 쓰여요. 위의 문장에서는
'원래 있어야 할 곳으로 되돌아온'이라고 문맥의 흐름이 자연스럽도록 해석을 해봤어요. 다른 문장에서도 문맥에
맞게 해석을 조금씩 바꿔줘야 할 필요가 있는 표현이에요.

＊ David says he's very sorry, **as he should be.** 데이빗이 정말 미안하다고 하네. 원래 그가 미안해야 되니까.
＊ You are not as successful **as you should be.** 넌 원래 성공을 해야 지당한 건데 그렇지가 않구나.

❹ **You want me to be the bad guy?** 내가 건달이 되길 원하는 거지?

You want me to be ~는 '넌 내가 ~가 되길 원하는구나'라는 의미로 쓸 수 있는 표현이에요. 주어를 바꾸고
be동사 부분을 다른 동사로 바꿔서 '~는 내가 ~을 하길 원한다'라는 의미로 쓰일 수 있게 패턴으로 활용해 보아요.
                                                                        ★영화 속 패턴 익히기

❺ **Now I'm the bad guy.** 그럼 내가 악당을 해 주지.

건달을 표현하는 단어 중 가장 일반적인 것은 villain이에요. 이 작품에서는 건달/깡패를 표현할 때 ruffian이라는
단어를 쓰는데, 이것은 예전에 많이 쓰던 표현이랍니다. 구어체로는 bad guy라는 표현도 자주 쓰는데, '건달/악역/
나쁜 놈'의 의미로 쓰인답니다.

＊ **The bad guys** always die in the end. 악역들은 꼭 마지막에 죽더라.
＊ Who is **the bad guy** in the new Batman movie? 배트맨 신작 영화에서는 누가 악당이니?

🎧 26-2.mp3

be there for someone

~를 위해 같이 있어 주다, 곁을 지켜주다.

Step 1 기본 패턴 연습하기

1 I'll **be there for** you. 난 너의 곁에 있을 거야.

2 **Be there for** your friends. 친구의 곁을 지켜주거라.

3 We've always **been there for** each other. 우리는 항상 서로의 곁을 지켜줬다.

4 Would you _____ in hard times? 내가 힘들 때 내 곁에 함께 해 주겠니?

5 Who will _____ I need a shoulder to cry on?
내가 누군가의 어깨에 기대어 울고 싶을 때 누가 내 곁에 있어 줄까?

Step 2 패턴 응용하기 | be동사 + around

1 I'll **be around**. 근처에 있을게.

2 She **is** not **around**. 그녀는 여기에 없다.

3 My wife **is** never **around**. 내 와이프는 늘 집에 있는 법이 없어.

4 _____? 너희 엄마 여기에 계시니?

5 You should try to _____ as much as possible. 최대한 근처에 있으려고 노력해야 해.

Step 3 실생활에 적용하기

A 세상 그 어떤 일이 있더라도 항상 내 곁에 있어 줄 친구가 있으면 얼마나 좋을까?

B You have me!

A Well, I don't know about that.

A I wish I had a friend who would be there for me no matter what.

B 내가 있잖아!

A 음, 글쎄올시다.

정답 Step 1 4 be there for me 5 be there for me when Step 2 4 Is your mom around 5 be around

160

(Do) you want me to be + 명사? 넌 내가 ~가 되기를 원하는 거니?

Step 1 기본 패턴 연습하기

1 **You want me to be** a better man? 내가 더 좋은 남자가 될 원하는 거니?

2 **Do you want me to be** your girlfriend? 내가 네 여자친구가 되었으면 좋겠니?

3 **You want me to be** a teacher? 내가 선생님이 될 원하는 거예요?

4 _____ a hero? 내가 영웅이 되길 원해?

5 _____ her? 내가 그녀가 되었으면 좋겠니?

Step 2 패턴 응용하기 | 주어 + want(s) me to + 동사

1 My grandma **wants me to be** a singer. 우리 할머니는 내가 가수가 되길 원해요.

2 Elliott **wants me to go** on a trip with him. 엘리엇은 나와 여행을 가고 싶어 한다.

3 They **want me to lose**. 그들은 내가 지기를 원한다.

4 Dina _____ her out to dinner. 디나는 내가 그녀에게 저녁을 사주기를 원한다.

5 Tom _____ his friends. 톰은 내가 그의 친구들과 만나기를 원해.

Step 3 실생활에 적용하기

A What are you saying?

B I'm saying I want to be with you alone.

A 너 내가 너의 남자친구가 되길 원하는 거니?

A 무슨 말인지?

B 그러니까 내 말은 난 너와 둘이서만 있고 싶단 말이야.

A You want me to be your boyfriend?

정답 Step 1 4 You want me to be 5 Do you want me to be Step 2 4 wants me to take 5 wants me to meet

A | 영화 속 대화를 완성해 보세요.

MOTHER GOTHEL He won't ❶ .... you.
그는 널 위해 기다리고 있지 않을 거야.

RAPUNZEL What ❷ .... to him?
그에게 무슨 짓을 한 거예요?

MOTHER GOTHEL That ❸ .... is to ❹ .... his crimes. 그 녀석은 교수형에 처해야 해.

RAPUNZEL No... 아냐.

MOTHER GOTHEL Now, now. ❺ .... Listen to me. All of this is ❻ ....
자, 자. 괜찮아. 내 얘길 들어보렴. 모든 것이 원래 있어야 할 곳으로 되돌아온 것이란다.

RAPUNZEL No. ❼ .... the world and you were wrong about me and I will never ❽ .... my hair again.
아니에요. 당신의 세상은 틀렸어요 그리고 나에 대한 생각도 틀렸어요. 그리고 난 절대 다시는 당신이 내 머리카락을 이용하게 하지 않을 거예요.

MOTHER GOTHEL ❾ .... the bad guy? Fine. Now I'm ❿ ....
내가 건달이 되길 원하는 거지? 좋아. 그럼 내가 악당을 해 주지.

B | 다음 빈칸을 채워 문장을 완성해 보세요.

1 우리는 항상 서로의 곁을 지켜줬다.
We've always .... each other.

2 내가 누군가의 어깨에 기대어 울고 싶을 때 누가 내 곁에 있어 줄까?
Who will .... I need a shoulder to cry on?

3 너희 엄마 근처/여기에 계시니?
.... ?

4 내가 영웅이 되길 원해?
.... a hero?

5 톰은 내가 그의 친구들과 만나기를 원해.
Tom .... his friends.

Run Maximus, Run!

달려라 막시무스, 달려!

선술집의 건달들이 평소에 별로 달가워하지 않던^{not pleased with} 플린을 왜 구해줬나^{rescue} 싶었는데, 알고 보니^{it turned out} 막시무스의 공이 컸네요. 그간의 상황을 그들 가까이서 지켜보며 막시무스도 플린과 미운 정 고운 정이 들고, 라푼젤을 구하기 위해서는 플린이 필요하다는 것을 알고 그의 탈옥을 도운 거예요. 절체절명의 순간에 얼떨결에^{by accident} 구출된 플린은 막시무스와 힘을 합쳐 라푼젤을 구하기 위해 그녀가 고텔에게 붙잡혀있는 탑으로 향해 전속력으로 달려갑니다.

Warm Up! 오늘 배출 표현   오늘 등장하는 표현들입니다. 어떤 표현이 들어가야 할지 생각해 보세요.

* ▢▢▢▢▢▢. 고개 숙여.

* ▢▢▢▢▢▢. 팔을 안쪽으로 모아.

* ▢▢▢▢▢▢. 무릎은 벌려라.

* I feel maybe ▢▢▢▢▢▢▢▢ we've just been misunderstanding one another.
아마 우리가 지금껏 계속 서로를 오해하고 있었던 것 같아.

* Ok, Max, ▢▢▢▢▢▢▢ how fast you can run. 좋아, 막스, 네가 얼마나 빨리 달릴 수 있는지 한번 보자고.

27-1.mp3

HOOKHAND THUG 갈고리 손 건달	**Head down!**[1] 고개 숙여!
FLYNN 플린	Head down. 고개 숙여.
HOOKHAND THUG 갈고리 손 건달	**Arms in!**[2] 팔은 안쪽으로!
FLYNN 플린	Arms in. 팔은 안쪽으로.
HOOKHAND THUG 갈고리 손 건달	**Knees apart!**[3] 무릎은 벌리고!
FLYNN 플린	Knees apart. Knees apart?!? Why, why do I need to put my knees apart - AAHHH. 무릎은 벌린다. 무릎을 벌린다고?!? 왜, 왜 무릎은 벌려야 하는 거지 – 아아아.
FLYNN 플린	Max! You brought them here. Thank you. No really, thank you. I feel maybe **this whole time** we've just been misunderstanding one another and we're really just, yeah…you're right, we should go.[4] 막스! 네가 쟤들을 데려왔구나. 고마워. 아냐 정말, 고마워. 아마 우리가 지금껏 계속 서로를 오해하고 있었던 것 같은데 사실 알고 보면 우리는 말이야, 정말이지… 그래 네가 맞아, 우린 어서 가야지.
FLYNN 플린	Max. Max! MAX! 막스. 막스! 막스!
FLYNN 플린	Ok, Max, **let's see** how fast you can run.[5] 좋아, 막스, 네가 얼마나 빨리 달릴 수 있는지 한번 보자고.

164

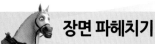
❶ Head down! 고개 숙여!

고개를 숙이라고 명령할 때 쓸 수 있는 간결한 표현이에요. 문장으로 표현하면 Get/put your head down! 이라고 하는 게 맞아요. 그런데, get/put one's head down은 관용적으로 '잠을 자다' 또는 '(특히 책을 읽거나/공부를) 열심히 하다'라는 의미로도 많이 쓰인답니다.

* Put your **head down** and look at the floor! 고개를 숙이고 바닥을 봐라.
* Get your **head down** and work! 열심히 일해!

❷ Arms in! 팔을 안쪽으로 모아!

팔을 안쪽으로 모으라는 명령을 간결하게 할 때 쓰는 표현이에요. 문장으로 표현하면 Get/put your arms in! 이라고 한답니다.

* Put your **arms in** and roll. 팔을 안쪽으로 모으고 굴러라.
* Keep your **arms in** and stay put. 팔을 안쪽으로 모은 상태로 그대로 있어라.

❸ Knees apart! 무릎은 벌려라!

위에서 나온 head down, arms in과 같은 방식으로 간결하게 무릎을 벌리라고 표현한 것이에요. 역시 문장으로 쓰면 Put/get your knees apart가 자연스럽겠네요.

* I had my **knees apart** in a sitting position. 무릎을 벌리고 앉은 자세로 있었다.
* Put your toes together and your **knees apart**. 발가락은 모으고 무릎은 벌린 자세를 해보세요.

❹ I feel maybe this whole time we've just been misunderstanding one another.
아마 우리가 지금껏 계속 서로를 오해하고 있었던 것 같아.

처음부터 지금까지 지속해서 무엇을 했거나 어떤 상태에 있었다고 할 때 쓰는 표현이에요. '죽, 내내, 시종일관' 등의 뜻으로 해석하면 좋겠어요. 이전 장면에서 나왔던 all along과 어감이 거의 비슷한 표현이에요. 같은 상황에서 this whole time 대신 the whole time으로 써도 무방해요. **★영화 속 패턴 익히기**

❺ Ok, Max, let's see how fast you can run. 좋아, 막스, 네가 얼마나 빨리 달릴 수 있는지 한번 보자고.

대화문에서 Let's see가 따로 쓰이는 경우엔, 잠시 생각을 하면서 '흠, 글쎄, 뭐랄까' 정도의 의미예요. 그런데, let's see 뒤에 다른 내용이 바로 연결되어 나오면 '~한지 어디 보자', '어떻게 되는지 어디 한번 보자'와 같은 어감으로 쓰인답니다. 패턴 연습을 통해 좀 더 자세히 들여다볼게요. **★영화 속 패턴 익히기**

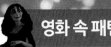
🎧 27-2.mp3

this whole time   지금껏 내내

Step 1   기본 패턴 연습하기

1   I've tried to warn you **this whole time**. 지금껏 내내 계속 내가 경고하려고 했잖아.

2   She's been cheating on me **this whole time**. 지금껏 내내 그녀는 바람을 피워 왔던 거야.

3   You've been looking for me **this whole time**? 여태까지 날 계속 찾고 있었던 거야?

4   I finally understand what my mom has been trying to tell me
_____. 이제서야 지금껏 내내 우리 엄마가 나에게 무슨 말을 하려고 했던 건지 이해가 된다.

5   I've been thinking about you _____. 난 지금껏 내내 네 생각하고 있었어.

Step 2   패턴 응용하기 | the whole time

1   We knew who the culprit was **the whole time**. 우린 누가 범인인지 처음부터 계속 알고 있었어.

2   No one said anything **the whole time**. 계속 아무도 아무 말도 하지 않았다.

3   You must leave the light on **the whole time**. 죽 계속해서 불을 켜둬야 해.

4   I felt really proud _____. 난 그 시간 내내 자부심을 느꼈어.

5   She must have been _____, **watching me**. 그녀가 처음부터 죽 거기에서 나를 지켜보고 있었나 봐.

Step 3   실생활에 적용하기

A 지금껏 내내 알면서도 그녀한테 얘기를 안 해 준거야?	A You knew about it this whole time and didn't tell her?
B If I had told her, she would've been very upset.	B 아마 내가 얘기해 줬으면 엄청 화냈을걸.
A You bet.	A 당연하지.

정답   Step 1   4 this whole time   5 this whole time   Step 2   4 the whole time   5 there the whole time

🎧 27-3.mp3

Let's see how ~

얼마나 ~ 한지 보자, ~가 어떻게 되는지 보자.

Step 1 기본 패턴 연습하기

1 **Let's see how** it goes. 어떻게 진행되는지 보자.

2 **Let's see how** well you know about cats. 네가 고양이들에 대해 얼마나 잘 알고 있는지 보자.

3 **Let's see how** smart you are. 네가 얼마나 똑똑한지 한번 보자.

4 _____ you remember. 네가 얼마만큼 기억하고 있는지 보자.

5 _____ it is. 이게 얼마나 어려운지 한번 보자.

Step 2 패턴 응용하기 | Let's see ~

1 **Let's see what** happens next. 다음엔 어떤 일이 일어나는지 보자.

2 **Let's see where** life takes us. 우리의 인생이 어디로 흘러가는지 보자고.

3 **Let's see what** he has to say. 그가 무슨 말을 하려고 하는지 한번 들어보자.

4 _____ will have the last laugh. 누가 마지막으로 웃게 되는지 보자고.

5 _____ this works. 이게 잘 작동하는지 보자.

Step 3 실생활에 적용하기

A My hands are bigger than yours.

B You think? 네 손이 얼마나 큰지 한번 보자.

A See? They are way bigger than yours.

A 내 손이 너보다 더 커.

B 그래? Let's see how big your hands are.

A 봤지? 내 손이 네 손보다 훨씬 더 크잖아.

정답 Step 1 4 Let's see how much 5 Let's see how difficult   Step 2 4 Let's see who 5 Let's see if

A | 영화 속 대화를 완성해 보세요.

HOOKHAND THUG ❶ _____! 고개 숙여!

FLYNN Head down. 고개 숙여.

HOOKHAND THUG ❷ _____! 팔은 안쪽으로!

FLYNN Arms in. 팔은 안쪽으로.

HOOKHAND THUG ❸ _____! 무릎은 벌리고!

FLYNN Knees apart. Knees apart?!? Why, why do I
❹ _____ my knees apart - AAHHH.
무릎은 벌린다. 무릎을 벌린다고?!? 왜, 왜 무릎은 벌려야 하는 거지 – 아아아.

FLYNN Max! You ❺ _____. Thank you. No
really, thank you. I feel maybe ❻ _____
we've just been ❼ _____ one
another and we're really just, yeah...you're right,
❽ _____. 막스! 네가 쟤들을 데려왔구나. 고마워. 아냐
정말, 고마워. 아마 우리가 지금껏 계속 서로를 오해하고 있었던 것 같은데 사실 알고 보면
우리는 말이야, 정말이지… 그래 네가 맞아, 우린 어서 가야지.

FLYNN Max. Max! MAX! 막스. 막스! 막스!

FLYNN Ok, Max, ❾ _____ how fast ❿ _____
_____. 좋아, 막스, 네가 얼마나 빨리 달릴 수 있는지 한번 보자고.

B | 다음 빈칸을 채워 문장을 완성해 보세요.

1 난 지금껏 내내 네 생각하고 있었어.
I've been thinking about you _____.

2 죽 계속해서 불을 켜둬야 해.
You must leave the light on _____.

3 네가 얼마나 똑똑한지 한번 보자.
_____ smart you are.

4 네가 얼마만큼 기억하고 있는지 보자.
_____ you remember.

5 누가 마지막으로 웃게 되는지 보자고.
_____ will have the last laugh.

If Only You'd Just Let Me Heal Him...

단지 내가 그를 치유하게만 해준다면…

라푼젤을 구하러 탑으로 찾아온 플린, 다시 만나게 된 라푼젤을 보며 기쁨을 감추지 못하는데, 기쁨도 잠시… 고텔이 그를 뒤에서 칼로 찔렀어요.^{stabbed him from the back} 피를 흘리며 쓰러진 플린을 살리기 위해 라푼젤은 하라는 대로 뭐든지 다 할테니^{do whatever she asks her to do} 그를 살릴 수 있게 해달라고 고텔에게 애원합니다. 고텔은 회심의 미소를 지으며 그렇게 하라고 하는데, 라푼젤의 불행을 원치 않는 플린은 자신의 죽음을 불사하고라도^{be willing to risk his life} 그녀를 구하려고 합니다. 유리 조각으로^{a piece of glass} 바로 그녀의 머리카락을 싹둑 잘라버린 것이지요. 그 순간, 라푼젤의 머리카락은 마법의 힘을 잃고 갈색으로^{brunettes} 변해버리고 누군가는 젊음을 잃게 되었네요.

Warm Up! 오늘 배울 표현들

오늘 등장하는 표현들입니다. 어떤 표현이 들어가야 할지 생각해 보세요.

* Now, ＿＿＿＿＿＿＿＿＿ you've done, Rapunzel. 자, 네가 무슨 짓을 한 건지 보거라, 라푼젤.

* ＿＿＿＿＿＿＿＿＿. 이젠 할 만큼 했잖니.

* I will never stop trying to ＿＿＿＿＿＿＿＿＿ you. 당신에게서 벗어나고자 하는 노력을 절대 멈추지 않을 거라고요.

* ＿＿＿＿＿＿＿＿＿. 바로 당신이 원하는 대로.

* Everything will be ＿＿＿＿＿＿＿＿＿. 모든 것이 예전 그대로 돌아갈 거예요.

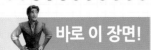
MOTHER GOTHEL
고텔

Now, **look what** you've done, Rapunzel.❶ But don't worry dear, our secret will die with him. And as for us, we are going where no one will ever find you again.

자, 네가 무슨 짓을 한 건지 보거라, 라푼젤. 하지만, 걱정 말거라 아가야, 우리의 비밀은 그와 함께 죽게 될 것이니까. 그런 한편 우리는, 아무도 너를 찾을 수 없는 곳으로 갈 거야.

RAPUNZEL
라푼젤

Eugene!

유진!

MOTHER GOTHEL
고텔

Rapunzel, really. **Enough already.**❷ Stop fighting me.

라푼젤, 정말로, 이젠 할 만큼 했잖니. 나한테 대들지 말거라.

RAPUNZEL
라푼젤

No! I won't stop! For every minute of the rest of my life I will fight. I will never stop trying to **get away from** you.❸ But if you let me save him, I will go with you.

아니요! 전 그만두지 않을 거예요! 앞으로 내 인생이 끝나는 그 시점까지 단 한 순간도 쉬지 않고 싸울 거예요. 당신에게서 벗어나고자 하는 노력을 절대 멈추지 않을 거고요. 하지만 내가 저 사람을 구하게 해 주신다면, 당신을 따라가겠어요.

FLYNN
플린

No! No, Rapunzel!

안돼! 안돼요, 라푼젤!

RAPUNZEL
라푼젤

I'll never run. I'll never try to escape. Just let me heal him and you and I will be together. Forever. **Just like you want.**❹ Everything will be **the way it was**.❺ I promise. Just like you want. Just let me heal him.

난 절대 도망가지 않을 거예요. 다시는 탈출하려고 하지도 않을 거예요. 내가 저 사람을 치유할 수 있게만 해 주세요. 그러면 당신과 나는 함께할 거예요. 영원히. 당신 원대로 말이에요. 모든 것이 예전 그대로 돌아갈 거예요. 약속할게요. 바로 당신이 원하는 대로, 제발 제가 그를 치유할 수 있게만 해 주세요.

장면 파헤치기 구문 설명과 예문으로 이 장면의 핵심 표현을 완벽히 이해하세요.

❶ Now, look what you've done, Rapunzel. 자, 네가 무슨 짓을 한 건지 보거라, 라푼젤.

look 뒤에 what절을 연결해서 표현하면 '~가 무엇을 했는지 보아라'라는 의미가 된답니다. look 뒤에 관계사절이
오는 경우가 많은데, 여기에서는 what으로 연결되는 문장들을 살펴볼게요.

* **Look what** I found! 내가 뭘 찾았는지 봐!
* **Look what** you have caused! 내가 어떤 일을 초래했는지 봐!

❷ Enough already. 이젠 할 만큼 했잖니.

상대방에게 짜증을 내면서 이제 충분하니 그만 좀 하라고 할 때 쓰는 표현이에요. 같은 어감으로 enough 뒤에
with와 함께 내용을 넣어서 'Enough with ~'로 표현하는 패턴도 함께 공부해 볼게요. ★영화 속 패턴 익히기

❸ I will never stop trying to get away from you. 당신에게서 벗어나고자 하는 노력을 절대 멈추지 않을 거고요.

get away from something/someone은 '~으로 부터 벗어나다/멀어지다'라는 의미의 표현이에요. 참고로, 앞에
can't를 넣어서 can't get away from something이라고 표현하면 관용적으로 '벗어날 수 없다, 피할 수 없다'는
의미가 된답니다.

* **Get away from** me! 저리 가란 말이야!
* I just can't **get away from** using my smartphone. 난 내 스마트폰에서 벗어날 수가 없다.

❹ Just like you want. 바로 당신이 원하는 대로.

just like you want는 '바로 네가 원하는 대로, 네가 원하는 방식 그대로'라는 의미인데, just as you want라고 표현할
수도 있어요.

* Everything is **just as you want**. 모든 것이 다 네가 원하는 대로잖아.
* It's **just like you wanted**, right? 내가 원했던 대로지. 그렇지?

❺ Everything will be the way it was. 모든 것이 예전 그대로 돌아갈 거예요.

원래 있는 그대로의 모습, 원래의 상태를 표현할 때는 〈the way + 주어 + be동사〉 형식을 써요. 달라진
모습/상태보다는 원래의 모습/상태가 더 좋다고 표현할 때 많이 쓰는데 이때는 동사를 과거형으로 쓴답니다.

★영화 속 패턴 익히기

Enough already!

이젠 할 만큼 했잖니! 이제 그만 좀 해!

Step 1   기본 패턴 연습하기

1 **Enough already**! I can't take any more of this. 이제 그만 좀 해! 더 이상은 못 봐주겠어.

2 **Enough already**! Stop yelling at me! 이제 그만 좀 해! 나한테 소리치지 말라고!

3 **Enough already**! You don't even know what you're saying.
작작 좀 해! 자기가 무슨 말을 하고 있는지 알지도 못하면서 말이야.

4 _____! Go to sleep! 이제 놀 만큼 놀았잖아! 들어가서 자!

5 _____! Take action before it's too late.
이제 할 만큼 했잖니! 너무 늦기 전에 행동에 옮기라고.

Step 2   패턴 응용하기 | enough with ~

1 **Enough with** your lies! 네 거짓말도 이젠 지긋지긋해!

2 I've had **enough with** your nonsense. 헛소리 좀 작작해라.

3 **Enough with** your excuses! 더 이상 변명은 듣기 싫어!

4 _____ the whining! 불평 좀 그만하라고!

5 Nancy says she's had _____ dating. 낸시가 데이트는 질릴 만큼 많이 했다고 하더라.

Step 3   실생활에 적용하기

A I know you have feelings for Michelle. Admit it!

B 그만 좀 해! I have no feelings for her.

A Then why do you get so nervous whenever she's around?

A 너 미셸 좋아하는 거 다 알아. 인정해라!

B Enough already! 난 그녀에게 관심 없어.

A 그럼 왜 미셸하고 같이 있을 때마다 그렇게 긴장하는 건데?

정답   Step 1 4 Enough already 5 Enough already   Step 2 4 Enough with 5 enough with

the way + 주어 + be동사   원래의/지금 그대로의 모습이나 상태

Step 1 기본 패턴 연습하기

1 I like you **the way you are**. 난 네 모습 그대로가 좋아.

2 That's **the way it is**. 그건 원래 그런 거야.

3 Let's just be **the way we are**! 원래의 우리답게 살자!

4 Keep them ＿＿＿＿＿＿＿＿! 그것들 원래 모습대로 유지해라!

5 Why can't you just accept ＿＿＿＿＿＿＿＿? 넌 왜 날 있는 그대로 받아들일 수 없는 거니?

Step 2 패턴 응용하기 | the way + be동사 과거

1 I miss **the way we were** back then. 예전 우리의 모습이 그립다.

2 Things aren't **the way they were** before. 상황이 예전과는 다르네.

3 I wish he was still **the way he was**. 그가 원래의 그의 모습 그대로였으면 좋았을 텐데.

4 Let me tell you ＿＿＿＿＿＿＿＿ back when I was little.
내가 어렸을 때는 세상이 어땠는지 얘기해주지.

5 We are going back to ＿＿＿＿＿＿＿＿ in the 80s.
우리는 80년대의 세상으로 다시 돌아가고 있다.

Step 3 실생활에 적용하기

A I'm thinking about getting a nose job.
B Please, don't. 지금 그대로가 보기 좋아.
A Thank you. That's what I wanted to hear from you.

A 코 수술을 할까 생각 중이야.
B 그러지마. It looks good the way it is.
A 고마워. 내가 너한테 듣고 싶었던 얘기가 바로 그거야.

정답 Step 1 4 the way they are 5 the way I am Step 2 4 the way it was 5 the way things were

A | 영화 속 대화를 완성해 보세요.

MOTHER GOTHEL Now, ❶_____ you've done, Rapunzel. But don't worry dear, our secret will ❷_____ _____. And as for us, we are going where ❸_____ find you again. 자, 네가 무슨 짓을 한 건지 보거라, 라푼젤. 하지만, 걱정 말거라 아가야, 우리의 비밀은 그와 함께 죽게 될 것이니까. 그런 한편 우리는, 아무도 너를 찾을 수 없는 곳으로 갈 거야.

RAPUNZEL Eugene! 유진!

MOTHER GOTHEL Rapunzel, really. ❹_____. Stop ❺_____.
라푼젤, 정말로. 이젠 할 만큼 했잖니. 나한테 대들지 말거라.

RAPUNZEL No! I won't stop! For ❻_____ of my life I will fight. I will never stop trying to ❼_____ you. But if you let me save him, I will go with you.
아니요! 전 그만두지 않을 거예요! 앞으로 내 인생이 끝나는 그 시점까지 단 한 순간도 쉬지 않고 싸울 거예요. 당신에게서 벗어나고자 하는 노력을 절대 멈추지 않을 거라고요. 하지만 내가 저 사람을 구하게 해 주신다면, 당신을 따라가겠어요.

FLYNN No! No, Rapunzel! 안돼! 안돼요, 라푼젤!

RAPUNZEL I'll never run. I'll never try to escape. Just let me heal him and you and I will be together. Forever. ❽_____. Everything will be ❾_____. I promise. Just like you want. Just ❿_____.
난 절대 도망가지 않을 거예요. 다시는 탈출하려고 하지도 않을 거예요. 내가 저 사람을 치유할 수 있게만 해 주세요 그러면 당신과 나는 함께할 거예요. 영원히. 당신 원대로 말이에요. 모든 것이 예전 그대로 돌아갈 거예요. 약속할게요. 바로 당신이 원하는 대로. 제발 제가 그를 치유할 수 있게만 해 주세요.

정답 A

❶ look what
❷ die with him
❸ no one will ever
❹ Enough already
❺ fighting me
❻ every minute of the rest
❼ get away from
❽ Just like you want
❾ the way it was
❿ let me heal him

B | 다음 빈칸을 채워 문장을 완성해 보세요.

1 이제 그만 좀 해! 더 이상은 못 봐주겠어.

_____! I can't take any more of this.

2 불평 좀 그만하라고!

_____ the whining!

3 난 네 모습 그대로가 좋아.

I like you _____.

4 넌 왜 날 있는 그대로 받아들일 수 없는 거니?

Why can't you just accept _____?

5 예전 우리의 모습이 그립다.

I miss _____ back then.

정답 B

1 Enough already
2 Enough with
3 the way you are
4 the way I am
5 the way we were

174

Day 29
New Dream
새로운 꿈

라푼젤의 머리카락에서 나오는 마법의 힘을 통해 젊음을 유지해 온 악녀 고텔이 한 줌의^{a handful} ^{of} 먼지가 되어 사라져버려 한편으로는 참 다행이지만, 그와 함께 라푼젤의 마법의 힘 또한 사라져버려^{vanished} 플린을 살릴 수 없게 되어 너무나도 안타깝네요. 이제 마지막을 맞게 된 플린은 라푼젤에게 '당신은 나의 새로운 꿈이었어요'라고 고백을 하고^{make a confession} 라푼젤 역시 그에게 향한 그녀의 사랑을 고백합니다. 비록^{although} 더 이상 머리카락에서 나오는 마법의 힘은 없지만, 라푼젤은 사랑하는 플린을 위해 혼신의 힘을 다해^{put every ounce of her energy} 노래를 하고, 그녀의 진심 어린 눈물이 그의 몸에 닿자 다시 한번 마법의 힘이 되살아나 그의 상처를 모두 아물게 하네요.

 Warm Up! 오늘 배울 표현

오늘 등장하는 표현들입니다. 어떤 표현이 들어가야 할지 생각해 보세요.

* **MAKE THE CLOCK** _____. 시간을 거꾸로 되돌리게 해라.
* _____. 당신이 저의 새로운 꿈이었어요.
* **CHANGE** _____. 운명의 계획을 바꿔라.
* _____ **WHAT HAS BEEN LOST.** 잃은 것을 구하라.
* Did I ever tell you _____ brunettes?
혹시 제가 갈색 머리카락을 가진 여성을 좋아한다고 얘기한 적 있던가요?

175

RAPUNZEL
라푼젤

No, no, no. Eugene. Look at me Eugene, look at me, I'm right here. Don't go. Stay with me, Eugene!

안 돼, 안 돼, 안 돼. 유진. 나를 봐요, 유진. 나를 봐요. 저 여기 있어요. 죽으면 안 돼요. 저와 함께 있어요, 유진!

FLOWER GLEAM AND GLOW, LET YOUR POWER SHINE

꽃이여 반짝이며 빛나라. 너의 능력이 빛을 발하게 하라.

FLYNN
플린

Rapunzel...

라푼젤…

RAPUNZEL
라푼젤

MAKE THE CLOCK **REVERSE**,❶ BRING BACK WHATONCE WAS MINE

시간을 거꾸로 되돌리게 하라. 한때 내 것이었던 것을 다시 돌려주거라.

RAPUNZEL
라푼젤

What?

뭐라고요?

FLYNN
플린

You were my new dream.❷

당신이 저의 새로운 꿈이었어요.

RAPUNZEL
라푼젤

And you were mine.

그리고 당신은 제 꿈이었지요.

RAPUNZEL
라푼젤

HEAL WHAT HAS BEEN HURT, CHANGE **FATES' DESIGN**❸
SAVE WHAT HAS BEEN LOST❹

상처 입은 것을 고쳐라, 운명의 계획을 바꿔라, 잃은 것을 구하라

BRING BACK WHAT ONCE WAS MINE, WHAT ONCE WAS MINE

한때 내 것이었던 것을 다시 돌려주거라, 한때 내 것이었던 것을

FLYNN
플린

Rapunzel?

라푼젤?

RAPUNZEL
라푼젤

Eugene?

유진?

FLYNN
플린

Did I ever tell you **I've got a thing for** brunettes?❺

혹시 제가 갈색 머리카락을 가진 여성을 좋아한다고 얘기한 적 있던가요?

RAPUNZEL
라푼젤

Eugene!

유진!

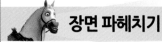
❶ MAKE THE CLOCK REVERSE. 시간을 거꾸로 되돌리게 해라.

reverse는 '정반대로 뒤바꾸다, 반전/역전시키다'라는 의미로 쓰이는 동사예요. 명사로도 사용 가능한데, 그 경우엔 '(방금 언급한 것의) 정반대'라는 의미로 쓰이고, 앞에 the를 붙여서 the reverse라고 하는 경우는 '(동전, 종이 등의) 뒷면/이면'을 뜻합니다.

* An image is **reversed** in a mirror. 거울에 나타나는 모습은 거꾸로 된 것이다.
* The Supreme Court **reversed** the decision. 대법원에서 판결을 번복했다.

❷ You were my new dream. 당신이 저의 새로운 꿈이었어요.

'넌 나의 ~이었어'라고 표현할 때는 'You were my ~' 패턴을 활용할 수 있어요. 주어와 뒤에 따르는 한정사(my, your, his, her, our, their)를 바꿔서 패턴을 확장해서 연습해 볼게요. ★영화 속 패턴 익히기

❸ CHANGE FATES' DESIGN. 운명의 계획을 바꿔라.

fate는 destiny와 함께 '운명/숙명'이라는 의미로 쓰이는 명사인데, 특히 fate는 부정적인 의미에서의 운명을 이야기할 때 자주 쓰이는 경향이 있어요. design은 우리가 흔히 아는 '디자인'이라는 의미 이외에 '계획/의도'라는 뜻으로 쓰일 수도 있어요.

* I became a singer by accident, not by **design**. 난 우연히 가수가 되었다. 계획에 의한 것이 아니라.
* Our **fate** is predetermined. 우리의 운명은 이미 결정되어 있어.

❹ SAVE WHAT HAS BEEN LOST. 잃은 것을 구하라.

save는 '(돈을) 모으다, 저축하다'의 의미와 '(죽음, 손상, 손실 등에서) 구하다'라는 의미로 주로 쓰이는 동사예요. 야구나 축구와 같은 스포츠에서는 득점을 막을 때 쓰는 명사로도 사용하고요.

* The couple is **saving** money to get married. 그 커플은 결혼하려고 돈을 모으고 있어.
* You **saved** my life. 당신이 내 생명을 구해주었어요.

❺ Did I ever tell you I've got a thing for brunettes?
혹시 제가 갈색 머리카락을 가진 여성을 좋아한다고 얘기한 적 있던가요?

have got a thing for~는 '~을 좋아하다, ~에 마음이 있다'라는 의미의 구어체적 표현이에요. got을 빼고 have a thing for로만 쓰는 경우도 있는데 의미는 같답니다. 참고로, have feelings for someone도 '~을 좋아하다'라는 의미의 표현인데, have a thing for는 꼭 사람 이외의 대상에 대해서 표현할 때도 쓰이지만 have feelings for는 사람에 대해서만 쓰인다는 것 알아두시면 좋겠어요. ★영화 속 패턴 익히기

오늘 배운 장면에서 뽑은 핵심 패턴으로 다양한 표현을 만들어 보세요.

 29-2.mp3

You were my ~
넌 나의 ~이었다.

Step 1 기본 패턴 연습하기

1 **You were my** only hope. 당신은 나의 유일한 희망이었어요.

2 I thought **you were my** destiny. 난 당신이 나의 운명이라 생각했어요.

3 **You were my** nemesis. 넌 나의 원수였어.

4 _____ everything. 넌 나의 모든 것이었어.

5 _____ hero. 당신은 나의 영웅이었어요.

Step 2 패턴 응용하기 | 주어 + be동사 + 한정사 + 명사

1 **She is my lifetime partner.** 그녀는 내 평생의 반려자이다.

2 Julie thought **he was her prince charming.** 줄리는 그가 그녀의 백마 탄 왕자님이라고 생각했다.

3 **They were my childhood friends.** 그들의 나의 어린 시절 친구들이었다.

4 We believed _____. 우린 그가 우리의 은인이라고 믿었어요.

5 _____ dream job. 이건 우리가 꿈꿔오던 직업이에요.

Step 3 실생활에 적용하기

A 넌 나의 첫사랑이었어.

B So were you.

A I miss those days when we were together.

A You were my first love.

B 너도 내 첫사랑이었어.

A 우리가 사귀던 그때가 그립다.

정답 Step 1 4 You were my 5 You were my Step 2 4 he was our savior 5 It is our

have (got) a thing for ~

~을 좋아하다, ~에 마음/관심이 있다.

Step 1 기본 패턴 연습하기

1 I've **got a thing for** older girls. 난 연상의 여자를 좋아해.

2 He **has a thing for** blondes. 그는 금발 여자를 좋아한다.

3 John **has a thing for** antiques. 존은 골동품을 좋아해.

4 I've always _____ horror movies. 난 늘 공포영화를 좋아했어.

5 Terry _____ muscular guys. 테리는 근육질의 남성을 좋아한다.

Step 2 패턴 응용하기 | have feelings for someone

1 I **have feelings for** Rachel. 나 레이첼 좋아해.

2 Bill **has feelings for** one of his classmates. 빌은 같은 반에 좋아하는 친구가 있다.

3 Do you **have feelings for** someone? 너 누구 좋아하니?

4 My girlfriend just told me _____ another guy.
내 여자친구가 방금 나에게 다른 남자를 좋아하고 있다고 말했어.

5 You know everyone _____. 모두가 다 널 (이성으로) 좋아하는 거 너도 알잖아.

Step 3 실생활에 적용하기

A Why do you always go out with guys younger than you?

B 난 연하가 좋아.

A No wonder you wouldn't go out with me.

A 넌 왜 항상 너보다 어린 남자들하고만 사귀니?

B I have a thing for younger guys.

A 어쩐지, 그래서 나하고는 안 사귀는 거구나.

정답 Step 1 **4** had a thing for **5** has a thing for Step 2 **4** she has feelings for **5** has feelings for you

179

A | 영화 속 대화를 완성해 보세요.

RAPUNZEL No, no, no. Eugene. Look at me Eugene, look at me, ❶_____. Don't go. ❷_____, Eugene!
안 돼, 안 돼, 안 돼, 유진. 나를 봐요, 유진, 나를 봐요, 저 여기 있어요. 죽으면 안 돼요. 저와 함께 있어요, 유진!

FLOWER GLEAM AND GLOW, LET YOUR POWER SHINE
꽃이여 반짝이며 빛나라, 너의 능력이 빛을 발하게 하라.

FLYNN Rapunzel... 라푼젤…

RAPUNZEL MAKE THE CLOCK ❸_____, BRING BACK WHAT ❹_____
시간을 거꾸로 되돌리게 해라, 한때 내 것이었던 것을 다시 돌려주거라.

RAPUNZEL What? 뭐라고요?

FLYNN ❺_____. 당신이 저의 새로운 꿈이었어요.

RAPUNZEL And ❻_____. 그리고 당신은 제 꿈이었지요.

HEAL WHAT HAS BEEN HURT, CHANGE ❼_____ ❽_____ WHAT HAS BEEN LOST
상처 입은 것을 고쳐라, 운명의 계획을 바꿔라, 잃은 것을 구하라

BRING BACK WHAT ONCE WAS MINE, WHAT ONCE WAS MINE 한때 내 것이었던 것을 다시 돌려주거라, 한때 내 것이었던 것을

FLYNN Rapunzel? 라푼젤?

RAPUNZEL Eugene? 유진?

FLYNN ❾_____ tell you ❿_____ brunettes? 혹시 제가 갈색 머리카락을 가진 여성을 좋아한다고 얘기한 적 있던가요?

RAPUNZEL Thanks. 고마워요.

정답 A

❶ I'm right here
❷ Stay with me
❸ REVERSE
❹ ONCE WAS MINE
❺ You were my new dream
❻ you were mine
❼ FATES' DESIGN
❽ SAVE
❾ Did I ever
❿ I've got a thing for

B | 다음 빈칸을 채워 문장을 완성해 보세요.

1 당신은 나의 유일한 희망이었어요.
_____ only hope.

2 그녀는 내 평생의 반려자이다.
_____ lifetime partner.

3 난 늘 공포영화를 좋아했어.
I've always _____ horror movies.

4 테리는 근육질의 남성을 좋아한다.
Terry _____ muscular guys.

5 나 레이첼 좋아해.
_____ Rachel.

정답 B

1 You were my
2 She is my
3 had a thing for
4 has a thing for
5 I have feelings for

180

Finally Home

마침내 집으로

마침내^{at last} 자신의 진짜 집으로 돌아오게 된 라푼젤은 아름다운 왕국의 공주가 되어 온 나라 국민들의 사랑을 받게 되네요^{be loved by her people}. 그녀가 돌아오기를 간절히 바랐던 왕국에서는 그녀를 위한 축제가^{festival} 일주일 동안이나 계속되었답니다. 플린은 어떻게 되었냐고요? 설마 다시 도둑질을^{theft} 하며 살지는 않겠죠? 그는 예전 나쁜 버릇들은 다 끊고^{quit} 라푼젤에게 오랫동안 구애한 끝에 드디어 결혼에 성공했어요. 그리고 라푼젤과 플린, 아니 유진은 그 후로 오랫동안 행복하게 아주 잘 살았답니다!^{They lived happily ever after!}

Warm Up! 오늘 배울 표현

오늘 등장하는 표현들입니다. 어떤 표현이 들어가야 할지 생각해 보세요.

* The Kingdom rejoiced, _____ their lost princess had returned.
  실종되었던 공주가 돌아온 것에 대해 왕국은 환호했죠.

* _____ all over the place. 사방에서 꿈이 실현되었죠.

* That guy went on to become the most famous concert pianist in the world,
  _____. 믿길지는 모르겠지만 저 남자가 세상에서 가장 유명한 콘서트 피아니스트가 되었답니다.

* _____, I assume he's happy. 이 남자에 대해 말하자면, 아마도 행복한 것으로 추정돼요.

* She was a princess _____. 그녀는 기다릴만한 가치가 있는 공주였죠.

FLYNN
플린

Well, you can imagine what happened next... The Kingdom rejoiced, **for** their lost princess had returned.❶ The party lasted an entire week and honestly, I don't remember most of it.
뭐, 그다음엔 어떻게 됐을지 상상이 될 거예요… 실종되었던 공주가 돌아온 것에 대해 왕국은 환호했죠. 파티는 일주일 내내 계속되었는데 솔직히 말해서, 전 대부분 기억이 나질 않아요.

Dreams came true all over the place.❷ That guy went on to become the most famous concert pianist in the world, **if you can believe it**.❸
사방에서 꿈이 실현되었죠. 믿길지는 모르겠지만 저 남자가 세상에서 가장 유명한 콘서트 피아니스트가 되었답니다.

And this guy? Well, he eventually found true love.
그리고 이 남자는? 그가 마침내 진정한 사랑을 만났네요.

As for this guy, I assume he's happy.❹ He's never told me otherwise.
이 남자에 대해 말하자면, 아마도 행복한 것으로 추정돼요. 왜냐하면, 나한테 안 그렇다고 말한 적이 없으니까요.

Thanks to Maximus, crime in the kingdom disappeared almost overnight. As did most of the apples.
막시무스 덕분에 왕국의 범죄가 거의 하룻밤 만에 다 사라졌어요. 그런데 사과도 대부분 다 사라졌답니다.

Pascal never changed.
파스칼은 변함없이 늘 똑같고요.

At last Rapunzel was home and she finally had a real family. She was a princess **worth waiting for.**❺ Beloved by all, she lead her Kingdom with all the grace and wisdom that her parents did before her.
마침내 라푼젤은 집으로 돌아왔고 드디어 진짜 가족이 생겼어요. 그녀는 기다릴만한 가치가 있는 공주였죠. 모두의 사랑을 받으며 그녀는 자기 부모님처럼 품위와 지혜로 왕국을 다스렸답니다.

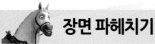
❶ The Kingdom rejoiced, for their lost princess had returned.
실종되었던 공주가 돌아온 것에 대해 왕국은 환호했죠.

for가 '~을 위하여'라는 전치사 외에 격식 차린 표현 혹은 문어체에서는 because '(왜냐하면) ~니까'라는 의미로 쓰일 수가 있답니다. 위의 문장에서는 문맥상 for를 '~에 대해'라고 해석했지만, 여기에서는 for가 because의 의미로 쓰였답니다.

* I still have hopes, **for** I know this is temporary.
  난 아직도 희망을 잃지 않고 있다. 왜냐하면 이 일이 일시적이라는 걸 알고 있으니까.
* I was exhausted, **for** I had been forced to work overtime.
  난 녹초가 되었다. 왜냐하면 억지로 추가근무를 했으니까.

❷ Dreams came true all over the place.   사방에서 꿈이 실현되었죠.

'꿈이 이루어지다'라는 표현을 영어로는 dreams come true라고 하죠. 이 문장에서는 동사가 과거형으로 쓰여서 '꿈이 실현되었다/이루어졌다'라는 의미가 되었네요. dreams come true 이외에도 wishes come true '소원이 이루어지다'라는 표현도 같이 알아두면 좋겠네요.

* All my **dreams came true** when I met you. 널 만났을 때 내 모든 꿈은 다 이루어졌어.
* I hope your **wishes come true**. 네 소원을 성취할 수 있기를 바라.

❸ That guy went on to become the most famous concert pianist in the world, if you can believe it.   믿길지는 모르겠지만 저 남자가 세상에서 가장 유명한 콘서트 피아니스트가 되었답니다.

상대방이 도무지 믿지 못할 정도로 엄청나거나 허무맹랑하고 기이한 것을 말할 때 이 표현을 써요. 비슷한 상황에서 believe it or not도 자주 쓰이는 표현이니 같이 알아두시면 좋겠네요.

* This is all yours, **believe it or not**. 이 모든 것이 다 네 거야. 믿기지는 않겠지만.
* They are still happily married, **if you can believe it**.
  그들은 아직도 행복하게 결혼생활을 하고 있단다. 믿길지는 모르겠지만.

❹ As for this guy, I assume he's happy.   이 남자에 대해 말하자면, 아마도 행복한 것으로 추정돼요.

as for something/someone은 '~에 대해서 말하자면'이라는 의미로 쓰이는데, 무엇을 한참 얘기하다 화제(초점)를 특정 대상으로 옮길 때 주로 쓰는 표현이에요.   ★영화속패턴 익히기

❺ She was a princess worth waiting for.   그녀는 기다릴만한 가치가 있는 공주였죠.

worth waiting for '기다릴만한 가치가 있는'이라는 표현에서 〈worth + 명사/동명사〉 형식은 '~할 가치가 있는, ~을 해볼 만한'이라는 패턴 표현이에요. 주로 이 표현은 추천이나 권고할 때, 또는 힘이 들거나 애써야 하는 일에 대해서 이야기할 때 쓰인답니다.   ★영화속패턴 익히기

🎧 30-2.mp3

as for something

~에 대해서 말하자면

Step 1 기본 패턴 연습하기

1 **As for** our vacation, we had the best time ever! 우리 휴가에 대해서 말하자면, 정말 환상적이었어!

2 **As for** wall paint, I prefer blue. 벽에 페인트에 대해 말하자면, 난 파란색이 더 좋아.

3 **As for** the job, I'm still looking for one. 직장에 대해서 말하자면, 나 아직 구직 중이야.

4 _____, you should just throw it away. 이 컴퓨터는 말이지, 그냥 버려라.

5 _____ relationship, we need some serious help. 우리의 관계에 대해서 말하자면, 우린 정말 큰 도움이 필요하다.

Step 2 패턴 응용하기 | as for someone

1 **As for** Joe, well, I don't really want to talk about him. 조에 대해서 말하자면, 글쎄, 그에 대해서는 별로 얘기하고 싶지 않네.

2 **As for** you, you are in big trouble. 너에 대해서 말하자면, 넌 이제 완전 큰일 났다.

3 **As for** me, I'm doing better than ever. 나에 대해서 말하자면, 난 정말 잘 지내고 있어.

4 _____, they are just out of control. 우리 애들에 대해서 말하자면, 걔들은 통제 불능이야.

5 _____ the others, they'll be here tomorrow. 그 외의 사람들에 대해서 말하자면, 내일 올 거야.

Step 3 실생활에 적용하기

A How is your family doing?

B My parents are doing great. And my brother just finished school last week. 그리고 나에 대해서 말하자면, 나도 잘 지내는 것 같아.

A Sounds great.

A 식구들은 다들 잘 지내?

B 우리 부모님은 잘 지내셔. 우리 오빠는 지난주에 졸업했고. And as for me, I guess I'm doing alright.

A 좋네.

정답 Step 1 4 As for this computer 5 As for our Step 2 4 As for my kids 5 As for

worth waiting for

기다릴만한 가치가 있는

1 The new movie was **worth waiting for**. 새 영화는 기다릴만한 가치가 있었어.

2 My favorite band's new album was **worth waiting for**.
   내가 가장 좋아하는 밴드의 새 앨범은 기다릴만한 가치가 있었다.

3 She's not **worth waiting for**. 그녀는 기다릴만한 가치가 없어.

4 The sunset _____. 일몰은 기다릴만한 가치가 있었네.

5 I hated the long line, but _____. 줄이 길어서 정말 짜증 났지만 기다릴만한 가치가 있었네.

1 It wasn't **worth** my time. 시간이 아까웠어.

2 It's **worth** a try. 이건 시도할만한 가치가 있어.

3 This car is **worth** more than a million dollars. 이 차는 백만 달러도 넘는 가치가 있다.

4 Freedom is _____. 자유는 투쟁할만한 가치가 있는 것이지.

5 Do you think it's _____? 그럴만한 가치가 있다고 생각해?

A The game was awesome.

B Tell me about it! We've been waiting for that game so long.

A 진짜 기다린 보람이 있네.

A 정말 끝내주는 게임이었어.

B 그러게 말이야! 이 게임 진짜 오래 기다려서 봤잖아.

A It was totally worth waiting for.

정답 Step 1 4 was worth waiting for 5 it was worth waiting for   Step 2 4 worth fighting for 5 worth it

A | 영화 속 대화를 완성해 보세요.

FLYNN　Well, ❶_____ what happened next... The Kingdom rejoiced ❷_____ their lost princess ❸_____. The party lasted an entire week and honestly, I don't remember ❹_____.

뭐, 그다음엔 어떻게 됐을지 상상이 될 거예요··· 실종되었던 공주가 돌아온 것에 대해 왕국은 환호했죠. 파티는 일주일 내내 계속되었는데 솔직히 말해서, 전 대부분 기억이 나질 않아요.

❺_____ all over the place. That guy went on to become the most famous concert pianist in the world ❻_____.　사방에서 꿈이 실현되었죠. 믿길지는 모르겠지만 저 남자가 세상에서 가장 유명한 콘서트 피아니스트가 되었답니다.

And this guy? Well, he ❼_____ true love.　그리고 이 남자는? 그가 마침내 진정한 사랑을 만났네요.

❽_____, I assume he's happy. He's never told me otherwise.　이 남자에 대해 말하자면, 아마도 행복한 것으로 추정돼요. 왜냐하면, 나한테 안 그렇다고 말한 적이 없으니까요.

Thanks to Maximus, crime in the kingdom ❾_____ _____. As did most of the apples.

막시무스 덕분에 왕국의 범죄가 거의 하룻밤 만에 다 사라졌어요. 그런데 사과도 대부분 다 사라졌답니다.

Pascal never changed.　파스칼은 변함없이 늘 똑같고요.

At last Rapunzel was home and she finally had a real family. She was a princess ❿_____. Beloved by all, she lead her Kingdom with all the grace and wisdom that her parents did before her.

마침내 라푼젤은 집으로 돌아왔고 드디어 진짜 가족이 생겼어요. 그녀는 기다릴만한 가치가 있는 공주였죠. 모두의 사랑을 받으며 그녀는 자기 부모님처럼 품위와 지혜로 왕국을 다스렸답니다.

B | 다음 빈칸을 채워 문장을 완성해 보세요.

1 이 컴퓨터는 말이지, 그냥 버려라.

_____, you should just throw it away.

2 우리 애들에 대해서 말하자면, 걔들은 통제 불능이야.

_____, they are just out of control.

3 일몰은 기다릴만한 가치가 있었네.

The sunset _____.

4 줄이 길어서 정말 짜증 났지만 기다릴만한 가치가 있었네.

I hated the long line, but _____.

5 자유는 투쟁할만한 가치가 있는 것이지.

Freedom is _____.